Wilhelm Kähler

Gesindewesen und Gesinderecht in Deutschland

Wilhelm Kähler

Gesindewesen und Gesinderecht in Deutschland

ISBN/EAN: 9783741171451

Hergestellt in Europa, USA, Kanada, Australien, Japan

Cover: Foto ©ninafisch / pixelio.de

Manufactured and distributed by brebook publishing software (www.brebook.com)

Wilhelm Kähler

Gesindewesen und Gesinderecht in Deutschland

GESINDEWESEN UND GESINDERECHT

IN

DEUTSCHLAND.

VON

DR. JUR. ET PHIL. **WILHELM KÄHLER,**
REFERENDAR IN HALLE a. S.

JENA.
VERLAG VON GUSTAV FISCHER.
1896.

Vorwort.

Die geschichtliche Entwicklung des Gesindewesens und Gesinderechts ist 1868 Gegenstand der Darstellung Kollmanns geworden. Ohne daſs er näher auf die gestaltenden Kräfte eingeht, giebt er eine äuſsere Geschichte des Rechtes, die in dem Satze gipfelt: „Die rechtlichen Fundamentalanschauungen haben im Laufe der Zeit nur wenig Veränderungen erfahren, der Hauptsache nach haben sich dieselben Grundsätze — nur modifiziert durch die Veränderungen des socialen Lebens selbst, - - aufrecht erhalten, die dem Gesinderecht schon im 12. und 13. Jahrhundert eigentümlich waren." Zugegeben, daſs dies bezüglich des häuslichen Gesindes der Fall gewesen ist, so sind doch die Modifikationen des gesamten Gesinderechts derartige gewesen, daſs eine eingehende Erforschung und Darstellung derselben wohl der Mühe lohnt. Es ist das Verdienst R. Wuttke's, in seinem Buch: „Gesindeordnungen und Gesindezwangsdienst in Sachsen bis zum Jahr 1835" die mannigfachen Einflüsse aufgedeckt zu haben, die auf dem Gebiet des Gesinderechts gestaltend gewirkt haben. Seine Ansicht, daſs „in den Grundzügen der sächsischen Gesindegeschichte sich die allgemeine deutsche wiederspiegelt", ist ohne Zweifel richtig. Der Umfang seiner Arbeit trotz der Beschränkung derselben auf ein lokal eng begrenztes Gebiet zeigt, welche Fülle von Material vorhanden ist, wie aber auch die Bewältigung desselben sich für den Forscher lohnt, indem neue Gesichtspunkte in Fülle sich ergeben. Ein Blick auf das preuſsische Gesinderecht zur Zeit des Erlasses des Allgemeinen Landrechtes[1]) beweist, welche Zersplitterung der Gesetzgebung auch hier geherrscht hat, und wieviel Gesetzmaterial zu ver-

---

[1]) Vgl. die Aufzählung der damals geltenden Gesindeordnungen bei von Oppen, Beiträge zur Revision der Gesetze (1833) S. 140.

arbeiten sein würde, wenn man auch nur für Preufsen in seinem damaligen Umfange einen der Wuttke'schen Arbeit analogen Versuch unternehmen wollte. In den anderen deutschen Ländern steht es ähnlich. Eine Gesamtdarstellung der Entwicklung des deutschen Gesinderechts würde die Kraft eines einzelnen übersteigen, und die aufgewendete Mühe würde zu dem Ergebnis kaum im Verhältnis stehen, da die gleichen Kräfte, in lokal begrenzten verschiedenen Verhältnissen wirksam, im wesentlichen doch parallele Entwicklungen gezeitigt haben.

In der vorliegenden Arbeit ist daher nur der Versuch gemacht, in einer kurzen historischen Einleitung lediglich einen Überblick über die typische Entwicklung des Gesindewesens auf Grund des vorliegenden litterarischen Materials zu geben, ohne auf Einzelheiten näher einzugehen. Derselbe mufs genügen, um die Richtung, in welcher sich Gesindewesen und Gesinderecht in Deutschland entwickelt haben, anzudeuten. —

Dagegen ist der Untersuchung des vorhandenen statistischen Materials aus diesem Jahrhundert ein weiterer Raum gewährt worden. Die verhältnismäfsig geringfügigen positiven Ergebnisse, welche trotz des ausgedehnten Materials nur geboten werden können, sind die einzigen sicheren Anhaltspunkte, welche für die zahlenmäfsige Entwicklung des Gesindewesens in Deutschland in diesem Jahrhundert vorhanden sind. Aber das Zahlenmaterial, das sich mit Sicherheit als vergleichbar herausgestellt hat, bietet doch für die Beurteilung der gegenwärtigen Verhältnisse wertvolle Gesichtspunkte, die auf anderem Wege nicht zu erlangen gewesen wären. Aber auch nach einer anderen Richtung hin dürfte das Ergebnis dieser historisch-statistischen Untersuchung interessant sein. Sie zeigt auf einem kleinen Gebiete, von welchem Wert für die Statistik als Wissenschaft und für die Wissenschaft im allgemeinen, speziell die Nationalökonomie, die einheitliche Handhabung der Statistik ist. Bei einem Wissenschaftszweige, der so jung ist, wie die Statistik, kann es ohne mifslungene Versuche, ohne gezahltes Lehrgeld nicht abgehen. Von desto gröfserem Wert ist es aber, einheitliche Grundsätze für statistische Aufnahmen festzusetzen, und mit Genugthuung kann man in dieser Hinsicht auf die Entwicklung der deutschen Statistik hinweisen. Den wahren Wert derselben wird man bezüglich der Berufsstatistik besonders dann erkennen, wenn die Ergebnisse der vorjährigen deutschen Berufszählung der wissenschaftlichen Bearbeitung zugänglich gemacht werden können. Dieselbe wird auch für unser enges Gebiet wertvolles Material bringen. Mit desto gröfserem Nachdruck ist aber auch darauf hinzuarbeiten, dafs das, was für das Deutsche Reich im Vergleich zu seinen Gliedstaaten erreicht ist, nun endlich auch für weitere Gebiete durchgeführt werde. Erst dann wird das für einen wirklich wissenschaftlichen Betrieb der Statistik notwendige Material beigebracht werden können. —

Bei der Darstellung des in Deutschland geltenden Gesinderechts sind die einzelnen partikularen Gesetze deshalb mit besonderer Ausführlichkeit dargestellt, weil aufser der rein formalen Sammlung des einschlägigen Materials von Neubauer eine Zusammenstellung bisher nicht vorhanden war. Doch waren Art und Grenzen der Arbeit durch den Zweck der vorliegenden Untersuchung gegeben. Mag dabei vielleicht der Jurist eine eingehende juristische Verwertung des beigebrachten Materials vermissen, mögen dem nationalökonomischen Theoretiker zuviel Detailbestimmungen aufgenommen sein, unser Zweck liefs das eine überflüssig, das andere zur Charakteristik unentbehrlich erscheinen.

Es erübrigt noch, einige Worte über den Schlufs der Arbeit zu sagen. Als Zweck der Arbeit war gegeben, die bestehenden thatsächlichen und rechtlichen Verhältnisse des Gesindes darzustellen und zu prüfen, ob die Gestaltung derselben eine gesetzliche Neuregelung verlangt. Die wissenschaftliche Untersuchung führt zu der Erkenntnis, dafs eine Neuregelung des Gesindewesens nicht nur möglich, sondern auch notwendig ist, dafs aber diese Neuregelung nicht zu einer Auflösung, sondern zu einer Neubelebung der eigentlichen Grundlagen des Gesindeverhältnisses führen muss. Wuttke kommt am Schlufs seiner oben angeführten, wertvollen Arbeit zu dem Ergebnis: „das Gesinde kann seine Sonderstellung und sein Sonderrecht nicht mehr auf lange behaupten. Das Recht, unter dem die Arbeiter Deutschlands stehen, wird auch mehr und mehr sein Recht werden." Er hat auf Grund der historischen Forschung nur die Faktoren kennen gelernt, welche eine Auflösung gewisser Teile des Gesinderechts herbeiführen müssen. Unsere Untersuchung führt zu einem anderen Ergebnis. Wir sehen in der Scheidung des häuslichen und des landwirtschaftlichen Gesindes den Weg, auf dem sich die weitere Entwicklung des Gesinderechts vollziehen wird. Auf das landwirtschaftliche Gesinde können wir die Worte Wuttkes anwenden, wenn auch in einem anderen Sinne, als sie von ihm gemeint sind: das Recht des landwirtschaftlichen Gesindes mufs in das allgemeine ländliche Arbeiterrecht aufgenommen werden, damit es nicht einer ungeregelten

Freiheit verfalle, sondern einer strengen rechtlichen Ordnung, welche die Grundlage jeder gesunden Entwicklung ist, unterworfen werde. Aber das Recht des häuslichen Gesindes wird stets ein Sonderrecht bleiben, weil es in der Aufnahme in die Hausgemeinschaft der Herrschaft eine Grundlage hat, die es von den Verhältnissen der übrigen arbeitenden Klassen unterscheidet. Nur unter einem Sonderrecht auf dieser Grundlage wird das häusliche Gesinde seine richtige Stellung in der Volkswirtschaft einnehmen können. —

Die Anregung zu dieser Arbeit erhielt ich durch Herrn Geh. Reg.-Rat Professor Dr. J. Conrad, meinen hochverehrten Lehrer, in dessen staatswissenschaftlichem Seminar ich deren Ergebnisse zum Vortrag bringen durfte. Es sei mir als einem der vielen, die während seiner nun fünfundzwanzigjährigen Lehrthätigkeit in Halle zu seinen Füfsen safsen, gestattet, ihm auch an dieser Stelle meinen Dank auszusprechen.

Inhaltsverzeichnis.

	Seite
Vorwort	V
I. Geschichtliche Einleitung	1
1. Überblick über die Entwicklung des Gesindewesens und Gesinderechts	2
2. Geschichte der Statistik des Gesindewesens	7

      I. Preußen S. 8.   II. Bayern S. 15.   III. Württemberg S. 18. IV. Sachsen S. 20.   V. Baden S. 21.   VI. Hessen S. 23.   VII. Mecklemburg-Schwerin S. 25.   VIII. Oldenburg S. 25.   IX. Thüringen S. 28.   X. Hamburg S. 30.   XI. Ergebnis S. 34.

	Seite
II. Der gegenwärtige Zustand des Gesindewesens	38
1. Das häusliche Gesinde nach der deutschen Berufszählung von 1882	38
A. Das häusliche Gesinde im Verhältnis zur Bevölkerungszahl im allgemeinen	39

      I. Das Deutsche Reich S. 39.   II. Die einzelnen Bundesstaaten S. 45.   III. Die verschiedenen Ortskategorien S. 47.

	Seite
B. Das häusliche Gesinde bei den einzelnen Berufsabteilungen und -arten	50

      I. Die Verteilung auf die Berufsabteilungen S. 50.
      II. Die Verteilung auf einzelne Berufsarten S. 53.

	Seite
2. Das landwirtschaftliche Gesinde nach der Berufsstatistik von 1882 und den Erhebungen des „Vereins für Sozialpolitik" von 1892	59
A. Allgemeines	60
B. Die Verhältnisse des Gesindes in den einzelnen Staaten	64
I. Königreich Preußen	65

          1. Provinz Ostpreußen S. 65.   2. Provinz Westpreußen S. 67.   3. Provinz Pommern S. 68.   4. Provinz Posen S. 69.   5. Provinz Schlesien S. 71.   6. Provinz Brandenburg S. 73.   7. Provinz Schleswig-Holstein S. 75.   8. Provinz Hannover S. 77.   9. Provinz Sachsen S. 80.   10. Provinz Westfalen S. 82.   11. Provinz Hessen-Nassau S. 84.   12. Die Rheinprovinz S. 87.   13. Hohenzollern S. 89.

	Seite
II. Die übrigen norddeutschen Bundesstaaten	90

1. Die Grofsherzogtümer Mecklemburg S. 90. 2. Die Hansestädte S. 91. 3. Grofsherzogtum Oldenburg S. 92. 4. Herzogtum Braunschweig S. 93. 5. Herzogtum Anhalt S. 94. 6. Fürstentum Lippe-Detmold S. 94. 7. Fürstentum Schaumburg-Lippe S. 95. 8. Fürstentum Waldeck S. 96.

III. Mitteldeutschland	96

1. Königreich Sachsen S. 96. 2. Thüringen S. 97. 3. Grofsherzogtum Hessen S. 98.

IV. Süddeutschland	100

1. Königreich Bayern S. 100. 2. Königreich Würtemberg S. 102. 3. Grofsherzogtum Baden S. 103. 4. Reichsland Elsafs-Lothringen S. 104.

Anhang: Die zum Gesinde gerechneten Handwerker	105
III. Das geltende Gesinderecht	107
1. Die Rechtsquellen	107
2. Die Beziehungen der Gesindeordnungen zu einander	114
3. Der allgemeine Charakter des Gesinderechts	123
4. Der Begriff des Gesindes	128
5. Der Abschlufs des Gesindevertrages	135
6. Die Form des Gesindevertrages, insbesondere das Mietsgeld	138
7. Die Dauer des Gesindeverhältnisses. Die Kündigung	142
8. Die auf dem Vertrage beruhenden Rechte und Pflichten	146
9. Fortsetzung. Im besonderen das Erziehungsrecht der Herrschaft	154
10. Fortsetzung. Die Fürsorge für krankes Gesinde	158
11. Das vertragswidrige Verhalten	161
12. Die einseitige Aufhebung des Gesindeverhältnisses vor Ablauf der vertragsmäfsigen Zeit	169
13. Gesindedienstbuch und Gesindezeugnis	182
14. Das Verfahren in Gesindestreitsachen und die Zuständigkeit der Polizei	186
15. Die reichsrechtlichen Vorschriften des Gesinderechts	189
16. Der Entwurf eines bürgerlichen Gesetzbuches für das Deutsche Reich und das Gesinderecht	192
IV. Ergebnisse	196
1. Die Bedeutung des Gesindes in der Volkswirtschaft	196
2. Die Beurteilung des geltenden Gesinderechts	217

I. Geschichtliche Einleitung.

Der Darstellung der Entwicklung des Gesindewesens und Gesinderechts wird zweckmäfsig eine kurze sprachliche Erörterung über die Worte „Gesinde" und „Dienstbote" vorausgehen.

Diese beiden Ausdrücke waren ursprünglich gleichbedeutend. Beide bezeichnen eine Person, welche zum Versenden oder Verschicken gebraucht wird. Denn Gesinde kommt entweder von Senden unmittelbar her oder gehört doch zu demselben Stamm.[1]) Dann vollzog sich mit dem Wort Gesinde eine Wandlung. Es bezeichnet die Gesamtheit von Personen, welche zu einem Höherstehenden im Verhältnis einer persönlichen Abhängigkeit, namentlich einer rechtlichen meist auf Vertrag beruhenden Verpflichtung zu persönlichen Dienstleistungen stehen.[2]) Jetzt bezeichnet Dienstbote lediglich eine häusliche Dienste leistende Person, während man das Wort Gesinde sowohl für eine Mehrzahl von Dienstboten, als auch für die Gesamtheit der in einem Hauswesen beschäftigten Dienstboten gebraucht. Wenn sich auch nicht leugnen läfst, dafs der Unterschied zwischen beiden Wörtern sich mehr und mehr abschleift, so kann man doch im allgemeinen noch beobachten, dafs mit dem Wort Dienstbote ein engerer, an die Aufnahme in das Hauswesen sich knüpfender Sinn sich verbindet.[3]) Beweis dafür ist, dafs man solche landwirt-

---

[1]) Sanders, Wörterbuch der deutschen Sprache. II, 2. S. 1078; I, S. 193. Grimm, deutsches Wörterbuch II. S. 1123.

[2]) Scheidler, Art. Gesinde (sprachlich) in Ersch und Gruber, Encyklopädie 64. S. 234.

[3]) A. M. Scheidler a. a. O. S. 235, der mit dem Wort „Gesinde" die Aufnahme in ein Hauswesen, mit „Dienstbote" mehr die weitere Bedeutung des Wortes dienen, nämlich für eine Person oder Sache thätig sein, verbinden will.

schaftliche Hilfspersonen, welche eine eigene Haushaltung zu führen pflegen, wie Hirten, verheiratete Knechte, niedere Wirtschaftsbeamte zwar zum Gesinde, aber nicht zu den Dienstboten zu rechnen pflegt, dafs man ferner die Mifsstände auf dem Gebiet des häuslichen oder städtischen Gesindewesens in der Regel unter dem Schlagwort Dienstbotenfrage, nie aber Gesindefrage zusammenzufassen gewohnt ist.

1. Überblick über die Entwicklung des Gesindewesens und Gesinderechts.

Die Gesindedienstleistungen sind zur Befriedigung von drei verschiedenen wirtschaftlichen Bedürfnissen bestimmt. Es sind daher drei Arten von Gesinde zu unterscheiden, das landwirtschaftliche, das sonstige gewerbliche und das häusliche oder persönliche Gesinde. Je nach der Verschiedenheit der wirtschaftlichen und rechtlichen Organisation der Volkswirtschaft in der Geschichte überhaupt sind diese Bedürfnisse in verschiedenen Formen aufgetreten und haben eine verschiedenartige Befriedigung gefunden. Diese Befriedigung ist ihrerseits wieder verschieden wirtschaftlich und rechtlich organisiert worden. Für eine geschichtliche Behandlung des Gesindewesens und Gesinderechts ist daher eine gesonderte Behandlung der verschiedenen Gesindearten notwendig.

Die landwirtschaftliche Arbeitsverfassung des Mittelalters basierte im gröfsten Teile von Deutschland auf der Erbunterthänigkeit. Die in der Landwirtschaft des herrschaftlichen Grundbesitzers notwendigen landwirtschaftlichen Arbeiten mufsten die erbunterthänigen Bauern tageweise leisten. Zu ununterbrochener Arbeitsleistung auf dem Herrenhofe waren sie aber nicht verpflichtet, zumal sie selber einen landwirtschaftlichen Betrieb hatten. Der geordnete landwirtschaftliche Betrieb, insbesondere die Haltung und Pflege des Viehs, stellte aber an den wirtschaftenden Besitzer gewisse Anforderungen, die eine Reihe von Dienstleistungen niederer Art bedingen und zwar in täglicher regelmäfsiger Wiederholung. Die Verrichtung dieser Dienstleistungen liegt, da die eigentlichen Arbeitskräfte nicht so regelmäfsig zur Verfügung stehen, zunächst dem Besitzer und dessen Familie ob. Sobald diese aber, sei es aus sozialen oder anderen Gründen, diese Verrichtungen nicht mehr persönlich vornehmen wollen oder können, oder wenn die Arbeit ihre Kräfte übersteigt, müssen für dieselbe besondere Arbeitskräfte angestellt werden. Die durch die damalige Arbeitsverfassung bedingte Unmöglichkeit, verheiratete Personen für diese ununterbrochenen Dienstleistungen zu bekommen, zwingt zur Annahme lediger Personen beiderlei Geschlechts, das Vorwiegen der Naturalwirtschaft führt zur Naturallöhnung, die am zweckmäfsigsten in der Hauswirtschaft des Besitzers erfolgt, und so führen diese beiden Umstände zur Aufnahme der ledigen Personen in die Hausgemeinschaft des Besitzers als Gesinde. Da andere Personen nicht zur Verfügung standen, so war der Gutsherr auf die ledigen Kinder der erbunterthänigen Bauern angewiesen, und es ergiebt sich aus den Bedürfnissen des landwirtschaftlichen Betriebes die Entstehung des landwirtschaftlichen Gesindes, aus der Arbeitsverfassung aber die Verpflichtung der Kinder der erbunterthänigen Bauern zum Gesindedienst. Diese rechtliche Verpflichtung zum Gesindedienst, eine wichtige Seite der Erbunterthänigkeit, tritt in zwei verschiedenen Formen[1]) auf, welche der härteren und weniger harten Ausgestaltung der Erbunterthänigkeit entsprechen. Der Gesindezwang im engeren Sinn berechtigt den Grundherrn, die Gesindezwangpflichtigen, auch wenn sie persönlich überhaupt nicht Willens sind, ihre Dienste zu vermieten, zu seinem Gesindedienst gegen eine geringere Vergütung als beim freien Gesinde zu zwingen. Die Vormiete dagegen verleiht der Herrschaft nur ein Vorzugsrecht auf die Gesindedienste derjenigen, welche ihre Dienste als landwirtschaftliches Gesinde zu vermieten beabsichtigen. Die Vormiete, ursprünglich ein aus der Erbunterthänigkeit sich ergebendes Recht, wird im späteren Mittelalter aber auch da eingeführt, wo vorher anerkannt freie Bauern gesessen hatten. Als der Zug der dienstfähigen ländlichen Jugend in die Städte und der Zudrang zu den städtischen Gewerben mit dem 16. Jahrhundert immer stärker wurde, erblickte man in der Vormiete ein Mittel dazu, der Landwirtschaft die nötigen Arbeitskräfte zu erhalten. Nach dem dreifsigjährigen Kriege erweitert man die Zwangsdienstpflicht.[2]) Nun müssen die Kinder der gesessenen und nicht gesessenen Unterthanen sich alljährlich der Herrschaft vor-

---

[1]) Emminghaus, Art. „Gesindezwang" in Ersch u. Gruber, Encyklopädie Bd. 64. S. 264. und: Vom Gesindezwangsdienste und dessen Abschaffung (1826).
Wuttke, Gesindeordnungen und Gesindezwangsdienst in Sachsen bis zum Jahr 1835 (1893).
Grofsmann, Über die gutsherrlich-bäuerlichen Rechtsverhältnisse in der Mark Brandenburg vom 16.—18. Jahrhundert (1890).
[2]) Vgl. hierzu und zu dem folgenden die ausführliche Arbeit von Kollmann

stellen und dieser auf Verlangen — meist drei Jahre — dienen. Die von der Herrschaft nicht beanspruchten Personen konnten sich mit deren Einwilligung bei einer anderen Herrschaft verdingen, mufsten sich aber alljährlich von neuem vorstellen. Den Eltern blieb je ein Kind beiderlei Geschlechts zur Besorgung der eigenen Wirtschaft. Ein städtisches Gewerbe durften die auf dem Land geborenen Kinder nur dann lernen, wenn die Herrschaft ihre Dienste nicht beanspruchte, oder nach Ableistung einer gewissen Anzahl von landwirtschaftlichen Gesindedienstjahren. Das Gesinde erhielt von der Herrschaft Kost, Wohnung und Kleidung, sowie einen geringen Barlohn. Die Höhe dieser Gewährungen wurde später durch obrigkeitliche Taxen genau festgestellt, und das Gesindeverhältnis einer strengen Regelung unterworfen, die der Herrschaft sehr weitgehende, dem Gesinde meist nur geringe Rechte verlieh.

Alle diese Mafsregeln waren jedoch nicht geeignet, auf dem Gebiet des Gesindewesens befriedigende Zustände zu schaffen. Zwar konnte ein eigentlicher Gesindemangel auf dem Lande nicht eintreten. Die Intelligenteren aber empfanden das Drückende ihrer Lage am meisten und suchten sich ihrer Verpflichtung zum Gesindedienst auf jede Weise zu entziehen. Häufig blieben nur die geistig und sittlich Minderwertigen im Gesindedienst. Jene versuchte die Dienstherrschaft durch Gewährung eines höheren Lohnes, als in den Gesindeordnungen vorgeschrieben war, zu fesseln, diese machten sich die Zwangslage der Herrschaften zu Nutze und trieben die Löhne immer weiter herauf, ohne doch besseres zu leisten. So kommt es, dafs während der ganzen Periode des Gesindezwangsdienstes bis zum Beginn unseres Jahrhunderts immer wieder Klagen über Mangel an gutem Gesindepersonal, über Ungeschicklichkeit und Unbotmäfsigkeit laut werden.

Die Neuregelung der landwirtschaftlichen Arbeiterverhältnisse seit dem Beginn unseres Jahrhunderts, welche durch die Aufhebung der bäuerlichen Unfreiheit bedingt wird, führt auch zu einer rechtlichen Neuregelung des ländlichen Gesindeverhältnisses, da mit jener die Aufhebung des Gesindedienstzwangs teils gleichzeitig, teils im organischen Anschlufs an sie, aber doch etwas später erfolgte. Die Freiheit des Vertragsschlusses wird anerkannt und durchgeführt, im übrigen das Verhältnis gemeinsam mit dem des **häuslichen Gesindes** geregelt.

„Geschichte und Statistik des Gesindewesens in Deutschland" in Hildebrands Jahrbüchern X. (1868). S. 237—264.

Das Institut des häuslichen Gesindes entsprang durchaus andersartigen Bedürfnissen und Verhältnissen, und erfuhr daher auch eine ganz andere Entwicklung, als das landwirtschaftliche Gesinde. Die Grundlagen seiner Entwicklung bilden die städtischen Verhältnisse, für welche der fortschreitende Rechtsgrundsatz der persönlichen Freiheit jedes Stadtbewohners auch für die Gestaltung des wirtschaftlichen Verkehrs mafsgebend war. Die Zunahme des Wohlstandes und der Fortschritt der Kultur, welche dem Aufblühen der Städte im Mittelalter folgen, wecken in weiteren Kreisen das Bedürfnis nach gröfserer häuslicher Bequemlichkeit. Der Bürger, welcher mehr zu seinem Unterhalt besitzt, als er selbst und die von ihm zu ernährenden Haushaltungsglieder bedürfen, verwendet einen Teil seiner Einkünfte auf die Verschaffung von Arbeitskräften, welche ihm und seinen Familiengliedern durch Übernahme gewisser niederer Dienstleistungen entweder eine erhöhte körperliche Bequemlichkeit verschaffen oder ihm die Möglichkeit gewähren, infolge der so gewonnenen Zeit sich seinem Beruf oder seiner Erholung intensiver hinzugeben. Solche Dienstleistungen erstrecken sich auf die persönliche Bedienung im engsten Sinn, dann aber besonders auf die mancherlei Geschäfte des Hauswesens, Zubereitung der Speisen, Reinhaltung der Wohnung und Gebrauchsgegenstände, Herbeischaffung der Lebensmittel, des Wassers u. s. w. Die enge Verknüpfung dieser Dienstleistungen mit dem Hauswesen in seiner individuellsten Ausgestaltung führt zur Aufnahme der sie verrichtenden Personen in die Hausgemeinschaft als Gesinde. Neben diesem häuslichen Gesinde bildet sich aber in den Städten auf Grund von Besonderheiten der Gewerbeverfassung und einzelner Bedürfnisse wirtschaftlicher Betriebe eine weitere Personenklasse aus, deren besondere Stellung gleichfalls zur Aufnahme in die Hausgemeinschaft führt.

Die Gewerbeverfassung des Mittelalters weist jedem gewerblichen Arbeiter auf Grund der vermöge seiner technischen Ausbildung eingenommenen Stellung im Organismus des Gewerbes auch seine Stellung im Hauswesen des Betriebsleiters an. Nun giebt es aber in vielen Gewerben, besonders aber im Handels- und Verkehrsgewerbe, eine ganze Reihe von niederen Dienstleistungen, welche eine besondere technische Ausbildung nicht voraussetzen, und doch die volle Kraft eines Arbeiters beanspruchen, so dafs sie namentlich in gröfseren Betrieben nicht nebenher von den noch auf der untersten Stufe der technischen Ausbildung stehenden Personen besorgt werden können. Das sind vor allem die Bedienung der im Gewerbebetriebe etwa benötigten Gespanne und bei den Kaufleuten die Dienste der lediglich mit ihrer Körperkraft arbeitenden Markthelfer, Kontor- und Ladendiener. Der Eingliederung der Dienstleistungen solcher Art verrichtenden Personen in das gewerbliche Arbeiterrecht des Mittelalters widerspricht der Umstand, dafs ihnen die Grundbedingung für eine solche, die technische Ausbildung, fehlt. Die Art ihrer Dienstleistungen aber, welche bei der engen Vermischung von Gewerbebetrieb und Hauswesen nicht nur dem ersteren allein, sondern gelegentlich auch dem letzteren zu gute kommen, veranlafst auch ihre Aufnahme in die Hausgemeinschaft als Gesinde.

Die aus dieser Aufnahme in die Hausgemeinschaft erwachsenden Besonderheiten der Stellung des Gesindes veranlafsten schon früh eine eingehende Regelung des Gesindeverhältnisses durch die Gesetzgebung. Der Gesindevertrag bildet in den Rechtsquellen des Mittelalters eine besonders entwickelte Art des Dienstmietevertrages;[1] die Eingehung und Lösung desselben sowie das Verhältnis während seines Bestehens werden unter dem Gesichtspunkt der Zugehörigkeit zur Hausgemeinschaft und der Unterstellung unter die hausherrliche Gewalt Sonderbestimmungen unterworfen, Zuwiderhandlungen gegen die Gesindeordnungen, besonders der Kontraktbruch unter öffentliche Strafe gestellt.[2]

Mit dem 17. Jahrhundert tritt das Gesindewesen dadurch in eine neue Entwicklungsstufe ein, dafs es Gegenstand der Polizei wird. „Da fast kein Stand in der Welt ohne Gesinde leben kann, und da das Gesinde einen so grofsen Teil der Menschen in einem Staate ausmacht, die gute Ordnung aber unter denselben einen grofsen Einflufs in das gemeinschaftliche Beste hat, so ist leicht zu erachten, dafs diese Sache ein wichtiger Gegenstand der Polizei ist und vielerlei Gesetze und Einrichtungen erfordert." So begründet ein Kameralist[3] des 18. Jahrhunderts den Eingriff der Polizei in das Gesindeverhältnis, und stellt als Hauptzweck dieses Eingreifens fest, „dafs kein Mangel an Gesinde im Lande entstehe". Zahlreiche obrigkeitliche Gesindeordnungen suchen diesen Zweck durch bis ins Kleinste gehende Vorschriften über Rechte und Pflichten des Gesindes zu erreichen, und die Entlohnung desselben durch Taxen zu regeln. Aber auch in dieser Zeit verstummen die Klagen über „faules, liederliches,

---
[1] Hertz, Die Rechtsverhältnisse des freien Gesindes nach den deutschen Rechtsquellen des Mittelalters (1879).
[2] R. Löning, Der Vertragsbruch im deutschen Recht (1876) § 56.
[3] Krünitz in der „Ökonomischen Encyklopädie" (1779) Bd. 17. S. 566.

ungehorsames, trotziges und ungetreues Gesinde" nicht, wenn auch die Ansicht sich immer mehr Bahn bricht, dafs „das Betragen der Herrschaften selbst oft daran Schuld sei".

Die durch die Aufhebung des ländlichen Gesindezwanges bedingte Neuregelung der landwirtschaftlichen Gesindeverhältnisse bietet den Anlafs, die bisherigen Gesindeordnungen zu revidieren und das Verhältnis einheitlich für ländliches und städtisches Gesinde zu regeln.¹) In dem überwiegenden Teil von Deutschland hält man an der eingehenden Regelung unter polizeilichen Gesichtspunkten fest. Nur in den Gebieten, wo das französische Recht im Anfang dieses Jahrhunderts eingeführt worden ist, glaubt man einer solchen entraten zu können. Doch bedeutet die Einführung der Gesindeordnung für die Rheinprovinz vom 10. August 1844 für dieses Gebiet eine Rückkehr zur polizeilichen Regelung des Gesindeverhältnisses im Sinn der preufsischen Gesindeordnung vom 8. November 1810.

Die neue Zeit aber bringt auf Grund der völligen Veränderung des gesamten wirtschaftlichen Lebens mancherlei Bestrebungen nach einer veränderten Behandlung des Gesindeverhältnisses teils im Sinne einer völligen Aufhebung der rechtlichen Sonderstellung des Gesindes, teils im Sinne einer Veränderung des bestehenden Rechts unter Berücksichtigung der neuzeitlichen Verhältnisse. Diese letztgenannte Strömung hat einen thatsächlichen Erfolg zu verzeichnen gehabt in der Revision der Gesindeordnung für das Königreich Sachsen im Jahr 1892; die erstgenannte wird besonders getragen von den Vertretern der Frauenbewegung und der deutschen Sozialdemokratie.

Zweck der vorliegenden Arbeit wird es sein, die bestehenden thatsächlichen und rechtlichen Verhältnisse darzustellen und zu prüfen, ob die Gestaltung derselben eine gesetzliche Neuregelung verlangt.

2. Geschichte der Statistik des Gesindewesens.

Eine der wichtigsten Quellen für die Erkenntnis der bestehenden Zustände und ihrer Entwicklung ist die Statistik. Jedoch schon

---

¹) Für Preufsen z. B. bezieht sich die Regelung des Gesindeverhältnisses im Allgemeinen Landrecht von 1792 noch allein auf das häusliche Gesinde (II. 5 § 1) Die Gesindeordnung von 1810 regelt aber die Verhältnisse sowohl des häuslichen als des landwirtschaftlichen Gesindes. Das gewerbliche Gesinde aber scheidet aus der Regelung aus, da die freiere Gestaltung der gewerblichen Arbeitsverfassung die Aufnahme desselben in diese ermöglicht, und für einzelne bedeutende

Kollmann[1]) erkannte die Schwierigkeiten, welche eine vergleichende Darstellung der damals vorliegenden Ergebnisse der Gesindestatistik in den einzelnen Staaten infolge der Unzulänglichkeit der Aufnahmen, der Abweichungen in der Methode, besonders auch infolge der mangelnden Trennung der verschiedenen Arten des Gesindes bereiten mufste. Die von ihm aufgestellte Übersicht[2]) über das Verhältnis der Dienstboten zur Bevölkerung in einigen preufsischen Provinzen, hanseatischen Gebietsteilen und thüringischen Staaten zeigte auffallende Verschiedenheiten. Die Zahlen des einzigen Staates, welcher schon damals eine Scheidung von häuslichem und gewerblichem Gesinde durchgeführt hatte, Gotha[3]), sind im Vergleich zu denen anderer Staaten so gering, dafs auch Kollmann diese Abweichung auf eine Verschiedenheit des Aufnahmeverfahrens zurückführt, ohne jedoch den Grund genauer anzugeben. Einer Vergleichung der Ergebnisse mufs daher die genaue Untersuchung des bei den einzelnen Aufnahmen der verschiedenen Staaten zu Grunde gelegten Begriffes des Gesindes vorausgehen. Dieselbe wird ergeben, dafs eine Vergleichung, wie Kollmann sie versucht hat, für die verschiedenen Staaten untereinander in der Regel nicht möglich ist, ja dafs innerhalb der Ergebnisse für die einzelnen Staaten eine solche Vergleichung häufig undurchführbar ist.

Im folgenden wird diese Untersuchung für die wichtigeren deutschen Staaten ausgeführt werden.

I. Preufsen.

Nach Hoffmann[4]) enthalten die Gewerbetabellen seit 1819 eine Übersicht der Anzahl des Gesindes, getrennt nach dem Geschlecht

---

Teile desselben, wie die Gastwirtsgehilfen, sich eine Änderung der Stellung schon von selbst dadurch vollzogen hatte, dafs für dieselben eine besondere technische Ausbildung eingeführt wird.

[1]) Jahrbücher 10. S. 277.
[2]) Ebenda S. 278.
[3]) Mitteilungen aus dem stat. Bureau des herzogl. Staatsministeriums in Gotha, I. 3. S. 429 (1866): Unter Dienstboten sind nur diejenigen zu verstehen, welche ausschliefslich oder überwiegend zur persönlichen Bequemlichkeit, bez. zu häuslichen Dienstleistungen benutzt werden, also nicht diejenigen, welche ausschliefslich oder überwiegend zu Arbeiten in Landwirtschaft u. s. w. verwendet wurden.
[4]) Die Bevölkerung des preuss. Staats nach den Ergebnissen der 1837 amtlich aufgenommenen Nachrichten in staatswirtschaftlicher, gewerblicher und sittlicher Beziehung (1839) S. 196.

und nach der Verwendung zur Hilfsleistung bei Gewerben und zur persönlichen Bequemlichkeit der Herrschaft. Nach den Überschriften des Formulars sind unter ersterem zu verstehen: „Knechte und Jungen, Mägde und Mädchen zum Betriebe der Landwirtschaft und anderer Gewerbe", unter dem zur persönlichen Bequemlichkeit dienenden Gesinde aber: „Lakaien, Kutscher, Jäger, Gärtner, Köche; Kammer- und Stubenmädchen, Köchinnen, Wärterinnen und Ammen". Das Verhältnis der Geschlechter gestaltet sich für den Durchschnitt der von Hoffmann behandelten Jahre 1819—1837

beim häuslichen Gesinde wie 3 : 10,

beim gewerblichen wie 17 : 18; das Verhältnis der Gesamtzahlen des häuslichen und gewerblichen Gesindes wie 2 : 17. Die absoluten Zahlen für die beiden Grenzjahre giebt Hoffmann folgendermafsen an:

		häusl. Ges.	gewerbl. Ges.	Gesamtbev.
1819	männl.	23 958	456 358	
	weibl.	75 014	478 285	
	zusammen	98 972	934 643	circa 11 006 000
1837	männl.	26 938	481 431	7 039 223
	weibl.	94 750	507 374	7 058 902
	zusammen	121 688	988 805	14 098 125

Das häusliche Gesinde betrug also 1819: 0,9 %, 1837 gleichfalls 0,9 %, das gewerbliche 8,5 bez. 7 % der Gesamtbevölkerung. Während in der Periode von 1819—1837 auch eine Verminderung der absoluten Zahl der Gesindehaltung für die zwanziger Jahre zu konstatieren ist, übertreffen die absoluten Zahlen für 1837 die für 1819 gewonnenen erheblich. Doch ist die Vermehrung des Gesindes derjenigen der Gesamtbevölkerung nicht proportional. Hoffmann führt diese Veränderung auf die folgenden Gründe zurück: Der Zinsfufs und die Bodenrente fielen im dritten Jahrzehnt des Jahrhunderts stark, und dadurch verschlechterte sich die Lage der von Renten lebenden Personen. Zudem führte die Ablösung der Frohndienste zu einer Verminderung des Gesindes bei den Bauern und den Gutsherrschaften. Seine allgemeine Wertung des Gesindes für die Erkenntnis des Zustandes der Volkswirtschaft stellt Hoffmann im Anschlufs daran folgendermafsen dar: Die Daten über die Gesindehaltung gewähren einen annähernden Mafsstab der Bildung und Wohlhabenheit einer Bevölkerung. Die mit beiden zunehmende Kultur wird zwar auf der einen Seite eine Verminderung der Dienstbotenhaltung herbeiführen, weil der

Mensch im allgemeinen thätiger und geschickter, der Dienstbote daher teurer wird; aber die Dienstbotenhaltung wird sich auf der anderen Seite doch mehr ausbreiten, weil immer mehr wohlhabende Leute das Bedürfnis nach persönlichen Dienstleistungen befriedigen wollen. Beide Umstände zusammen werden eine Verminderung der absoluten Zahl, aber eine Verbesserung der Beschaffenheit des Gesindes bewirken. Eine Vermehrung des landwirtschaftlichen Gesindes wird nach seiner Ansicht[1]) auf Fortschritten des kleinen Grundbesitzes beruhen, da die Verbesserung der Wirtschaften des grofsen Grundbesitzes nach ihm zu einer Vermehrung der Tagelöhnerfamilien führt. —

Für die nächstfolgenden preufsischen Zählungen[2]) ist die Einteilung des Gesindes in gewerbliches und häusliches beibehalten. Folgende Angaben liegen vor:

		häusl. Ges.	gewerbl. Ges.	Bevölkerung
1849	männl.	40 186	552 489	
	weibl.	136 530	577 709	
	zusammen	176 716	1 130 198	16 331 187
1852	männl.	46 469	533 526	
	weibl.	148 583	554 402	
	zusammen	195 052	1 087 928	16 870 000
1855	männl.	48 921	574 297	
	weibl.	155 848	577 668	
	zusammen	203 769	1 151 965	17 202 831

Die Zunahme des Gesindes von 1837 bis 1849 ist eine stärkere als die der Bevölkerung. Ersteres hat um 17,7 %, letztere um 15,9 % zugenommen. Die starke Zunahme setzt sich beim häuslichen Gesinde für die Periode von 1849 bis 1855 fort, während das landwirtschaftliche Gesinde in seinem Bestande starken Schwankungen unterworfen ist. Unter Bezugnahme auf die Gesamtzahl der Bevölkerung stellt sich diese Entwickelung folgendermafsen dar: Es kommen auf 100 Personen der Bevölkerung

	Personen des häuslichen,	gewerblichen Gesindes
1819	0,9	8,5
1837	0,9	7,0
1849	1,08	6,9
1852	1,1	6,4
1855	1,2	6,7

---
[1]) S. 203.
[2]) Tabellen und amtliche Nachrichten über den preufsischen Staat für 1849 und 1852 (1854) V. S. 1070 ff. — Dieselben für 1855 S. 119 ff.

Diese Zahlenreihe ergiebt eine langsame, aber ständige Abnahme des gewerblichen und Zunahme des häuslichen Gesindes. Dieterici[1]) findet in letzterem Umstand einen Beweis für die Fortschritte des Nationalwohlstandes, besonders des Wohlstandes der Mittelklassen. Die Abnahme des gewerblichen als wesentlich landwirtschaftlichen Gesindes führt er auf einen vermehrten Übertritt von Gesindepersonen in den Stand kleiner Eigentümer, auf eine Verminderung der ländlichen Arbeitskräfte infolge der Einführung von Maschinen auf gröfseren Gütern und auf die Zunahme der Auswanderung zurück. Dem ersten Erklärungsgrund wird man schwerlich ein grofses Gewicht beimessen dürfen, den Einflufs des letzten wird man schwer konkret bestimmen können. Den wesentlichsten Grund für diese konstante Abnahme des landwirtschaftlichen Gesindes führt Dieterici aber nicht an: den immer mehr gesteigerten Bedarf der emporblühenden Industrie an Arbeitskräften und den damit in Zusammenhang stehenden Abflufs der Bevölkerung vom Land in die städtischen Industriecentren.

In den folgenden drei preufsischen Zählungen, in denen das Gesinde Berücksichtigung gefunden hat, ändert sich die Stellung desselben im Schematismus der Berufsstatistik. Es sind dies die Volkszählungen vom 3. Dezember 1861 und 1867 und vom 1. Dezember 1871.

Bei der Zählung von 1861[2]) findet sich das landwirtschaftliche Gesinde in der Specialtabelle über die Landwirtschaft unter der Kategorie „Hilfspersonal und Gesinde der Landwirtschaft" als zwei Unterabteilungen: „3. Knechte und Jungen. 4. Mägde". Das häusliche Gesinde ist aufgezählt in der Gesamtübersicht der Bevölkerung nach „Stand und Beruf. Beschäftigung. Ernährende und ernährt werdende Bevölkerung" koordiniert neben den „Selbstthätigen" in der Landwirtschaft, Industrie u. s. w. als „Selbstthätige bei den persönlichen Dienstleistungen". Verwunderlicher- und inkonsequenterweise kehrt diese selbe Bezeichnung in der Specialtabelle der Industrie ohne jede äufsere Unterscheidung wieder, aber mit folgenden Unterabteilungen: „Barbiere, Friseure und Tourenschneider; Inhaber von Bade- und Waschanstalten; Scharfrichter, Abdecker und Wasenmeister". Nun sind ja wenigstens die zuerst genannten Gewerbe, vom volkswirtschaftlichen Gesichtspunkt der Produktion aus betrachtet, dem Gesinde nahe verwandt. Aber vom Standpunkt der Konsumtion und der sozialen Schichtung aus, wie im Interesse der Deutlichkeit und Übersichtlich-

---

[1]) Tabellen für 1849 V. S. 1076.
[2]) Preufsische Statistik (1864) Bd. 5.

keit der Berufsstatistik wäre eine andere Bezeichnung für die letzte Gruppe oder für das Gesinde zu wählen gewesen.

Die Zählung von 1867[1]) befolgt eine andere Methode. Bei der Zusammenstellung der Bevölkerung nach „Stand und Beruf, Arbeits- und Dienstverhältnis" sind 20 Kategorieen unterschieden, die in weitere Unterabteilungen zerfallen. Hier findet sich bei

1. Landwirtschaft: b) Gehilfen und Lehrlinge, Gesinde und Tagearbeiter.

8. Persönliche Dienstleistungen:

a) Persönliche Dienste Leistende (Haushofmeister, Kammerdiener, Leibdiener, Stallmeister, Köche, Kellermeister, sog. höhere Dienerschaft. Besitzer von Dienstmanninstituten).

b) Dienstboten. Gesinde für persönliche Dienstleistungen. Handarbeiter. Tagelöhner, Dienstmänner.

Die Zahlen des Gesindes kommen hier also durch die Vermengung mit anderen Berufskategorieen nicht deutlich zur Darstellung. Die Unterbringung dieser vom Gesinde völlig verschiedenartigen Elemente, wie der Handarbeiter und Tagelöhner, läfst sich hier nicht einmal mit der Gleichheit der geleisteten Dienste vom Produktionsstandpunkt aus rechtfertigen, sondern bedeutet lediglich eine Verlegenheitsmafsregel. Aus dieser Zählung kann also Material für eine Vergleichung mit anderen Zählungen nicht gewonnen werden.

Die Zählung von 1871[2]) befolgt wieder eine andere Einteilung. In Tabelle IX über die Berufsverschiedenheit der Bevölkerung finden sich 8 Hauptkategorieen: Landwirtschaft, Bergbau u. s. w. je mit folgenden Unterabteilungen:

1. Selbständige in Besitz und Erwerb.
2. Angestellte.
3. Gehilfen und Arbeiter.
4. Dienende aller Art.
5. Sonstige Angehörige.

Für die Hauptkategorie D.: „Persönliche Dienste Leistende, sowie Handarbeiter, Tagelöhner und dergl., die in einer der vorstehenden Gruppen nicht mit Sicherheit eingereiht werden können", modifizieren sich diese Unterabteilungen, wie folgt:

---

[1]) Preufsische Statistik (1869) Bd. 16.
[2]) Preufsische Statistik (1875) Bd. 30.

1. Tagelöhner und Handarbeiter.
2. Dienende mit eigenem Haushalt.
3. (fällt aus).
4. Dienende ohne eigenen Haushalt.
5. Sonstige Angehörige.

In den „Dienenden aller Art" haben wir bei der Landwirtschaft das landwirtschaftliche Gesinde enthalten, doch ist es zweifelhaft, ob rein oder unter Zuzählung des bei Landwirten bediensteten häuslichen Gesindes. Für die Entscheidung der Frage, wo wir das häusliche Gesinde finden, ist es von wesentlicher Bedeutung, was man unter den „Dienenden aller Art" bei den übrigen Hauptkategorieen zu verstehen hat. Neben den „Angestellten", d. h. den bei der Leitung der Betriebe neben dem Geschäftsleiter thätigen Personen und den „Gehilfen und Arbeitern", d. h. den in mehr untergeordneten Stellungen im Betriebe thätigen Personen kann doch nur das häusliche Gesinde noch unterschieden werden. In welchem Verhältnis aber stehen diese zu den „Dienenden mit oder ohne eigenen Haushalt" in den „Persönliche Dienste Leistenden"? Es ist nicht festzustellen, dafs eine Doppelzählung des Gesindes vorliegt, es erhellt aber auch nicht, welche Rücksichten etwa für die Zuteilung der einzelnen Gesindepersonen zu der einen oder anderen Abteilung mafsgebend gewesen sind. Ein völlig klares Bild der Gesindeverhältnisse giebt demnach auch diese Zählung nicht.

Mit Sicherheit können daher aus der Periode von 1861 bis 1871 nur die Zahlen für das landwirtschaftliche Gesinde für 1861 und 1871 verglichen werden:

	Landw. Ges.	Bevölkerung.	Ges. % der Bevölkerung
1861	1 058 967	18 491 220	5,7
1871	883 953	24 643 623	3,6

Die auffallende Erscheinung, dafs trotz des 1866 erfolgten Gebietszuwachses und der fortschreitenden natürlichen Volksvermehrung die absolute Zahl des landwirtschaftlichen Gesindes abgenommen hat, kann in Verbindung mit der Thatsache, dafs auch die landwirtschaftliche Gesamtbevölkerung abgenommen hat, in diesem Mafse nur auf eine Abänderung des Aufnahmeverfahrens zurückgeführt werden. Das Verhältnis des Gesindes zur landwirtschaftlichen Gesamtbevölkerung ist dasselbe geblieben; das Gesinde macht 12,6 % der letzteren aus.

Für das häusliche Gesinde ergiebt sich folgende Übersicht, wenn wir 1861 die „Selbstthätigen der persönlichen Dienstleistungen", 1871

— 14 —

die „Dienenden mit oder ohne eigenen Haushalt", oder die „Dienenden aller Art" nach Abzug derjenigen bei der Landwirtschaft als Gesinde ansehen:

    1861   256 141 = 1,38 $^0/_0$ der Bevölkerung
    1871   127 595 = 0,52 $^0/_0$ „   „   oder
            586 027 = 2,38 $^0/_0$ „   „

Irgend welche Schlüsse lassen sich hieraus nicht ziehen.

In der preufsischen Statistik von 1871—1882 hat das Gesinde keine Berücksichtigung gefunden. Dagegen ergiebt die Berufszählung vom 1. Mai 1882[1]) eine gute Übersicht über das vorhandene Gesinde gleichmäfsig für alle Staaten des Reichs. Bei ihr findet sich die berufszugehörige Bevölkerung für alle Berufsabteilungen geschieden in „Erwerbsthätige, Dienende für häusliche Dienste, im Haushalt ihrer Herrschaft lebend, und Angehörige". In den „Dienenden für häusliche Dienste" ist das häusliche Gesinde mit Ausnahme des Dienstpersonals, das nicht bei seiner Herrschaft wohnt, enthalten. Das landwirtschaftliche Gesinde findet sich in der Unterabteilung c 2 bei der Berufsabteilung der Landwirtschaft. Während die Unterabteilung b das Verwaltungs- und Aufsichtspersonal, c 3 die Tagelöhner und c 1 die Familienangehörigen, welche in der Landwirtschaft ihres Familienhauptes thätig sind, enthält, finden sich in c 2 „die landwirtschaftlichen Knechte und Mägde, sowie die sonstigen Gehilfen". Zieht man in Betracht, dafs alles von der ländlichen Arbeiterschaft, was nicht zum Begriff des landwirtschaftlichen Gesindes gezählt werden kann, schon in den angeführten drei anderen Unterabteilungen enthalten ist, so bleiben für die Zahl der mit dem Gesinde aufgeführten „sonstigen Gehilfen" nur die Gärtner und Handwerker, welche auf gröfseren landwirtschaftlichen Besitzungen für Gartenarbeiten, bez. für die gewöhnlichen im landwirtschaftlichen Betriebe vorkommenden handwerksmäfsigen Arbeiten in Dienst stehen.

Für Preufsen ergeben sich demnach als durchaus vergleichbare Zahlen für 1882 an

    landwirtschaftlichem Gesinde 846 245,
    häuslichem Gesinde   886 178, bei einer
    Gesamtbevölkerung von   27 287 860.

Im Vergleich zu letzterer sind also das landwirtschaftliche Gesinde 3,1 $^0/_0$, das häusliche 3,2 $^0/_0$. Der Vergleich dieser Zahlen mit den letzten vergleichbaren Zahlen für Preufsen ergiebt beim landwirtschaftlichen Gesinde gegen 1871 eine weitere Verminderung in

---

[1]) Deutsche Statistik N. F. Bd. 2 (1884).

der relativen und absoluten Zahl. Für das häusliche Gesinde findet sich gegen 1855, als letzte vergleichbare Zahl, ein weiteres ganz aufserordentliches Anwachsen sowohl der absoluten, als der relativen Zahl nach.

Ein Rückblick auf die Entwickelung des Gesindewesens in Preufsen, soweit es sich in vergleichbaren Zahlen darstellen läfst, ergiebt sonach eine Entwickelungstendenz, die auf eine ständige Verminderung des landwirtschaftlichen und eine ständige Zunahme des häuslichen Gesindes geht.

II. Bayern.

In den ältesten vorliegenden Materialien hat das Gesinde eine verschiedenartige Behandlung erfahren. In den Zusammenstellungen der Bevölkerung für 1840 und 1852 [1]) findet sich die Gesamtzahl des landwirtschaftlichen „wirklich arbeitenden Gesindes" gesondert angegeben. Die Dienstboten beim Handel, Gewerbe und Industrie sind dagegen mit den „Gehilfen, Gesellen und Lehrlingen" zusammengezählt, während bei den von Renten, höheren Diensten, Wissenschaft und Kunst lebenden Personen die Dienstboten wieder gesondert angeführt werden. Ein klares Bild läfst sich demnach nur von dem Bestande an landwirtschaftlichem Gesinde gewinnen.

Die Gewerbetabellen für 1847 [2]) führen das Gesinde getrennt nach folgenden Unterabteilungen auf: 1. zur persönlichen Bequemlichkeit der Herrschaft, als Bediente, Kutscher, Jäger, Gärtner, Köche, Haushofmeister u. s. w. und Kammer- und Stubenmädchen, Köchinnen, Wärterinnen, Ammen u. s. w. 2. Knechte und Jungen, Mägde und Mädchen bei der Landwirtschaft und bei anderen Gewerben.

Hier findet sich also das häusliche Gesinde rein, das landwirtschaftliche aber mit einer Beimischung von anderem gewerblichen Gesinde, welche sich nicht näher bestimmen läfst, vermutlich aber nur sehr gering ist. Die Gewerbetabellen von 1861, welche denen von 1847 entsprechend eingerichtet sind, enthalten keine Angaben über das Gesinde.

Dagegen bieten die Erhebungen [3]) über die Erwerbs- und Berufsklassen, welche gleichzeitig mit der Volkszählung vom 1. Dezember

---

[1]) Beiträge zur Statistik des Königreichs Bayern. I. S. 80, IV. S. 1888.
[2]) I. S. 124.
[3]) XXXIV. S. 422.

1871 gemacht wurden, wieder Anhaltspunkte für die Zahl des Gesindes. In der Berufsklasse der Landwirtschaft sind neben den 1. „Selbständigen" und 2. „Gehilfen und Arbeitern" 3. die „landwirtschaftlichen Dienstboten" und 4. die „übrigen Dienenden" unterschieden. Die Zahl der letztgenannten Kategorie ist so gering, dafs wir ohne Beeinträchtigung der Richtigkeit des Gesamtergebnisses ihre Bedeutung dahin gestellt sein lassen können, und in der Zahl unter 3 die Zahlen für das gesamte landwirtschaftliche Gesinde annehmen.

Von 1871 bis 1882 hat auch in Bayern keine Zählung des Gesindes stattgefunden. Die Erhebungen bei der Berufszählung von 1882 sind in oben angeführter Weise für das ganze Reich, also auch für Bayern, einheitlich ausgeführt, und wir können daher für die Entwicklung des landwirtschaftlichen Gesindes in Bayern folgende Übersicht aufstellen:

	Bevölkerung	Landwirtschaftliches Gesinde			Ges. % der Bevölk.
		männlich	weiblich	zusammen	
1840	4 307 977	214 712	251 221	466 551	10,8
1847	4 504 874	201 245	258 120	459 365	10,2
1852	4 558 658	215 643	240 992	457 382	10,0
1871	4 852 026	142 394	149 011	291 405	6,0
1882	5 286 761	—	—	353 132	6,6

Es ergiebt sich also eine stetige Abnahme des landwirtschaftlichen Gesindes der absoluten und relativen Zahl nach. Der grofse Sprung von der Zahl für 1852 nach der für 1871, der einer Reducierung der Gesindehaltung um fast die Hälfte binnen eines zwanzigjährigen Zeitraumes entsprechen würde, legt die Vermutung nahe, dafs es sich hier nicht um eine Veränderung der thatsächlichen Verhältnisse, sondern um eine solche des Aufnahmeverfahrens handelt. Scheidet man die Zahlen für 1871 aus, so ist für die Periode von 1840—1882 eine Verminderung des landwirtschaftlichen Gesindes sowohl im Verhältnis zur Bevölkerung, als auch der absoluten Zahl nach eingetreten. Der Grund hierfür wird ebenso sehr in dem Einflufs der aufblühenden industriellen Thätigkeit wie in landwirtschaftlich-technischen Verhältnissen zu suchen sein.

Die Zahl des häuslichen Gesindes für 1871 ergiebt sich nicht ohne eine besondere Untersuchung. Ebenso wie bei der gleichzeitigen preufsischen Zählung findet sich bei den Berufskategorieen Forstwirtschaft, Bergbau u. s. w. neben den Unterabteilungen der „Selbständigen, Gehülfen und Angehörigen" diejenige der „Dienenden aller Art". Aufserdem aber liegt die Vermutung nahe, dafs in der Berufsabteilung der „persönlichen Dienstleitungen" das Gesinde vielleicht mit enthalten sei. Da aus den Angaben über die Zählungsmethode darüber sich nichts entnehmen läfst, suchen wir aus folgender Übersicht Anhaltspunkte zu gewinnen.

Es sind unter den		Dienenden aller Art	Selbständigen bei den persönlichen Dienstleistungen
männlichen Geschlechts	ledig	13 164	51 091
	verheiratet	1 461	84 184
	verwitwet	208	7 040
	geschieden	18	150
	zusammen	14 851	142 465
weiblichen Geschlechts	ledig	95 731	75 011
	verheiratet	610	57 840
	verwitwet	1 855	23 185
	geschieden	99	382
	zusammen	98 295	156 418
überhaupt	ledig	108 895	126 102
	verheiratet	2 071	142 024
	verwitwet	2 063	30 225
	geschieden	117	532
	zusammen	113 146	298 883

Die grofse Zahl lediger weiblicher Personen bei den „persönlichen Dienstleistungen" spricht für die Annahme, dafs in diesen Zahlen das häusliche Gesinde mitenthalten sei, aber die grofse Anzahl verheirateter weiblicher Personen spricht gegen diese Annahme. Die geringe Zahl verheirateter, die überwiegend grofse Zahl lediger weiblicher Personen bei den Dienenden aller Art spricht wieder dafür, dafs hier das häusliche Gesinde zu suchen ist. Eine klare Entscheidung läfst sich nicht treffen. Doch gewinnt die Ansicht aus den angegebenen Thatsachen an Wahrscheinlichkeit, dafs das häusliche Gesinde in beiden Kategorien enthalten ist. Welche Rücksichten aber für die Verteilung auf sie mafsgebend gewesen sein mögen, ist nicht ersichtlich. Bestimmte Zahlen für die Gesindehaltung sind also für 1871 nicht zu gewinnen.

Das häusliche Gesinde betrug mit

```
1847   männl.     5 625
       weibl.    33 914
       zusammen  39 539    0,9 %  der Bevölkerung
1882             95 977    1,7 %   „         „
```

Die Vermehrung des häuslichen Gesindes ist somit eine erhebliche, relativ bedeutet sie eine Verdoppelung der Gesindehaltung in einem fünfunddreifsigjährigen Zeitraum.

III. Würtemberg.

Die erste bis 1871 laufende Periode der öffentlichen Statistik in Würtemberg bietet keine Anhaltspunkte für die Entwicklung der Gesindeverhältnisse. Die Zählungen sind entweder Volkszählungen, bei denen die Bevölkerung nach Gesamtzahl, Geschlecht, Alter, Civilstand und Religionsbekenntnis zusammengestellt wird, oder Gewerbezählungen, bei denen andere Berufe als die Gewerbe oder andere als in den Gewerbebetrieben beschäftigte Personen nicht berücksichtigt worden sind. Erst die Zählung vom 1. Dezember 1871[1]) führt bei allen Berufskategorien die im Haushalt der „Selbstwirtschaftenden, Angestellten und sonstigen Gehilfen" Dienenden an. Die landwirtschaftliche Gesindehaltung ist als Bestandteil der ländlichen Arbeitskräfte nicht besonders ersichtlich. Wie weit aber in den „Dienenden aller Art" in fremdem Hauhalt das häusliche Gesinde enthalten ist, wird eine Vergleichung mit den Ergebnissen der Berufszählung von 1882[2]) klarer machen.

Die Gesamtzahl der

		1871 im Haushalt dienenden	1882 der häuslichen Dienstboten	1871 Bevölkerung	1882 Bevölkerung
betrug	männl.	117 707	893	877 084	942 094
	weibl.	77 163	52 857	942 057	1 015 375
	zusammen	177 717	53 750	1 819 141	1 957 469

Die nach dieser Zusammenstellung sich ergebende Verminderung des häuslichen Gesindes auf unter die Hälfte macht es wahrschein-

---

[1]) Würtembergische Jahrbücher für Statistik und Landeskunde. (1876) IV. S. 34.
[2]) Ebenda (1883) II. S. 283.

lich, dafs unter den im Haushalt der Landwirte Dienenden 1871 nicht nur das häusliche Gesinde der Landwirte, sondern auch das in der Landwirtschaft thätige Gesinde gezählt ist. Nach Abzug der bei Landwirten Dienenden ergiebt sich für häusliche Gesinde folgende Übersicht:

	1871	1882
männl.	14 437	893
weibl.	45 290	52 857
zusammen	59 737	53 750

Daraus ergäbe sich einmal eine starke Vermehrung des weiblichen Gesindes, aber auch eine auffällige Verminderung des männlichen Gesindes um $^{15}/_{16}$. Diese letztere wird schwerlich einer Veränderung der Verhältnisse entspringen, sondern in einer veränderten Zählungsmethode ihren Grund haben. Anzunehmen ist, dafs 1871 noch das sog. gewerbliche Gesinde männlichen Geschlechts dem Gesinde zugerechnet ist, während es 1882 unter dem gewerblichen Hilfspersonal mitgezählt wurde.

Um für das landwirtschaftliche Gesinde vergleichbare Zahlen zu bekommen, müssen wir, da 1871, wie oben erwähnt, das bei Landwirten bedienstete häusliche Gesinde von dem landwirtschaftlichen Gesinde i. e. S. nicht getrennt ist, auch für 1882 die beiden Gruppen zusammennehmen. Es ergiebt sich dann als landwirtschaftliches Gesinde

	1871	1882	
männl.	26 107	58 109	} (Nicht nach Geschlechtern
weibl.	31 873	+ 14 863	getrennt!)
zusammen	57 980	72 972	

Danach wäre neben der absoluten Zunahme auch eine Zunahme im Verhältnis zur Bevölkerung von 3,1 % auf 3,9 % erfolgt. Dieselbe würde etwa der Zunahme der auf die Landwirtschaft überhaupt entfallenden Bevölkerung von 1871: 610 588 auf 1882: 942 924 entsprechen. Diese Vermehrung der landwirtschaftlichen Bevölkerung, mit welcher eine auffallende Verminderung der auf die anderen Berufe entfallenden Bevölkerungsgruppen[1]) trotz Zunahme der Gesamt-

---

[1]) Von der Gesamtbevölkerung entfielen auf die

Industrie	1871	. 723 583
	1882	674 080
Dienstleistungen	1871	131 229
	1882	11 254
Staatsdienst u. freie Berufe	1871	114 261
	1882	95 714

bevölkerung entspricht, ist nur aus einer Veränderung im Aufnahmeverfahren erklärlich. Da so der für die Zählung des landwirtschaftlichen Gesindes mafsgebende Grundbegriff der landwirtschaftlichen Bevölkerung eine unkontrollierbare Verschiebung erfahren hat, so ist ein klares Bild von der Veränderung der landwirtschaftlichen Gesindehaltung nicht zu bekommen.

Es ist demnach überhaupt nicht möglich, aus der Statistik die Entwicklung der Gesindeverhältnisse in Würtemberg festzustellen.

IV. Sachsen.

Mit der Zählung vom 3. Dezember 1861 war eine Aufnahme der Bevölkerung nach Beschäftigung und Erwerbsart verbunden. Bei den Ergebnissen derselben [1]) findet sich in der ersten Sektion „Landwirtschaft" als besondere Unterabteilung „festes Gesinde" angeführt. Die Bezeichnung „häusliches Gesinde" findet sich dagegen nirgend ausdrücklich. Dagegen findet sich hinter der vierten Sektion „Wissenschaftliche und Künstlerische und damit zusammenhängende Berufsarten, Militär, Hof- und Privatbeamte u. s. w." gewissermafsen als Ausführung dieses „u. s. w." eine Unterabteilung, enthaltend „Privatbedienstete aller Art in festen Diensten" und „Aufwärter, Lohnbediente und Lohnkellner". Dafür, dafs unter diesen „Privatbediensteten aller Art" das häusliche Gesinde verstanden ist, sprechen folgende Erwägungen. Daraus dafs bei der Landwirtschaft und den Gewerben überall neben den „Gehilfen und Arbeitern" auch „Beamte und Aufsichtspersonen" aufgezählt sind, geht hervor, dafs unter jenen Privatbediensteten die anderweitig auch sog. Privatbeamten nicht gemeint sein können. Ferner pflegte man früher allgemein die Gesindedienste als volkswirtschaftlich unproduktiv zu bezeichnen. Das macht ihre Aufnahme in jene Sektion IV. sehr wahrscheinlich. Ferner aber spricht die ganz aufserordentlich grofse Zahl der weiblichen Personen,[2]) die zu den Privatbediensteten gerechnet sind, im Vergleich zu der verschwindenden Beteiligung des männlichen Geschlechts für

---

[1]) Zeitschrift des kgl. sächs. statistischen Bureaus (1863) S. 45 ff.
[2]) Es standen von den Privatbediensteten

im Alter von	männlich	weiblich
bis 14 Jahren	—	330
14—24 Jahren	334	25 310
über 24 Jahren	2 938	16 859
zusammen	3 272	42 499

unsere Annahme. Endlich ist der Umstand von Gewicht, dafs von diesen Privatbediensteten über die Hälfte im Alter unter 24 Jahren stehen.

Um die Zahlen der Berufszählung von 1882 denen von 1861 vergleichbar zu machen, müssen den Zahlen für das landwirtschaftliche Gesinde diejenigen für das bei Landwirten bedienstete häusliche Gesinde hinzugezählt, dagegen bei denen für das häusliche Gesinde in Abzug gebracht, letzteren jedoch die der Kategorie „Lohnarbeit wechselnder Art und häusliche Dienstleistungen"[1]) zugerechnet werden. Dann ergiebt sich folgende Übersicht.

	Bevölkerung	landwirtsch. Gesinde	% der Bev.	häusliches Gesinde u. s. w.	% der Bev.
1861	2 225 240	163 828	7,5	45 771	2,2
1882	3 014 822	106 125	3,5	84 251	2,7

Bei einer Vermehrung der Bevölkerung um 26,2 % hat das landwirtschaftliche Gesinde um 36,4 % abgenommen, das häusliche Gesinde um 40,8 % zugenommen.

Wir haben also auch hier die bezüglich Preufsens und Bayerns für einen längeren Zeitraum beobachtete Erscheinung, dafs das landwirtschaftliche Gesinde ständig an Zahl abnimmt, während die Zahl des häuslichen Gesindes langsam im Wachsen begriffen ist.

V. Baden.

Die badische Statistik [2]) stellt seit 1871 auf Grund der Ergebnisse der Volkszählungen Tabellen über Religions- und Staatsangehörigkeit und Gebürtigkeit der Bevölkerung, sowie über deren Stellung in der Haushaltung auf. Bei letzterer werden unterschieden „Vorstände; deren Frauen, Kinder, Enkel u. s. w.; sonstige Verwandte; Dienstboten und Gehilfen". Da aber eine Teilung nach Berufen nicht stattfindet, so ist es nicht ersichtlich, wieviele von den Dienstboten zur persönlichen Bequemlichkeit der Herrschaft und wieviele als Gehilfen bei der landwirtschaftlichen Produktion gehalten werden.

---

[1]) Da die Angehörigen dieser Kategorie 1861 zweifellos den Privatbediensteten zugezählt sind.

[2]) Beiträge zur Statistik der inneren Verwaltung des Grossherzogtum Baden Heft 43 (1884); 49 (1890); 52 (1893).

Jedenfalls sind alle die landwirtschaftlichen Gesindepersonen, welche im Haushalt ihrer Herrschaft leben, mitgezählt. Das ist aber nicht das ganze landwirtschaftliche Gesinde, sondern nur der ledige Teil desselben. Aufserdem aber ist auch das gewerbliche Gesinde[1]), als dessen Bestandteile Kellner, Gasthauspförtner, Packknechte, Kellnerinnen und Ladnerinnen angeführt werden, in den allgemeinen Zahlen enthalten, soweit es im Haushalt seiner Dienstherrschaft Aufnahme gefunden hat. Für diese im Haushalt der Herrschaft lebenden Dienstboten der verschiedenen Arten läfst sich folgende Übersicht aufstellen:

	Gesamt-Bevölkerung	Dienstboten			% der Bevölkerung
		männlich	weiblich	zusammen	
1871	1 420 591	30 441	55 115	85 556	6,02
1880	1 523 095	27 947	54 744	82 691	5,43
1885	1 601 255	27 818	54 788	82 606	5,16
1890	1 657 867	24 493	56 821	81 314	4,9

Trotz wachsender Bevölkerungszahl haben wir also eine Verminderung des Gesindes nicht nur im Verhältnis zur Bevölkerung, sondern auch absolut. Auffallend ist die starke Abnahme der männlichen Gesindepersonen, während das weibliche Gesinde etwas zugenommen hat. Diese Erscheinung deutet darauf hin, dafs die Abnahme der Gesamtzahl des Gesindes wahrscheinlich auf der Verminderung des landwirtschaftlichen Gesindes beruht, da bei diesem das männliche Geschlecht stärker vertreten ist, wie beim häuslichen Gesinde.

Die der Berufszählung von 1882 entnommenen Zahlen[2]) fügen sich durchaus dieser Entwicklung entsprechend ein.

---

[1]) Als Zahlen des gewerblichen Gesindes werden angeführt

	männlich	weiblich
1880	2881	1144
1882	2905	226

Die Verschiedenheit der Zahlen für das weibliche Gesinde legt die Vermutung nahe, dafs bei der Aufnahme der einzelnen Personen nicht immer Klarheit darüber geherrscht hat, ob sie zum gewerblichen Hilfspersonal oder Gesinde gehören — eine Unsicherheit, die auf thatsächlichen Verhältnissen des täglichen Lebens beruht.

[2]) Ges. Bev. 1 558 598 häusl. Ges. 41 440 ⎫ zus. 82 768 = 5,3 % der Bev.
landw. Ges. 41 328 ⎭

VI. Hessen.

Die verdienstvolle Arbeit von Fabricius[1]) über die Entwicklung der Bevölkerungsstatistik in Hessen gewährt mehrere Anhaltspunkte für die Entwicklung des Gesindewesens in Hessen seit dem vorigen Jahrhundert. Die Zählung von 1776 führt Zahlen an für „Gesellen, Jungen, Bediente und Knechte," und für „Mägde", die von 1783 rechnet unter das „Gesind" einmal „Knechte, Gesellen, Jungen," aufserdem „Mägde". Die Zahlen für das männliche Geschlecht werden zwar durch diese Beimischung der Handwerksgesellen und Lehrjungen unbrauchbar, die für das weibliche aber geben den Bestand an Gesindepersonen rein wieder.

In der zweiten Periode der hessischen Statistik von 1822—1858 sind für 13 Zählungen jene nicht zum Gesinde gehörenden Personen ausgeschieden. Denn es werden unter „Dienstboten" verstanden „alle die Personen, welche für die Besorgung des Ackerbaues, des Viehstandes, der Haushaltung oder für die persönliche Bedienung eines anderen Kost oder Lohn empfangen". Wenn demnach häusliches und landwirtschaftliches Gesinde zusammengezählt sind, so sind die gewonnenen Zahlen doch vergleichbar. Die folgende Übersicht giebt durch vier aus den 13 Zählungen herausgegriffene Jahre ein Bild der Entwicklung:

	Gesamt-Bevölkerung	Dienstboten			% der Bevölkerung
		männlich	weiblich	zusammen	
1776	150 202		6 050		
1783	181 542		7 115		
1822	671 236	12 105	24 274	36 379	5,43
1834	760 694	13 964	25 921	39 885	5,24
1846	852 679	14 657	28 432	43 089	5,05
1858	845 571	15 754	29 481	45 235	5,35

Trotz zunehmender Bevölkerung ist also die Gesindehaltung sich gleich geblieben. Wie weit dies aber für die einzelnen Arten zutrifft, läfst sich nicht feststellen.

Mit der Volkszählung vom 3. Dezember 1861[2]) gelangt eine andere Aufnahmeart zur Durchführung. Unter der Berufsabteilung „I. Land-

---

[1]) Beiträge zur Statistik des Grossherzogtum Hessen 3. (1864)
[2]) Ebenda S. 121 ff.

wirtschaft" findet sich als Unterabteilung: „Gesinde für die Landwirtschaft. Hirten"[1]), unter „V. Persönliche Dienstleistungen" finden sich als 3. Unterabteilung „Dienstboten für persönliche Dienstleistungen in Haushaltungen und sonstige". Hier tritt also eine Trennung des landwirtschaftlichen und häuslichen Gesindes ein, wahrscheinlich ist jedoch das bei Landwirten dienende häusliche Gesinde zum landwirtschaftlichen Gesinde gerechnet.

Die Zählung vom 1. Dezember 1871[2]) befolgt wieder ein anderes Verfahren. Für alle Berufsabteilungen ist die Rubrik „Dienende aller Art" neben „Selbständigen in Besitz, Beruf und Erwerb" und „selbstthätigen Gehilfen und Arbeitern" durchgeführt. In den „Dienenden aller Art" bei der Landwirtschaft ist demnach das landwirtschaftliche und bei Landwirten bedienstete häusliche Gesinde, in den übrigen Dienenden aller Art das andere häusliche Gesinde enthalten.

Die Ergebnisse der Berufszählung von 1882 lassen sich nach der durch diese Abweichungen bedingten Umrechnung mit den Ergebnissen der letzten beiden Zählungen zu folgender Übersicht zusammenstellen:

	Gesamt-Bevölkerung	Landwirtschaftliches Gesinde	% der Bev.	Häusliches Gesinde	% der Bev.
1861	841 677	26 674	3,17	23 306	2,77
1871	852 894	17 498	2,05	21 300	2,50
1882	929 757	12 905	1,38	18 072	1,94

Demnach hat von 1861 bis 1882 eine Abnahme der beiden Arten des Gesindes sowohl im Verhältnis zur wachsenden Bevölkerungszahl, als absolut stattgefunden.[3])

---

[1]) Diese Unterabteilung selbst wird wieder wie folgt geteilt:
  a) Haushaltungsvorstände   1 475
  b) Angehörige der Haushaltung
     mit eigenen Verdienst   25 199
  c) ohne   „   „   4 579
  d) Summe a.—c.   31 253

Dieses Schema ist völlig verfehlt. Insofern ist dem von Kollmann (S. 275 Anm. 84) geäufserten Tadel durchaus beizustimmen. Aber unklar ist die Darstellung doch nicht. Denn ohne Zweifel stellt a. das verheiratete Gesinde, c. dessen Angehörige dar, während in b. das im Haushalt der Herrschaft lebende landwirtschaftliche ledige Gesinde enthalten ist.

[2]) Ebenda Bd. 14. (1875) S. 24.

[3]) Eine solche läfst sich für das weibliche Gesinde für einen gröfseren Zeitraum belegen. Dasselbe betrug in Prozenten der Bevölkerung
  1776 1783 1822 1834 1846 1858 1871
  4,02 3,92 3,62 3,41 3,83 3,49 3,80

VII. Mecklenburg-Schwerin.

Die Volkszählung vom 3. Dezember 1867 [1]) enthält in der IV. Tabelle über „Stand und Beruf, Arbeits- und Dienstverhältnis" die Zahlen für das landwirtschaftliche Gesinde nur in derselben Abteilung wie die landwirtschaftlichen „Gehilfen und Lehrlinge, sowie Tagearbeiter". Das häusliche Gesinde ist in der Abteilung „Persönliche Dienstleistungen" enthalten, jedoch nicht rein, sondern mit „Handarbeitern, Tagelöhnern und Dienstmännern" in einer Summe.

Bei der Volkszählung vom 1. Dezember 1871 [2]) wurde das für die gleichzeitige Zählung auch in den anderen Ländern zu Grunde gelegte Schema benutzt.[3])

Es lassen sich demnach die Ergebnisse dieser Zählung mit denen der Berufszählung von 1882 nach den nötigen Umrechnungen [4]) zu folgender Übersicht zusammenstellen:

	Bevölkerung	Landwirtsch. Gesinde			% der Bev.	Häusliches Gesinde			% der Bev.
		männl.	weibl.	zus.		männl.	weibl.	zus.	
1871	557 897	33 183	31 969	65 152	11,7	4 380	15 597	19 977	3,6
1882	574 993			42 879	7,4			12 817	2,2

Danach ergiebt sich eine ganz aufserordentlich starke Abnahme der beiden Gesindearten sowohl im Verhältnis zur Bevölkerung, als absolut.

VIII. Oldenburg.

Der Leiter der oldenburgischen Statistik, Kollmann, dem wir die erste kritische Behandlung des Gesindewesens in der Statistik [5]) verdanken, hat es sich angelegen sein lassen, in den seit 1871 durchgeführten Berufszählungen die Entwickelung des Gesindewesens in Oldenburg ausführlich zur Darstellung zu bringen. Nach allen Richtungen hin hat er das auf unanfechtbare Weise gewonnene Zahlen-

---

[1]) Beiträge zur Statistik Mecklenburgs VI. 1. (1869) S. 56.
[2]) Ebenda VII. 1 (1873).
[3]) Vgl. oben S. 12, 16.
[4]) Ohne Umrechnung lassen sich die Zahlen überhaupt nicht brauchen. Dies hat Stieda (X. 4. S. 116) in Tabelle 1 und 2 übersehen.
[5]) Geschichte und Statistik des Gesindewesens in Deutschlands in Hildebrands Jahrbüchern X. (1868) S. 237 ff.

material in Beziehung zu den verschiedenen Zweigen der Volkswirtschaft gesetzt, und so in den das Gesinde behandelnden Textabschnitten der Statistischen Nachrichten über das Grofsherzogtum Oldenburg [1]) eine Fortsetzung seiner oben erwähnten Arbeit unter besonderer Berücksichtigung dieses Landes geliefert.

In den Tabellen über die Berufsverteilung der Bevölkerung sind für jeden Beruf neben den „selbstthätigen Haushaltungsgliedern (Erwerbsthätigen)" und „denjenigen ohne erwerbende Thätigkeit (Angehörigen)" die Dienstboten aufgeführt, geschieden in landwirtschaftliche, sonstige gewerbliche (diese seit 1875) und häusliche. Dabei ist insbesondere zu bemerken, dafs durch alle Berufsabteilungen, und nicht nur durch die Landwirtschaft, die Rubrik „landwirtschaftliches Gesinde" hindurchläuft. Die Summierung der verschiedenen Arten von Dienstboten unter eine Generalsumme im Gegensatz zu den Angehörigen und Erwerbsthätigen erweckt jedoch Bedenken. Denn das landwirtschaftliche Gesinde wird nicht allein vom privatwirtschaftlichen Standpunkt — wie dies beim persönlichen Gesinde zu geschehen pflegt —, sondern auch vom Standpunkt der Volkswirtschaft aus mit vollstem Recht unter die Erwerbsthätigen gezählt. Die bei der deutschen Berufszählung von 1882 durchgeführte Trennung des landwirtschaftlichen vom häuslichen Gesinde ergiebt diesbezüglich eine gröfsere Klarheit und verdient daher den Vorzug.

Die Entwickelung der Gesindehaltung in Oldenburg geht aus folgender Übersicht hervor, die lediglich die Oldenburger Zählungen berücksichtigt:

	Bevölkerung	Gesamtzahl des Gesindes			% der Bev.	Landwirtsch. Gesinde			% der Bev.	Gewerbl. Gesinde			% der Bev.	Häusliches Gesinde		
		ml.	weibl.	zus.		ml.	wbl.	zus.		ml.	wbl.	zus.		ml.	wbl.	zus.
1871	314 777	9 141	16 862	26 003	8,25	8 071	8 035	16 106	5,11					1 070	8 827	9 897
1875	319 314	9 638	16 388	26 026	8,15	8 295	8 250	16 545	5,2	325	114	439	0,14	1 008	8 024	9 032
1880	337 478	8 893	16 953	25 846	7,66	8 099	9 102	17 201	5,10	441	180	621	0,18	353	7 671	8 024
1885	341 525	8 814	17 520	26 334	7,71	8 064	8 747	16 811	4,92	419	103	522	0,15	331	8 670	9 001
1890	354 968	8 899	17 510	26 409	7,43	7 926	8 863	16 789	4,73	774	127	901	0,25	199	8 520	8 719

[1]) XIV. (1874). Die Volkszählung vom 1. 12. 1871 S. 55. 58—62.
XVI. (1876). „   „   „   1. 12. 1875 S. 65—69.
XIX. (1882). „   „   „   1. 12. 1880 S. 99—103.
XXI. (1887). „   „   „   1. 12. 1885 S. 86—91.

Die später anzuführenden Zahlen für 1890 verdanke ich der Liebenswürdigkeit des Herrn Dr. Kollmann, der sie mir — nach Abschlufs meiner Arbeit, sodass

Die Zahlen für das gewerbliche Gesinde sind sowohl im Verhältnis zur Bevölkerungszahl, als zu den anderen beiden Gesindearten so gering, dafs dem gewerblichen Gesinde irgend welche Bedeutung für die Volkswirtschaft nicht mehr zugesprochen werden kann. Das gewerbliche Gesinde gehört einer vergangenen Organisation der Volkswirtschaft an. Während früher die Verwendung von gewerblichen Dienstboten, d. h. von solchen Personen, welche eine spezifisch technische Durchbildung nicht besafsen — eine solche auch nicht, wie die Lehrlinge, erst erwerben wollten —, und unter Aufnahme in den Hausstand eines Gewerbetreibenden niedere Dienstleistungen in dessen Gewerbebetrieb und Haushalt verrichteten, allgemeiner verbreitet war, findet sie sich jetzt nur noch in einigen wenigen Gewerben. Ein Blick auf die Oldenburger Spezialtabellen zeigt, dafs das dort gezählte derartige Gesinde sich im wesentlichen in den Ziegeleien, den Getreidemühlen, bei Bäckern und Brauern, im Handelsgewerbe, beim Land- und Wasserverkehr und im Gewerbe der Beherbergung und Erquickung findet. Aus dieser Verteilung, sowie aus dem Überwiegen des männlichen Geschlechtes geht hervor, dafs es sich hier meist um Pferdeknechte, welche die zum Gewerbebetrieb notwendigen Gespanne besorgen, sowie um Hausknechte in Gasthäusern handelt. Die ziemlich starken Schwankungen der Zahlen haben ihren Grund wohl weniger in einer Veränderung der thatsächlichen Verhältnisse, als darin, dafs häufig begründete Zweifel entstehen werden, ob im Einzelfall die betreffenden Personen zum gewerblichen Gesinde oder einfach zum gewerblichen Hilfspersonal im allgemeinen gerechnet werden sollen, und dann die Entscheidung nicht immer gleichmäfsig ausfällt.

Die absolute Zahl des landwirtschaftlichen Gesindes ist sich im allgemeinen gleich geblieben, infolge fortschreitender Vermehrung der Bevölkerung aber die Verhältniszahl zur Bevölkerung entsprechend gesunken.

Beim häuslichen Gesinde ist im Verhältnis zur Bevölkerungszahl eine Verminderung eingetreten. Absolut genommen ist die Zahl des weiblichen Gesindes sich im ganzen gleich geblieben. Die starke Verminderung des männlichen Gesindes würde auf die Ausscheidung des gewerblichen Gesindes zurückgeführt werden können, wenn diese nicht schon bei der früheren Zählung stattgefunden hätte.

Aufser dieser für das ganze Grofsherzogtum möglichen Aufstellung

---

ich sie im Text nicht mehr verwerten konnte — zur Verfügung stellte. Sie bestätigen aber durchweg die im Text vertretenen Ansichten.

— 28 —

ist es von besonderem Interesse, die Verhältnisse auch für die einzelnen, von einander wirtschaftlich so aufserordentlich verschiedenen Gebietsteile desselben zu verfolgen, was auf Grund des reichhaltigen Materials möglich ist. Das Herzogtum Oldenburg und das Fürstentum Lübeck zeigen im wesentlichen die gleichen Verhältnisse, da hier der bäuerliche Mittel- und Kleinbesitz überwiegt. Das Fürstentum Birkenfeld dagegen weist durchaus den Charakter des umliegenden preufsischen Rheinlandes mit seinem Parzellenbesitz auf. Diesem Unterschied entspricht die durchaus verschiedene Gestaltung der Gesindezahlen im Verhältnis zur Bevölkerungszahl. In Prozenten der Bevölkerung ausgedrückt ist das Gesinde der verschiedenen Beschäftigungsarten im

	Hzgt. Oldenburg			Frst. Lübeck			Frst. Birkenfeld		
	l.	g.	h.	l.	g.	h.	l.	g.	h.
1871	5,42	—	3,31	6,69	—	3,10	1,60	—	2,05
1875	5,64	0,14	2,84	6,09	0,08	3,68	1,62	0,15	1,70
1880	5,50	0,20	2,40	5,59	0,22	3,10	1,93	0,06	1,59
1885	5,34	0,14	2,68	5,08	0,32	3,37	1,97	0,07	1,72

Die Haltung von landwirtschaftlichem Gesinde in den norddeutschen Gegenden steht über dem Landesdurchschnitt, welcher durch die geringe Ausdehnung der Gesindehaltung in Birkenfeld sehr heruntergedrückt wird; für Lübeck ist sie zuerst beträchtlich höher als für Oldenburg, nähert sich später jedoch dessen Verhältnis. Das landwirtschaftliche Gesinde in Birkenfeld hat eine mäfsige Steigerung seiner geringen Zahl aufzuweisen. Die Haltung des häuslichen Gesindes bleibt für Lübeck mit einer geringen Zunahme beträchtlich über dem Landesdurchschnitt, für Oldenburg sinkt sie, ebenso für Birkenfeld, das ständig beträchtlich unter dem Landesdurchschnitt bleibt.

Überblicken wir die Entwickelung der Gesindeverhältnisse im ganzen, so ergiebt sich, dafs während eines 15jährigen Zeitraums die Gesindehaltung nicht proportional der Zunahme der Bevölkerung zugenommen hat. Die Vermehrung der Bevölkerung vollzieht sich demnach hauptsächlich in den Gegenden, welche landwirtschaftlichen Gesindes nicht bedürfen, also in den Städten, und hier in den Bevölkerungsschichten, welche an der Haltung von häuslichem Gesinde nicht teilnehmen.

IX. Thüringen.

Von der thüringischen Staatengruppe liegen nur für Coburg-Gotha Zahlen vor, welche ein Verfolgen der Gesindeverhältnisse bis in die Mitte dieses Jahrhunderts gestatten. Als Dienstboten sind hier nur diejenigen gerechnet, welche ausschliefslich oder überwiegend zur persönlichen Bequemlichkeit, bez. zu häuslichen Dienstleistungen benutzt werden, also nicht diejenigen, welche ausschliefslich oder überwiegend zu Arbeiten in Landwirtschaft u. s. w. verwendet werden.[1]) Doch findet sich in dem die Tabellen begleitenden Text selbst die Vermutung ausgesprochen, dafs trotzdem das gewerbliche Gesinde nicht völlig unberücksichtigt geblieben sei. Die Zahlen stellen sich folgendermafsen dar für 2 von den 4 Zählungen, die für Gotha, und für die 2, welche für Coburg vorliegen:

		Bevölkerung	Männl. Dienstboten	% der Bev.	Weibl. Dienstboten	% der Bev.
Gotha	1846	103 185	1110	1,9	3792	3,7
	1858	108 301	1871	1,7	4142	3,8
Coburg	1855	44 467	1357	3,0	2455	5,5
	1858	45 578	1284	2,8	2475	5,4

Nach dieser Zusammenstellung ist Coburg bezüglich der Dienstbotenhaltung in sehr viel besserer Lage gewesen als Gotha, jedoch hat bei beiden eine relative Verminderung der Dienstbotenhaltung stattgefunden.

Mit 1864 tritt für die Statistik Thüringens insofern eine Änderung ein, als unter Hildebrand die Aufnahmen für 8 Staaten gemeinschaftlich nach denselben Grundsätzen[2]) erfolgen sollen. Für jeden Beruf werden als durchgängige Unterabteilungen eingerichtet „Selbständige, Gehilfen, Angehörige und Dienstboten". Wir haben hier also bei den „Dienstboten der Landwirtschaft" das landwirtschaftliche Gesinde und die bei Landwirten bediensteten häuslichen Dienstboten, jedoch sind die zweifellos zum Gesinde gehörenden „Hirten und Schäfer" den landwirtschaftlichen „Selbständigen" zugezählt. Die übrig bleibenden Dienstboten stellen das häusliche Gesinde dar. Dieses Verfahren wurde jedoch nur einmal 1864 für alle 8 Staaten durchgeführt, 1867 finden wir die Angaben nur mehr für 5 derselben. Doch sind die so gewonnenen Zahlen nach entsprechender Umrechnung mit denen der deutschen Berufszählung von 1882 vergleichbar. Wir können also folgende Übersicht aufstellen:

---

[1]) Mitteilungen aus dem stat. Bureau des herz. Staatsminist. in Gotha I. 3 (1866) S. 429.

[2]) Hildebrand, Statistik Thüringens. (1867).

Die Verteilung des landwirtschaftlichen Gesindes auf die einzelnen Staaten ist sehr verschieden, und dies zeigt sich gleichmäfsig bei allen Zählungen. Altenburg mit vorwiegend bäuerlichem Grundbesitz weist die höchsten Zahlen im Verhältnis zur Bevölkerung auf, Gotha gemäfs seiner Lage auf dem Gebirge und dem dadurch bedingten Zurücktreten des landwirtschaftlichen Betriebes die geringsten. Die Zahlen für das häusliche Gesinde weisen eine wesentliche Verschiedenheit nicht auf.

Was die geschichtliche Entwickelung anlangt, so ist dieselbe für alle Staaten ziemlich die gleiche. Das Verhältnis des landwirtschaftlichen Gesindes zur Bevölkerung hat eine Veränderung nicht erlitten, dagegen zeigen sowohl die absoluten, als die Verhältniszahlen für das häusliche Gesinde die Tendenz einer langsamen Abnahme trotz Zunahme der Gesamtbevölkerung.

X. Hamburg.

Die hamburgische Statistik[1]) zeichnet sich vor anderen durch ein tieferes Eingehen auf die Verhältnisse der Dienstboten aus. Man versucht wenigstens einen einheitlichen Begriff des häuslichen Gesindes den Aufnahmen zu Grunde zu legen und dessen Bedeutung für die Volkswirtschaft nach möglichst vielen Seiten hin zu ergründen. Man zählt das Gesinde nach Geschlecht, Alter, Beruf der Dienstherrschaft und Staat der Geburt, man stellt die Zahl der Haushaltungen, in denen überhaupt Dienstboten gehalten werden, fest und sucht dadurch

---

[1]) Statistik des hamburgischen Staates I. (1867) II. (1869) VII. (1875) XII. 1. (1882) XIII. (1886) XV. 1. (1890) XVI. (1894).

einen Mafsstab für die wirkliche Verteilung der Dienstboten auf die Bevölkerung zu gewinnen.

Es werden 1871[1]) zum häuslichen Gesinde gerechnet:

„1. Dienstmädchen, Köchinnen, Stuben- und Kleinmädchen, Haushälterinnen, Kindermädchen und -frauen, Ammen, Demoisellen, Gesellschafterinnen, Gouvernanten, Wärterinnen, Kammerjungfern, Einhüterinnen [2]), Nähkleinmädchen.[3])"

„2. Hausknechte, Knechte, Dienstboten, Diener, Kutscher, Stallknechte, Kammerdiener, Lohndiener, Einhüter, Reitknechte, Portiers, Wärter." Hierbei ist zu berücksichtigen, dass die Zurechnung von Gesellschafterinnen und Gouvernanten, wie von Hausknechten nicht unbedenklich sein dürfte. Erstere gehören überhaupt nicht zum Gesinde, letztere aber eher zum gewerblichen als zum häuslichen Gesinde, wenn man es nicht vorzieht, sie zum gewerblichen Hilfspersonal zu rechnen. Überhaupt scheint die Umgrenzung des Gesindebegriffs, namentlich beim männlichen Gesinde, nicht immer die gleiche gewesen zu sein. Dies geht aus den so überaus verschiedenen Zahlen für 1871 und 1880 gegenüber denen der Zählungen vor- und nachher hervor.

Das landwirtschaftliche Gesinde bleibt bei allen Zählungen unberücksichtigt, wie sich aus obiger Aufzählung und durch eine Vergleichung mit den Zahlen der deutschen Berufszählung von 1882 ergiebt.

Die Entwicklung der Gesindehaltung im Verhältnis zur Bevölkerungszahl ergiebt folgende Übersicht:

	Bevölkerungszahl	Häusliches Gesinde			% der Bevölkerung
		männlich	weiblich	zusammen	
1811	100 192	3 558	7 040	10 598	10,5
1866	293 075	565	17 428	17 993	12,1
1867	306 507	496	20 654	21 150	13,9
1871	338 974	2 921	22 529	25 450	7,5
1880	453 869	1 676	25 681	27 357	6,3
1882	466 516	699	25 743	26 442	5,7
1885	518 620	715	24 294	25 009	4,8
1890	622 530	—	—	26 701	4,3

[1]) VII. S. 117.
[2]) Solche Personen, welche von Herrschaften während einer längeren Abwesenheit zur Beaufsichtigung und Reinigung der Wohnung zurückgelassen zu werden pflegen.
[3]) Solche Hausmädchen, die auch zur Anfertigung weiblicher Handarbeiten verwendet werden.

Im allgemeinen findet für die Gesamtheit des häuslichen Gesindes von 1811 bis 1867 ein langsames Anwachsen mit der Zahl der Bevölkerung statt. Für das weibliche Gesinde setzt es sich der absoluten Zahl nach noch bis 1882 fort. Zwar ist diese Vermehrung der Zunahme der Bevölkerung nicht mehr proportional. Aus den Zahlen für das männliche Gesinde lassen sich aus den oben angeführten Bedenken Schlüsse nicht ziehen. Die Zunahme der Gesamtzahl des Gesindes, die 1880 ihren Gipfelpunkt erreicht, macht dann einem Stillstand Platz, woraus bei weiterem Wachsen der Gesamtbevölkerung eine Abnahme der Verhältniszahl resultiert.

Die Verteilung des Gesindes auf die Bevölkerung wird näher charakterisiert durch eine Gegenüberstellung derjenigen Haushaltungen, in welchen Gesinde gehalten wird, mit der Gesamtzahl der Haushaltungen.

Es gab Haushaltungen:

	überhaupt	mit Gesinde
1871	75 601	16 347
1880	102 200	19 707
1885	115 595	18 136
1890	138 815	20 635

Aus der ersten Übersicht konnten wir feststellen, dafs die Gesamtzahl der Dienstboten sich seit 1871 im wesentlichen gleichgeblieben ist. Aus dieser Zusammenstellung geht hervor, dass die Gesamtzahl der Haushaltungen sich in demselben Zeitraum fast verdoppelt hat, die Zunahme der Haushaltungen mit Dienstboten aber kaum ein Fünftel beträgt. Demnach ergiebt sich, dafs der Zuwachs der Bevölkerung in Hamburg in den Schichten der Bevölkerung stattfindet, welche der Dienstleistungen des Gesindes sich nicht bedienen. Aufserdem aber folgt aus dem Umstand, dafs trotz gleicher Zahl der Dienstboten die Haushaltungen mit Gesindehaltung sich vermehrt haben, dafs Dienstherrschaften, welche früher mehrere Dienstboten gehalten haben, deren Zahl eingeschränkt haben müssen. Es stellt diese Beobachtung eine Bestätigung der Meinung Hoffmanns dar, dafs mit zunehmender Kultur die Qualität der Dienstbotenhaltung auf Kosten ihrer Quantität verbessert wird.

Einen ganz aufserordentlich interessanten Beitrag zur Charakteristik des Gesindewesens bieten die Tabellen über die Verbreitung dieser Haushaltungen mit Dienstboten in den einzelnen Gegenden des Stadt- und Staatsgebietes.[1]) Dieselben hier im einzelnen wieder-

---
¹) XV. S. 65.

zugeben, würde zu weit führen. Sie erbringen den Beweis, dafs die Dienstbotenhaltung als Mafsstab eines gröfseren oder geringeren Wohlstandes gelten darf. Denn die Reihenfolge, welche sich für die Hamburger Gebietsteile nach ihr ergiebt, stimmt nahezu überein mit derjenigen, welche man erhält, wenn man die Stadtteile ordnet nach:

1) dem Vorhandensein von Badeeinrichtungen in den einzelnen Wohnungen, oder

2) der Zahl der heizbaren Zimmer, welche durchschnittlich auf eine Wohnung kommen, oder

3) dem durchschnittlichen Einkommen der Bewohner. Es ist dies ein Beweis dafür, dafs die Dienstbotenhaltung auf immer kleinere Kreise im Verhältnis zur Gesamtheit sich beschränkt und immer mehr ein Luxus wird, dessen der minder Bemittelte sich enthalten muß.

Was das Alter der Dienstboten anlangt, so ergiebt ein Vergleich der Ergebnisse der Volkszählung von 1871 mit denen der deutschen Berufszählung von 1882, dafs die Beteiligung der einzelnen Altersklassen am Gesindedienst in Hamburg die gleiche ist, wie im Reich. Von 100 Dienstboten standen

	1871 in Hamburg		1882 im Reich	
im Alter von 16—20 Jahren	30,65	} 79,20	15—20 36,7	} 78,4
21—25	31,07		20—30 41,7	
26—30	17,48			

Die hohe Bedeutung des Gesindedienstes für die jüngeren Altersklassen des weiblichen Geschlechts geht aus folgender Zusammenstellung hervor: Von 100 weiblichen Personen der betreffenden Altersklasse waren 1871 in Hamburg Dienstboten von

16—20 Jahren 42,31
21—25   „   37,82
26—30   „   21,39

Interessant ist ferner die für 1871 erfolgte Feststellung, woher Hamburg seine Dienstboten bezieht. Es waren gebürtig aus

dem Hamburger Staatsgebiet	21,37	Proz. des Gesindes		
Schleswig-Holstein	35,87	„	„	„
Hannover	17,21	„	„	„
Lauenburg	3,25	„	„	„
dem übrigen Preufsen	4,57	„	„	„
Mecklenburg	11,08	„	„	„

Hamburg kann also nur den fünften Theil seines Bedarfes an Dienstboten aus seinen Landeskindern decken, den Rest müssen die

— 34 —

umliegenden Gegenden, wohl vorzugsweise aus ihrer ländlichen Jugend liefern.[1]

XI. Ergebnis.

Aus der Untersuchung der vor 1882 in der Statistik der einzelnen Staaten für die Aufnahme des Gesindes beobachteten Grundsätze geht klar hervor, dafs eine allgemeine Vergleichung der Zahlen für das Gesinde, wie sie noch Kollmann versucht hat, nicht möglich ist. Zwar konnten für einzelne Staaten aus den gegebenen Zahlen gewisse Entwicklungstendenzen für die lokalen Gesindeverhältnisse abgeleitet werden. Zur durchgängigen Vergleichung eignen sich aber nur die in folgenden Übersichten zusammengestellten wenigen Zahlen.

Die häuslichen Dienstboten bildeten % der Bevölkerung in

	1811/9	1847/9	1861/6	1871	1880	1882	1885	1890
Preufsen	0,9	1,1				3,2		
Hamburg	10,5		12,1	7,5	6,3	5,7	4,8	4,3
Oldenburg				3,1	2,4		2,6	2,5
Sachsen			2,2			2,7		
Bayern		0,9				1,7		

Die Verschiedenheit der Entwicklung ist für Preufsen und Hamburg auffallend. In Preufsen steigert sich die Dienstbotenhaltung von 1819 bis 1882 fast auf das Vierfache, in Hamburg sinkt sie von 1811 bis 1890 etwa auf ein Drittel des ursprünglichen Bestandes. Dort ist die starke Vermehrung zweifellos das Ergebnis einer stetig fortschreitenden Entwicklung des Nationalwohlstandes, der, mit dem Wachsen der Bevölkerung steigend, einer immer gröfseren Zahl von Einwohnern die Möglichkeit einer bequemeren und leichteren Lebenshaltung durch eine ausgedehntere Benutzung der Dienstleistungen von Gesindepersonen ermöglicht. In Hamburg dagegen, das, bei der geringen Bedeutung seines ländlichen Gebietes, im wesentlichen die Entwicklung einer modernen Grofsstadt aus einer reichen Handelsstadt zeigt, wächst die Zahl der Dienstboten zwar zunächst noch absolut, eine immer gröfsere Zahl von Personen kann sich also eine bequemere Ausgestaltung ihrer persönlichen Lebenshaltung verschaffen. Der

---

[1] Eine Vergleichung mit Berlin, die sich in der hamburgischen Statistik findet, zeigt, dafs Berlin 1871 nur 5,7% seines Dienstbotenbedarfes aus Einheimischen decken konnte, also noch ungünstiger dastand, als Hamburg.

Nationalwohlstand nimmt nicht ab. Aber diejenigen Klassen, welche sich zur Vermehrung der persönlichen Bequemlichkeit fremder Dienstleistungen nicht bedienen können, das grofsstädtische Proletariat, wächst in immer stärkerer Weise als jene Kreise. Daraus erklärt sich die relative Abnahme der Gesindehaltung für Hamburg.

Oldenburg weist eine Abnahme der Gesindehaltung auf. Da es vorwiegend ackerbautreibende Bevölkerung hat, so läfst sich diese Erscheinung auf folgende Gründe zurückführen: Gerade hier tritt die Beeinflussung der Gesindehaltung durch die Industrie hervor; die besonders in Betracht kommende weibliche Jugend zieht dem Eintritt in den Gesindedienst jede Stellung in gröfserer Unabhängigkeit, wie sie die industrielle Beschäftigung gewährt, vor. Der vermehrte Bedarf an städtischem häuslichem Gesinde zieht auch einen Teil der Kräfte an sich. Endlich hat sich im Gegensatz zu der Zeit vor 1871 die Möglichkeit für die landwirtschaftliche Bevölkerung, die gesteigerten Kosten des Haltens von häuslichem Gesinde lediglich zum Zweck gröfserer persönlicher Bequemlichkeit zu tragen, vermindert.

Die Zunahme des häuslichen Gesindes in Sachsen und Bayern läfst den Rückschlufs auf eine Vermehrung derjenigen Bevölkerungsklassen zu, welche sich vermöge ihrer Einkommensverhältnisse eine verbesserte Lebensführung gestatten können. Der Grund hierfür ist in dem Aufschwung der städtischen Industrie zu suchen.

Für das landwirtschaftliche Gesinde läfst sich aus den vergleichbaren Zahlen folgende Übersicht aufstellen:

Auf 100 Personen der Bevölkerung kamen landwirtschaftliche Gesindepersonen in:

	1840	1861	1871	1880,2	1885
Preufsen		5,7	3,6	3,1	
Oldenburg			5,1	5,1	4,9
Sachsen		7,5		3,5	
Bayern	10,8		6,0	6,6	

Die hieraus sich ergebende allgemeine Abnahme der landwirtschaftlichen Gesindehaltung besteht nicht allein für die Länder mit grofsem und mittlerem Grundbesitz, sondern auch für einen Staat mit vorwiegend bäuerlichem Besitz wie Bayern. Die Gründe dieser Entwicklung sind verschiedenartig. Der rationeller sich gestaltende Betrieb der Landwirtschaft, der eine Verminderung der Verwendung menschlicher Arbeitskraft und deren Ersatz durch Maschinen zur Folge

3*

hat, verbunden mit einer aus Sparsamkeitsrücksichten erfolgenden Verminderung der kontraktlich gebundenen Jahresarbeiter zu Gunsten der Einstellung freier Tagelöhner sind landwirtschaftlich-technische Gründe, die später eingehender zu erörtern sind. Allgemeiner Art ist der immer mehr um sich greifende Zug vom Lande in die Stadt, der sich besonders auf die Jugend erstreckt und ein der Nachfrage immer weniger genügendes Angebot von Arbeitskräften überhaupt zur Folge hat. Befördert wird derselbe durch die in den letzten Jahrzehnten neu eingeführten socialen Freiheitsrechte der Freizügigkeit und Verehelichungsfreiheit, welche eine frühere Eheschliefsung erleichtern und dadurch das Angebot von ledigem Gesinde wesentlich vermindern.

Schliefslich lassen sich noch die Zahlen für diejenigen Staaten vergleichen, bei denen dem landwirtschaftlichen Gesinde das bei Landwirten bedienstete häusliche Gesinde zugerechnet ist, während es bei den Zahlen für das häusliche Gesinde fehlt. Aus der Thüringer Staatengruppe sind dazu als Vertreter der höchsten, mittleren und niedrigsten Gesindehaltung S.-Altenburg, S.-Weimar und Schwarzburg-Sondershausen ausgewählt.

Das häusliche Gesinde in dieser Beschränkung betrug in Prozenten der Bevölkerung:

in	1861	1864	1867	1871	1882
Mecklemburg	2,77			3,6	2,2
Hessen				2,50	1,94
Sachsen-Altenburg		2,1	2,1		1,7
„ -Weimar		2,2	2,4		1,5
Schwarzb.-Sondershausen		2,2	2,0		1,6

Die Abnahme des Gesindes in Mecklemburg ist auf dieselben Verhältnisse zurückzuführen, wie dies oben für Oldenburg geschehen ist. Wenn in diesen beiden Staaten der norddeutschen Tiefebene die Grundbesitzverteilung auch eine verschiedene ist, so unterliegen sie doch als reine Agrarstaaten den dort angeführten Einflüssen in gleicher Weise. Die mitteldeutschen Staaten Thüringens und Hessen sind in höherem Mafse den Einflüssen der industriellen Entwicklung unterworfen. Für sie ist die Abnahme der Gesindehaltung aus dem Wachsen derjenigen besonders der Industrie angehörenden Klassen der Bevölkerung zuzuschreiben, deren wirtschaftliche Gesamtlage ihnen die Möglichkeit einer bequemeren Lebensführung nicht gewährt. Die Differenz der Zahlen für diese Gruppe und für Mecklemburg giebt zu der Annahme

Anlafs, dafs in letzterem Land die wirtschaftliche Gesamtlage günstiger ist, als in Mitteldeutschland.

Das landwirtschaftliche Gesinde i. w. S. betrug in Prozenten der Bevölkerung:

in	1861	1864	1867	1871	1882
Mecklemburg				11,7	7,4
Hessen	3,17			2,05	1,4
Sachsen-Altenburg		6,0	5,9		6,2
„ -Weimar		3,6	3,4		3,8
Schwarzb.-Sondershausen		2,3	2,0		2,4

Die für die Verminderung des landwirtschaftlichen Gesindes angeführten allgemeinen Gründe gelten auch hier für Mecklemburg und Hessen: die höheren Zahlen für Mecklemburg sind durch die stärkere Haltung von häuslichen Dienstboten bei den den gröfseren Grundbesitzern zugehörenden Landwirten mitbedingt. Altenburg verdankt seine stärkere Gesindehaltung dem dort überwiegenden wohlsituierten bäuerlichen Mittelstande. Die geringe Veränderung in dem Stand der Gesindehaltung Thüringens beruht darauf, dafs hier die durch die besondere Lage und Grundbesitzverteilung bedingte Wirtschaftsart bereits vor dreifsig Jahren sich mit einem Minimum von Arbeitskräften begnügte.

II. Der gegenwärtige Zustand des Gesindewesens.

1. Das häusliche Gesinde nach der deutschen Berufszählung von 1882.

Die Grundsätze, welche für die Behandlung des Gesindes in der Berufszählung von 1882[1]) mafsgebend gewesen sind, sind folgende: Das landwirtschaftliche Gesinde wird als Teil der landwirtschaftlichen Arbeitskräfte unter Ausscheidung des bei Landwirten bediensteten häuslichen Gesindes in einer besonderen Unterabteilung c 2 bei der Berufsabteilung der Landwirtschaft aufgeführt und im Zusammenhang der Berufskategorieen zu den Erwerbsthätigen im engeren Sinne gerechnet. Der Begriff des landwirtschaftlichen Gesindes ist nicht insofern beschränkt, dafs Zugehörigkeit zum Haushalt der Herrschaft vorausgesetzt wäre. Das sonstige gewerbliche Gesinde hat eine besondere Berücksichtigung nicht erfahren, vielmehr sind dessen etwa noch vorhandenen Bestandteile dem gewerblichen Hilfspersonal oder dem häuslichen Gesinde zugerechnet. Das häusliche Gesinde findet sich als Kategorie der Berufszugehörigkeit „Dienende für häusliche Dienste, im Haushalt der Herrschaft lebend", neben den „Erwerbsthätigen" und den „Angehörigen" je bei den Berufsabteilungen der Herrschaften aufgeführt. Dadurch ist ihm seine richtige Stellung in der Berufsstatistik angewiesen. Denn das Gesinde kann in der Volkswirtschaft nicht selbständig gedacht werden ohne den Zusammen-

---

[1]) Statistik des Deutschen Reichs N. F. II. (1884).

hang mit der Dienstherrschaft. Eine Gegenüberstellung des Gesindes als einer geschlossenen Berufsabteilung gegenüber z. B. der Landwirtschaft, Industrie u. s. w. ist völlig verfehlt.

A. Das häusliche Gesinde im Verhältnis zur Bevölkerungszahl im allgemeinen.

I. Das Deutsche Reich.

Die Gesamtzahl der Dienenden für häusliche Dienste — Vgl. umstehende Übersicht — betrug 1 324 924 gleich 2,9 % der Bevölkerung. Ein Vergleich mit den Zahlen anderer Staaten[1]), soweit sie vergleichbar sind, ergiebt eine kleinere Verhältniszahl für Ungarn (1880) mit 2,8 %. Auch die Vereinigten Staaten von Nordamerika (1880) haben eine erheblich kleinere Verhältniszahl, da deren Zahl mit 2,2 % auch das landwirtschaftliche Gesinde mitumfaßt. Höhere Verhältniszahlen als Deutschland weisen auf

Frankreich (1881)	mit 6,8	Prozent.
England u. Wales (1881)	„ 5,5	„
Irland (1881)	„ 5,1	„
Schottland (1881)	„ 4,2	„
Schweiz (1870)	„ 3,6	„
Österreich (1880)	„ 3,5	„
Italien (1871)	„ 3,1	„

Der Unterschied zwischen den Zahlen für Frankreich und Großbritannien einerseits und Deutschland und den übrigen mitteleuropäischen Staaten andrerseits ist auf durchschnittlich größere Wohlhabenheit der Bevölkerung in jenen zurückzuführen, welche eine reichlichere Dienstbotenhaltung möglich macht. Die ganz außerordentlich geringe Zahl der Dienstboten in Nordamerika ist speziell auf die dort allgemein verbreitete Abneigung der Bevölkerung begründet, in ein Verhältnis persönlicher Abhängigkeit, wie es das Gesindeverhältnis notwendig ist, einzutreten.

Dem Geschlecht nach sind 42 510 männlich und 1 282 414 weiblich. Das männliche Geschlecht macht also 3,2 % und das weibliche 96,8 % sämtlicher Dienstboten aus, während von der Gesamtbevölkerung 49 % dem männlichen und 51 % dem weiblichen Ge-

---

[1]) Ebenda S. 16*.

— 40 —

		Gesamtzahl der Bevölkerung	Gesamtzahl der Erwerbsthätigen (einschl. Berufslosen)	Erwerbsthätige sind % der Bev.	Gesamtzahl der Dienenden für häusl. Dienste	Dienende sind % d. Bev.
1.	Kgrch. Preussen	27 287 860	10 826 308	39,6	886 177	3,2
	1. Ostpreufsen	1 928 247	752 802	36,2	70 707	3,2
	2. Westpreufsen	1 374 281	507 497	34,4	48 266	3,5
	3. Brandenburg ohne Berlin	2 278 027	927 618	37,9	66 983	3,0
	4. Berlin	1 156 945	517 150	41,1	58 003	5,0
	5. Pommern	1 517 712	563 660	34,4	52 348	3,5
	6. Posen	1 665 617	616 745	35,0	52 090	3,1
	7. Schlesien	3 998 782	1 701 047	39,6	118 887	3,0
	8. Sachsen	2 342 679	939 778	37,5	63 514	2,7
	9. Schleswig-Holstein	1 124 127	445 478	36,3	54 143	4,8
	10. Hannover	2 113 124	843 185	37,4	75 863	3,6
	11. Westfalen	2 068 872	768 253	35,3	66 712	3,2
	12. Hessen-Nassau	1 544 570	598 620	36,1	49 891	3,2
	13. Rheinland	4 108 503	1 616 203	39,4	107 164	2,6
	14. Hohenzollern	66 374	28 272	42,5	1 606	2,4
2.	Kgrch. Bayern	5 286 761	2 726 668	51,6	95 977	1,7
3.	Sachsen	3 014 822	1 334 478	41,2	66 914	2,2
4.	Würtemberg	1 957 469	815 209	38,6	53 750	2,7
5.	Grhzgt. Baden	1 558 598	674 250	40,6	41 440	2,6
6.	Hessen	929 757	371 635	37,8	24 225	2,6
7.	Meckl.-Schwerin	574 993	233 344	40,6	23 070	4,0
8.	„ Strelitz	99 167	38 842	39,1	4 403	4,4
9.	S.-Weimar	307 740	125 325	41,0	7 701	2,5
10.	Oldenburg	337 427	136 793	38,3	13 069	3,9
11.	Hzgt. Braunschweig	349 761	159 871	45,7	8 797	2,5
12.	S.-Meiningen	206 351	92 508	44,9	3 307	1,6
13.	S.-Altenburg	155 811	66 293	42,5	3 525	2,3
14.	S.-Coburg-Gotha	198 111	80 266	40,5	4 859	2,5
15.	Anhalt	236 792	94 716	40,0	6 846	2,9
16.	Frst. Schwarzb.-Sondersh.	71 500	28 487	39,5	1 601	2,2
17.	„ Rudolstadt	81 091	31 909	39,3	1 680	2,0
18.	Waldeck	56 685	21 578	38,0	1 864	3,3
19.	Reuss ä. L.	51 357	21 295	41,4	1 013	1,9
20.	„ j. L.	102 684	41 993	40,9	2 347	2,3
21.	Schaumburg-Lippe	35 716	14 135	39,8	1 445	4,0
22.	Lippe-Detmold	108 957	38 687	35,5	4 168	3,8
23.	Fr. St. Lübeck	64 391	27 068	42,0	3 332	5,2
24.	Bremen	160 216	62 773	39,2	8 815	5,5
25.	Hamburg	466 516	195 406	40,9	26 442	5,6
26.	R.-L. Elsass-Lothringen	1 539 580	726 657	44,2	28 157	1,8
	Deutsches Reich	45 222 113	18 986 494	39,0	1 324 924	2,9

schlecht angehören. Es giebt demnach rund dreifsigmal soviel weibliche als männliche Dienstboten. Diese Verschiedenheit in der Beteiligung der Geschlechter an den Gesindediensten beruht auf der noch allgemein in Deutschland herrschenden Anschauung und Sitte, dafs die häuslichen Dienstleistungen das eigenste Feld weiblicher Thätigkeit und die beste Vorbereitung auf die Führung eines eigenen Haushalts sind. Es kommt hinzu, dafs die männliche Arbeitskraft im allgemeinen auf allen anderen Gebieten leicht lohnenden Verdienst bei gröfserer persönlicher Unabhängigkeit findet, und so männliche Dienstleistungen eine höhere Bezahlung verlangen als weibliche. Das Halten männlicher Dienstboten stellt daher einen gröfseren Aufwand dar, den sich nur wenige gestatten können.

Fafst man die Beteiligung des weiblichen Geschlechts an den einzelnen wirtschaftlichen Thätigkeiten überhaupt ins Auge, so steht der häusliche Gesindedienst nur der Beschäftigung der Frau in der Landwirtschaft nach. Diese nimmt den ersten Platz ein, da in der Landwirtschaft überhaupt als Wirtschafterinnen, Mägde, Arbeiterinnen oder als Glieder des Haushalts erwerbend thätig sind 2,5 Millionen Frauen. Die Zahl der in der Industrie erwerbend thätigen Frauen ist, wenn auch nicht sehr viel, geringer als die des weiblichen Hausgesindes.

Die Zahlen für das Alter der häuslichen Dienstboten sind sehr charakteristisch.

Von den dienenden für häusliche Dienste stehen im Alter von		von der gesamten Bevölkerung dagegen	
unter 15 Jahren	4,8 Prozent	35,3 Prozent	
von 15—20 „	36,7 „	9,5 „	
20—30 „	41,7 „	15,9 „	
30—40 „	7,8 „	13,0 „	
40—50 „	4,0 „	10,5 „	
50—60 „	2,8 „	7,8 „	
60—70 „	1,7 „	5,4 „	
70 u. mehr „	0,5 „	2,6 „	

Die Hauptmasse der Dienstboten gehört demnach dem Alter von 15—30 Jahren an; die Altersklassen unter 15 und über 30 Jahren sind nur gering vertreten, und zwar je höher das Alter steigt, desto geringer. Daraus geht hervor, dafs nur für verschwindend wenige Personen der Gesindedienst Lebensberuf, für die meisten dagegen nur ein Übergangsstadium ist. Das weibliche Gesinde, welches infolge seines numerischen Überwiegens dem Gesindewesen sein charakteristisches Gepräge aufdrückt, scheidet in der zweiten Hälfte der zwanziger Jahre durch Heirat oder durch Übergang in andere Berufskategorieen aus. Die durch Heirat ausscheidenden treten für die Statistik unter die „Angehörigen"; die anderen wenden sich zum gröfsten Teil der landwirtschaftlichen und industriellen Gehilfenarbeit zu. Je älter der Mensch wird, desto weniger ist er geneigt, sich in die engen Grenzen eines fremden Haushaltes als dienendes Glied einzufügen, desto geringer ist aber auch seine Akkomodationsfähigkeit, sodafs die Herrschaften in der Regel auch jüngerem und deshalb bildungsfähigerem Dienstpersonal den Vorzug geben werden.

Das Gesinde unter 20 Jahren mit 41,5 % der Gesamtzahl und das im Alter von 20—30 Jahren mit 41,7 % hält sich die Wage. Berücksichtigt man dabei, dafs die fünfjährige Altersklasse von 15 bis 20 Jahren mit 36,7 % fast ebenso stark ist wie die zehnjährige von 20—30 Jahren mit 41,7 % ist, so ist es gerechtfertigt, den Höhepunkt auf das 20. Jahr zu verlegen. Die Abnormität dieser Altersfrequenz tritt noch stärker hervor, wenn man diese Zahlen mit den oben angeführten Zahlen für die Verteilung der gesamten Bevölkerung auf die einzelnen Altersklassen vergleicht. Während von 100 Dienstboten 78,4 im Alter von 15—30 Jahren stehen, kommen von 100 Personen der Gesamtbevölkerung nur 35,4 auf diese Altersklasse. Eine weitere Illustration dieses Verhältnisses bietet folgende Übersicht: Während im ganzen auf 100 Personen 2,9 Dienstboten kommen, entfallen auf 100 Personen im Alter von

unter 15 Jahren	0,4 Dienstboten
von 15—20	11,3
20—30	7,7
30—40	1,8
40—50	1,1
50—60	1,1
60—70	0,9
über 70	0,6

Aus dieser Übersicht ergiebt sich, von welcher Bedeutung die Dienste als Gesinde für die jüngeren Altersklassen sind. Denn es zeigt sich, dafs von den im Alter von 15—20 Jahren stehenden Personen über der neunte Teil und von den im Alter von 20—30 Jahren stehenden Personen der dreizehnte Teil sich den häuslichen Dienstleistungen widmet. Dies Verhältnis prägt sich noch deutlicher aus, wenn eine Scheidung nach Geschlechtern gemacht wird.

Von je 100 Personen desselben Geschlechts sind in der Altersklasse

unter 15 Jahren	0,03 männliche	0,8 weibliche Dienstboten
von 15—20	0,5	21,5
20—30	0,5	14,6
30—40	0,2	3,2
40—50	0,1	2,1
50—60	0,1	2,0
60—70	0,1	1,7
über 70	0,1	1,0

Danach hat die starke Beteiligung am Gesindedienst in den Jahren von 15—30 hauptsächlich für das weibliche Geschlecht statt, sodafs von den im Alter von 15—20 stehenden Personen weiblichen Geschlechts über ein Fünftel, von den im Alter von 20—30 stehenden über ein Siebentel dem Dienstbotenstande angehören. Nach dieser Zeit ist freilich eine allmählich immer schwächer werdende, zunächst in scharfem Wechsel sich vollziehende Abnahme festzustellen. Die Beteiligung der männlichen Dienstboten an der Gesamtheit der betreffenden Altersklassen ist ihrer geringen Gesamtsumme wegen immer eine geringe und daher auch einem solchen Wechsel wie beim weiblichen Geschlecht nicht unterworfen. Das ist ein Beweis für die Thatsache, dafs das männliche Geschlecht in viel höherem Mafse die häuslichen Dienstleistungen als Lebensberuf betrachtet und betreibt, wie das weibliche, für welche sie mehr ein Übergangsstadium bilden.

Für die Berechnungen über den **Familienstand** des Gesindes sind zunächst die unter 15 Jahre alten Gesindepersonen auszuscheiden. Denn für sie ist eine Veränderung des ledigen Standes an sich ausgeschlossen.

Von 100 Dienstboten überhaupt sind

unverheiratet	verheiratet	verwitwet
95,5	1,6	2,9

Von 100 männlichen Gesindepersonen

87,2	10,4	2,4

Von 100 weiblichen Gesindepersonen

95,8	1,3	2,9

Während demnach sowohl mit Rücksicht auf die Gesamtzahl, als auf die diese am ausschlaggebendsten beeinflussenden Zahl für das weibliche Gesinde die Gesindepersonen ledigen Standes die weitaus überwiegende Mehrzahl bilden, fällt die verhältnismäfsig starke Zahl verheirateter männlicher Dienstboten auf. Näher wird diese Thatsache durch folgende Übersicht aufgeklärt:

— 44 —

Die deutsche Statistik hat rücksichtlich des Familienstandes drei Altersstufen geschieden, um ein klareres Bild der Heiratsfrequenz zu erreichen: Das jüngere (normale) Heiratsalter unter 30 Jahren, das höhere Heiratsalter von 30—50 Jahren und das Alter nach der Heiratsperiode über 50 Jahren. Nach dieser Scheidung ergiebt sich folgendes Bild:

Es stehen im Alter von	Dienstboten		Von 100 Dienstboten sind:					
			männl. Geschl.			weibl. Geschl.		
	männl.	weibl.	ledig	verh.	verw.	ledig	verh.	verw.
15—30 Jahren	28 666	1 010 268	97,3	2,6	0,1	99,3	0,5	0,2
30—50 „	8 191	147 214	68,0	29,7	2,3	86,6	5,4	8,0
über 50 „	3 217	63 684	45,9	31,0	23,1	59,9	4,8	35,3

Zunächst ergiebt sich aus dieser Übersicht, dafs im normalen Heiratsalter die Heiratsfrequenz eine ganz aufserordentlich geringe ist. Im höheren Heiratsalter steigert sie sich für das männliche Gesinde beträchtlich über das Fünffache derjenigen für das weibliche Gesinde. Die in diesem Alter stehenden Dienstboten werden zum gröfsten Teile den Gesindedienst als Lebensberuf ansehen. Die männlichen Dienstboten erhalten alsdann eine so gute Bezahlung, dafs sie sich einen eigenen Hausstand gründen können. Die Heiratsfrequenz steigt für das Alter nach der Heiratsperiode noch, die Steigerung wird aber durch die Verminderung der absoluten Zahl thatsächlich wieder aufgehoben. Die Zahlen für verheiratetes weibliches Gesinde sind sehr gering. Der Hauptgrund hierfür ist darin zu suchen, dafs der Beruf der Hausfrau, welcher der verheirateten Frau in erster Linie obliegt, sich mit häuslichen Gesindediensten im fremden Haushalt nur in Ausnahmefällen vereinigen läfst. Die trotzdem vorhandene Zahl verheirateter weiblicher Dienstboten mag sich aus Ehefrauen gleichfalls in Gesindediensten stehender Ehemänner und aus solchen Frauen zusammensetzen, die aus Not oder anderen Gründen den Haushalt und das Zusammenleben mit dem Ehemann aufgegeben haben und in ihren früheren Beruf zurückgetreten sind. Die hohe Zahl von Witwen im Alter von 30—50 Jahren, 8 % der Gesamtzahl, und die Steigerung dieser Zahl im späteren Alter auf 35,3 % deutet auf eine in den unteren Ständen nicht seltene Erscheinung. Häufig stirbt der Mann, ohne dafs für den Unterhalt der hinterbliebenen Frau genügend Fürsorge getroffen ist, und die Frau ist dann genötigt, selbst wieder erwerbend thätig zu werden. Hat sie keine Kinder, oder kann sie dieselben anderweitig unterbringen, so tritt sie selbst wieder in Gesindedienste. — Eine Gegenüberstellung der Zahlen für Dienstboten mit denen der beiden anderen Kategorieen der Berufszugehörigkeit kann in dieser Allgemeinheit für das Deutsche Reich zu Bemerkungen keinen Anlafs bieten. Denn die Erwerbsthätigen setzen sich ja nicht nur aus den Haushaltungsvorständen oder selbständig wirtschaftenden Personen zusammen, sondern umfassen auch die wirtschaftlich unselbständigen Gehilfen mit. In diesem Sinne können die Dienstboten auch zu den Erwerbsthätigen gerechnet werden, da sie ja auch durch eigene Thätigkeit ihren Lebensunterhalt erwerben. Das Verhältnis der Dienstboten zu den Angehörigen wird durch die Verschiedenheit der sozialen Stellung aufserordentlich beeinflufst. Während im allgemeinen in den höheren Klassen und speziell den sog. liberalen Berufsarten eine Steigerung der Zahl der Angehörigen unter gewissen Umständen ein vermehrtes Bedürfnis nach Gesindedienstleistungen bedingen wird, kann sie unter anderen Umständen zu einer Einschränkung der Gesindehaltung führen, wenn nämlich die Angehörigen mangels anderer Thätigkeit einen Teil der häuslichen Dienste übernehmen. Innerhalb der einzelnen Berufsklassen wird dies Verhältnis sich wieder je nach der sozialen Stellung des Haushaltungsvorstandes innerhalb derselben verschieden gestalten, und in den unteren Klassen wird sich überhaupt ein Zusammenhang der Dienstbotenzahl mit der Zahl der Angehörigen nicht nachweisen lassen. Jene Verhältnisse aber sind so individuell gestaltet, dafs eine statistische Behandlung derselben auf Grund des vorliegenden Materials ausgeschlossen erscheint.

II. Die einzelnen Bundesstaaten.

Für **Preufsen** ergiebt sich als Verhältnis der Dienstboten zur Gesamtzahl der Einwohner 3,2 %. Diese Zahl ist also ein wenig höher als die Durchschnittszahl für das Deutsche Reich mit 2,9 %. In den einzelnen Teilen Preufsens gestalten sich die Verhältnisse sehr verschieden. Berlin[1]) mit 5 % mufs seiner Stellung als Grofsstadt wegen zunächst aufser Betracht bleiben. Über dem preufsischen Durchschnitt stehen

Schleswig-Holstein	mit 4,8 Proz.
Ostpreufsen	„ 3,7 „
Hannover	„ 3,6 „
Westpreufsen und Pommern	„ 3,5 „

[1]) Vgl. darüber weiter unten S. 50.

während dem Durchschnitt gleichkommen Westfalen und Hessen-Nassau. Unter dem Durchschnitt bleiben

Posen	mit	3,1 Proz.
Brandenburg (ohne Berlin)	„	3,0 „
Schlesien	„	3,0 „
Sachsen	„	2,7 „
Rheinland	„	2,6 „
Hohenzollern	„	2,4 „

Von den übrigen Bundesstaaten zeichnen sich die norddeutschen durch hohe Verhältniszahlen aus,

Mecklemburg-Strelitz	mit	4,4 Proz.
Mecklemburg-Schwerin	„	4,0 „
Oldenburg	„	3,9 „
Hamburg	„	5,6 „
Bremen	„	5,5 „
Lübeck[1])	„	5,2 „

Die süddeutschen Staaten weisen dagegen niedrigere Zahlen auf:

Würtemberg	mit	2,7 Proz.
Baden	„	2,6 „
Elsafs-Lothringen	„	1,8 „
Bayern	„	1,7 „

Die mitteldeutschen Staaten bewegen sich um 3 % herum, wobei freilich einige Kleinstaaten sich stärker teils über, teils unter diesem Durchschnitt halten (z. B. S.-Altenburg mit 1,6 %, Reufs ä. L. 1,9 %, die beiden Lippe mit 4 bez. 3,8 %). Für diese letztgenannten Abweichungen vom Durchschnitt mögen lokale Gründe mafsgebend sein. Für die übrigen Staaten kann man folgende Regel aufstellen: In den nord- und ostdeutschen Gegenden, wo der landwirtschaftliche Grofsbetrieb vorherrscht, ist die Gesindehaltung eine reichlichere. Wo dagegen die Industrie und der bäuerliche Betrieb sich in höherem Mafse geltend machen, vermindert sich die Zahl der Dienstboten, um in denjenigen Gegenden West- und Süddeutschlands, wo eines von beiden oder beide vorherrschen, einen besonders niedrigen Stand einzunehmen. Der Grund wird in den Verhältnissen von Angebot und Nachfrage zugleich gesucht werden müssen. In jenen landwirtschaftlichem Grofsbetrieb gewidmeten Gegenden ist die Personenzahl, welche ein Bedürfnis nach häuslichen Dienstleistungen hat, im Verhältnis zur Gesamtzahl gröfser, und es herrscht in den unteren Kreisen noch eine gröfsere Bereitwilligkeit zum Eintritt in Gesindedienste. In den

---

[1]) Bei den drei zuletzt genannten werden die fast rein städtischen Verhältnisse mitbestimmend sein. Über Hamburg vgl. diesbezüglich weiter unten S. 50.

— 47 —

industriellem und bäuerlichem Betrieb gewidmeten Gegenden dagegen ist im Verhältnis zur Bevölkerungszahl die Klasse derjenigen, welche eine gröfsere persönliche Bequemlichkeit sich durch Gesindedienstleistungen verschaffen können, weniger zahlreich, und das Angebot an Gesinde besonders wegen gröfserer Leichtigkeit, in der Industrie Beschäftigung zu finden, geringer.

Für die einzelnen Bundesstaaten ist es eher als für das Deutsche Reich im ganzen möglich, eine Beziehung zwischen den Zahlen für das Gesinde und die übrigen Erwerbsthätigen zu finden. Je höher die Zahlen für das Verhältnis der Erwerbsthätigen zur Gesamtbevölkerung steigen, desto tiefer sinken die Zahlen für die Dienstboten, und umgekehrt. Im Königreich Preufsen[1]) stehen sich wieder der Osten und der Westen gegenüber, wenn Berlin aufser Betracht bleibt. Westpreufsen und Pommern zählen je 34,4 % Erwerbsthätige und 3,5 % Dienstboten, dagegen Rheinland 39,4 % und 2,6 %, Hohenzollern 42,5 % und 2,4 %. Die anderen Bundesstaaten gruppieren sich wieder ähnlich wie oben: die süddeutschen: Bayern mit 51,6 % und 1,7 %, Elsafs-Lothringen mit 44,2 % und 1,8 %, Baden mit 40,6 % und 2,6 %; und als Gegenstücke in Norddeutschland die beiden Mecklenburg mit 40,6 bez. 39,1 % und 4,0 bez. 4,4 %. Der Grund dieser Erscheinung ist in folgendem zu suchen: Im Süden und Westen ist es die Besonderheit der wirtschaftlichen und sozialen Zustände, welche in demselben Mafse, wie sie in den jungen Leuten die Lust zum Eintritt in das persönliche Abhängigkeitsverhältnis als Dienstbote vermindern, sowohl den Drang nach anderweitiger Erwerbsthätigkeit früher und lebhafter erwecken, als auch die Nötigung zum selbstthätigen Erwerb in der Volkswirtschaft in stärkerem Masse mit sich bringen. Im Norden dagegen bewirken die unter dem Einflufs der Landwirtschaft noch ruhigeren und am Althergebrachten zäher festhaltenden Sitten und Gewohnheiten zum Teil das Gegenteil von jenen Zuständen, zum Teil aber wird der Strom der nach früherer Erwerbsthätigkeit Strebenden direkt nach dem Westen abgelenkt.

III. Die verschiedenen Ortskategorieen.

Die deutsche Statistik[2]) hat sämtliche Ortschaften des deutschen Reiches in 5 Kategorieen eingeteilt. Die erste derselben enthält die Orte mit über 100 000 Einwohnern (Grossstädte), die zweite die mit

---

[1]) Stat. des Deutschen Reichs. N. F. II. S. 19*.
[2]) Bd. 30. Oktoberheft S. 5., N. F. Bd. 2. S. 4*

20—100000 Einwohnern (Mittelstädte), die dritte die mit 5—20000 Einwohnern (Kleinstädte), die vierte die mit 2—5000 Einwohnern (Landstädte), die letzte alle Ortschaften mit weniger Einwohnern (plattes Land). Für diese Kategorieen läfst sich folgende Übersicht aufstellen:

Ortskategorie	Gesamt-bevöl-kerung	Erwerbs-thätige	Häus-liche Dienst-boten	Von 100 Einwohnern sind		Nach Abzug der unter 14 Jahr alten Angehörigen sind von 100 Einwohnern			
						männl. Geschl.		weibl. Geschl.	
				Er-werbs-thätig	Dienst-boten	Erwerbs-thätig	Dienende	Erwerbs-thätig	Dienende
I.	3327435	1340317	187655	40,3	5,6	90,1	0,5	24,1	14,4
II.	4147533	1581882	186740	38,1	4,5	89,6	0,4	21,1	12,6
III.	5694383	2130005	212448	37,4	3,7	89,5	0,3	20,9	10,7
IV.	5734344	2136972	165211	37,3	2,9	91,3	0,3	23,9	8,2
V.	26318418	10442832	572870	39,7	2,2	92,6	0,2	31,2	6,2

Während im Verhältnis zur Bevölkerung die übrigen Erwerbsthätigen im wesentlichen sich in allen Ortskategorieen gleichbleiben, nimmt mit der Abnahme der Einwohnerzahl der Ortschaften auch die Verhältniszahl der Dienstboten ab und zwar so stark, dass sich an Gesinde in den Landstädten nur halb soviel, auf dem platten Lande noch weniger findet, als in den Grofsstädten. Fafst man unter Abzug der unter 14 Jahr alten Angehörigen diese Verhältnisse für beide Geschlechter getrennt ins Auge, so ergeben sich in der Verteilung der Erwerbsthätigen besondere Abweichungen, während die Verteilung der Dienstboten die gleiche bleibt. Für die Städte bleibt die Zahl der weiblichen Erwerbsthätigen sich im ganzen gleich, nimmt aber für das platte Land um fast den dritten Teil zu. Diese gesteigerte Erwerbsthätigkeit der Frauen auf dem Lande in anderen Berufen steht augenscheinlich in Wechselbeziehung mit der geringeren Zahl weiblicher Dienstboten daselbst. Die Steigerung der Zahl der erwerbsthätigen Frauen auf dem Lande hängt mit der von uns schon oben erwähnten starken Beteiligung des weiblichen Geschlechts an der landwirtschaftlichen Erwerbsthätigkeit zusammen. Diese erfolgt besonders im landwirtschaftlichen Gesindedienst, und die Eigenart des letzteren wird es häufiger mit sich führen, dafs die darin beschäftigten weiblichen Personen zwar der Hauptsache nach in der landwirtschaftlichen Produktion Gehilfendienste verrichten, daneben aber auch im Haushalt noch die Leistung von Dienstleistungen nebenbei übernehmen.

Als allgemeine Beobachtung läfst sich aus jenen Zahlenreihen folgern, dafs das Bedürfnis nach persönlichen Dienstleistungen ein Kulturbedürfnis ist, welches sich mit zunehmender Dichtigkeit des gesellschaftlichen Zusammenlebens steigert.

Von besonderem Interesse ist eine Zusammenstellung der Zahlen für die Dienstbotenhaltung in den Grossstädten, deren es 1882 im Deutschen Reich 15 gab.

	Bevölkerungszahl	Häusliche Dienstboten	% der Bev.
Berlin	1 156 945	58 003	5,0
Hamburg	289 059	13 910	4,8
Breslau	278 958	16 139	5,8
München	234 129	14 405	6,1
Dresden	222 241	12 105	5,4
Leipzig	154 345	9 287	6,0
Köln	143 145	8 065	5,6
Königsberg	141 102	7 752	5,5
Frankfurt a/M.	140 066	13 396	9,5
Hannover	124 321	7 520	6,1
Stuttgart	117 343	10 076	8,6
Bremen	114 140	7 171	6,3
Danzig	107 164	5 093	4,7
Strafsburg	104 477	4 733	4,5
Nürnberg	102 874	5 691	5,5

Das Bedürfnis nach Gesindediensten ist demnach in den deutschen Grofsstädten ein sehr verschiedenes.[1]) Im Verhältnis zur Bevölkerungszahl betrachtet, ist die höchste Zahl mit 9,5 % noch einmal so grofs als die niedrigste mit 4,5 %. Nach der Höhe dieser Verhältniszahlen geordnet ergiebt sich folgende Reihenfolge der Städte: 1. Frankfurt a. M. 2. Stuttgart. 3. Bremen. 4. Hannover. 5. München. 6. Leipzig. 7. Breslau. 8. Köln. 9. Nürnberg. 10. Königsberg. 11. Dresden. 12. Berlin. 13. Hamburg.[2]) 14. Danzig. 15. Strafsburg. Aus derselben geht hervor, dafs die Grofsstädte nicht denselben Bedingungen unterworfen sind bezüglich der Ge-

---

[1]) Nach einer Mitteilung Wuttkes in „Gesindeordnungen und Gesindezwangsdienst in Sachsen" bildeten 1603 die Dienstmädchen in Dresden 14% der Bevölkerung.

[2]) Die Hamburger Statistik (XIII. S. 44) zählt abweichend von der Reichsstatistik dem eigentlichen Stadtgebiet von Hamburg noch zu die Vorstadt und die Landherrnschaft der Geestlande. Auf diese Art ergiebt sich für Hamburg als Gesamtzahl der Bevölkerung 410 820, der Dienstboten 24 576 und als Verhältniszahl 6%. Nach dieser Berechnung ist Hamburg zwischen 4. Hannover und 5. München einzureihen.

staltung der Gesindeverhältnisse, wie die sie umgebenden Landesteile. Die Hauptstädte Süddeutschlands, Stuttgart und München nehmen trotz der geringen Dienstbotenhaltung ihrer Länder einen höheren Platz ein als z. B. Königsberg und Danzig, die in dem an Gesinde reicheren Nordosten liegen. Zwar kommt für die stärkere Dienstbotenhaltung in Betracht, dafs in den Grofsstädten besonders diejenigen Personenklassen sich häufiger finden, welchen ohne Rücksicht auf die Einkommensverhältnisse ihre sociale Stellung die Haltung von Dienstboten zur Pflicht macht. Doch werden die Unterschiede in der Rangordnung der Städte weniger hierdurch, als durch die Zahl der Personen bestimmt, denen ein reichlicheres Einkommen die Haltung von Gesinde ermöglicht, im Gegensatz zu denjenigen Bevölkerungsklassen, für welche die Möglichkeit einer Haltung von Gesinde ausgeschlossen erscheint, dem grofsstädtischen Proletariat. Je höher demnach der Prozentsatz der Dienstboten in der Gesamtbevölkerung steigt, desto stärker werden jene Klassen in der Gesamtbevölkerung vertreten sein, und in dieser Hinsicht kann die Dienstbotenhaltung als ein Mafsstab für die gröfsere oder geringere Wohlhabenheit einer Stadt im Vergleich zu anderen Städten gelten.

B. Das häusliche Gesinde bei den einzelnen Berufsabteilungen und -arten.

Aufserordentlich verschiedenartig gestaltet sich das Bild von der Verteilung des Gesindes auf die Bevölkerung, wenn man die Zahlen für das häusliche Gesinde in Beziehung bringt zu den Angehörigen der Berufsabteilungen und zu den in diesen gezählten Selbständigen, welche die Berufsstatistik im Gegensatz zu den wissenschaftlich, technisch oder kaufmännisch vorgebildeten Gehilfen in der Betriebsleitung (b) und den einfachen Produktions- und Gewerbegehilfen (c) unter a zusammenfafst. Wenn auch nicht mit absoluter Genauigkeit, so kann man doch annehmen, dafs diese a-Selbständigen für die als ihre Angehörigen gezählte Bevölkerungsklasse die Haushaltungsvorstände bilden, und wir daher mit der Verteilung der Dienstboten auf sie zugleich einen ungefähren Mafsstab für die Verteilung des Gesindes auf die Haushaltungen besitzen.

1. Die Verteilung auf die Berufsabteilungen.

Für die 5 grofsen Berufsabteilungen ergiebt sich die Verteilung aus folgender Übersicht:

		Gesamtzahl der berufszugehörigen Bevölkerung	Dienende für häusl. Dienste			Auf 100 berufszugehörige Personen kommen Dienende
			männl.	weibl.	zus.	
A.	Landwirtschaft	19 225 455	14 861	410 052	424 052	2,2
	darunter a. Selbstst.	8 992 572	14 337	380 436	394 773	4,4
B.	Industrie	16 058 080	6 796	295 765	302 561	1,9
	darunter a. Selbstst.	6 266 169	6 569	256 754	263 323	4,2
C.	Handel und Verkehr	4 531 080	8 714	286 737	295 451	6,5
	darunter a. Selbstst.	2 586 305	8 592	258 064	266 656	10,3
E.	Beamte u. s. w.	2 222 982	6 064	158 506	164 570	7,4
F.	Berufslose	2 246 222	6 070	129 170	135 240	6,0

Unter dem Durchschnitt für die Gesamtbevölkerung mit 2,9 Dienstboten auf 100 Einwohner bleibt die Industrie mit 1,9 und die Landwirtschaft mit 2,2 während sich über denselben, zum Teil aufserordentlich stark erheben Handel und Verkehr mit 6,5, die Beamten etc. mit 7,4. Die Kategorie der Berufslosen, deren Zusammensetzung aus so heterogenen Elementen [1]) zwar für eine Berufszählung durchaus passend ist, deren einzelne Glieder aber wirtschaftlich und social aufserordentliche Verschiedenheiten aufweisen, bietet keine Anhaltspunkte für eine Erörterung unter unseren Gesichtspunkten und wird daher weiterhin aufser Acht gelassen werden.

Die höchste Zahl für die Dienstbotenhaltung weist die Abteilung der Beamten auf. Hier sind die Sicherheit des Einkommens und die auf der Standessitte beruhenden Repräsentationsverpflichtungen ebenso von Einflufs als die durch das im allgemeinen höhere Bildungsniveau und die stärkere Beschäftigung mit geistigen Angelegenheiten bedingte Abneigung gegen die Ausführung der häuslichen Dienstleistungen durch Angehörige. Dazu kommt, dafs wenn auch eine Gliederung nach Ständen vorhanden ist, die höchsten und tiefsten Stufen dieser Gliederung nicht so weit von einander unterschieden sind, wie in den anderen Berufsabteilungen, und dadurch diese Abteilung ein einheitlicheres Gepräge zeigt. Die geringe Zahl für die

---

[1]) Es sind in ihr enthalten: 1. Die von eignem Vermögen, von Renten und Pensionen Lebenden. 2. Die von Unterstützung Lebenden. 3. Die in Berufsvorbereitung Begriffenen. 4. Anstaltsinsassen. 5. Armenhäusler. 6. Strafgefangene. 7. Die ohne Berufsangabe gezählten Personen.

Industrie ist eine Folge der gerade hier besonders scharf auftretenden Scheidung der Berufsangehörigen in eine kleine Klasse solcher, welche sich Dienstboten halten können, und eine grofse proletarische Masse, bei der von einer Dienstbotenhaltung nicht die Rede sein kann. Die Landwirtschaft weist auch aus dem Grunde weniger Gesinde auf, weil hier häufig die häuslichen Dienstleistungen, wie schon oben erwähnt, durch das landwirtschaftliche Gesinde mit übernommen werden. Jedenfalls ist es nicht angezeigt, ohne Berücksichtigung dieses Punktes auf Grund der Dienstbotenhaltung allein Vergleichungen bezüglich der Einkommensverhältnisse mit anderen Berufsabteilungen anzustellen. Die höhere Dienstbotenhaltung im Handels- und Verkehrsgewerbe ist auf eine durchschnittlich gröfsere Ergiebigkeit dieser Geschäfte und eine dadurch ermöglichte höhere Lebenshaltung, als in den produktiven Ständen, zurückzuführen.

Die aus obiger Übersicht sich ergebende Steigerung der Verhältniszahlen des Gesindes im Verhältnis zu der auf die a.-Selbständigen entfallenden Bevölkerungszahl beweist schon, dafs gerade diese Bevölkerungsklasse am meisten in der Lage ist, sich Dienstboten zur häuslichen Bequemlichkeit zu halten. Noch viel deutlicher tritt dies hervor, wenn wir die Dienstbotenhaltung in Beziehung setzen allein zu der Zahl der a.-Selbständigen, ohne Berücksichtigung der auf sie entfallenden Angehörigen lediglich als Mafsstab für die Haushaltungszahl in dieser Bevölkerungsklasse, und zur Zahl der b.- und c.-Gehilfen, welche jedoch eine gleiche Zahl von Haushaltungen nicht repräsentieren:

Von häuslichen Dienstboten kommen auf je

	in der Landwirtschaft			in der Industrie			in Handel und Verkehr		
	männl.	weibl.	zus.	männl.	weibl.	zus.	männl.	weibl.	zus.
100 a Selbständige	0,5	12,4	12,9	0,3	11,8	12,1	1,2	36,8	38,0
100 b Gehilfen	0,7	19,2	19,9	0,2	14,1	14,3	0,1	14,5	14,6
100 c Gehilfen und Arbeiter	0,0	0,2	0,2	0,0	0,5	0,5	0,0	0,4	0,4

Unter den a.-Selbständigen in Landwirtschaft und Industrie ist demnach jeder 8. Haushalt ein solcher mit Dienstboten, beim Handel dagegen schon mehr als jeder dritte. Die c.-Gehilfen nehmen nur in ganz verschwindendem Mafse an der Dienstbotenhaltung Teil. Die in der Tabelle zu Tage tretende Stellung der b.-Gehilfen ist nach mehr als einer Seite hin interessant. In der Landwirtschaft und in der Industrie sind sie in höherem Grade an der Dienstbotenhaltung beteiligt, als die a.-Selbständigen. — Freilich ist für die Landwirtschaft überhaupt das oben geäufserte Bedenken bezüglich der absoluten Vergleichbarkeit der Zahlen für das häusliche Gesinde gegenüber den anderen Berufsabteilungen zu berücksichtigen. — Trotzdem geht aus jenen Zahlen hervor, dafs in Landwirtschaft und Industrie sich eine grofse Zahl von a.-Selbständigen befinden, deren Einkommensverhältnisse sich schlechter gestalten, als die der b.-Gehilfen im allgemeinen. Es ist dies die Masse der Handwerker und Bauern. Die Gleichheit der Zahlen für die b.-Gehilfen in allen drei Berufsabteilungen aber zeigt, dafs sich hier eine im wesentlichen gleichgestellte Gesellschaftsschicht gebildet hat, ein Bestandteil des zum guten Teil aus diesen sogenannten Privatbeamten sich neubildenden modernen Mittelstandes.

Dafs im Handel und Verkehr die Klasse der a.-Selbständigen im Vergleich zu allen anderen die am besten situierte ist, zeigt die hohe Zahl der Dienstbotenhaltung, welche nicht nur das weibliche, sondern auch das männliche Gesinde umfafst.

II. Die Verteilung auf einzelne Berufsarten.

Ein sehr charakteristisches Spiegelbild der sozialen Verhältnisse erhalten wir, wenn wir eine Reihe von Berufsarten mit Rücksicht auf ihre Beteiligung an der Gesindehaltung einander gegenüberstellen. Die deutsche Statistik zählt 151 Berufsarten. Aus diesen kann hier nur eine ganz eng begrenzte Auswahl getroffen werden. Doch ist dabei das Bestreben mafsgebend gewesen, möglichst charakteristische Arten für die einzelnen Stände herauszugreifen. Aus der Berufsabteilung B. Industrie u. s. w. wurden Vertreter für den industriellen Grofsbetrieb und für den handwerksmäfsigen Betrieb ausgewählt, wobei als Kriterium für ersteren eine möglichst grofse Zahl von Erwerbsthätigen gegenüber möglichst wenigen a.-Selbständigen, für letzteren eine möglichst geringe Zahl Erwerbsthätiger im Verhältnis zu den a.-Selbständigen und besonders eine möglichst geringe Zahl von b.-Gehilfen dienen mufsten. Ferner sind verschiedene Arten des Handels- und Verkehrsgewerbes C. und für die freien Berufe E. alle Berufsarten herangezogen worden.

In den als Vertreter des industriellen Grofsbetriebes ausgewählten

Berufsarten kommen auf je einen a.-Selbständigen im Bergbau (B. III. 1.—4) rund 150, in der Eisengiefserei (B. V. 18) rund 40, in der Textilindustrie (jedoch excl. Hausindustrie) (B. IX. 45. 47. 49. 52. 54—57) etwa 14, in der Bauunternehmung (B. XIV. 96) ebensoviel Erwerbsthätige. Bei den als Vertreter des Handwerks herangezogenen Berufen kommen auf je einen a.-Selbständigen in der Schlosserei (B. V. 23) rund 5, in der Buchbinderei (einschl. Kartonagefabrikation) (B. X. 61) 4, in der Bäckerei und Konditorei (B. XII. 74) 2,5, in der Fleischerei (B. XII. 77) etwa 2, bei den Barbieren (B. XIII. 92) ebensoviel, bei den Malern und Anstreichern (B. XIV. 101) etwa 3 Erwerbsthätige überhaupt. Beim Handel und Verkehr kommen auf einen Selbständigen im Waren- und Produktenhandel (C. XVIII. 1) nicht ganz 2, im Geld- und Kredithandel (C. XVIII. 2) etwas über 4 Erwerbsthätige, während der Hausierhandel (C. XVIII. 5) fast nur aus Selbständigen besteht. Bei der Beherbergung und Erquickung kommen etwa 2 Erwerbsthätige auf einen a.-Selbständigen.

In den a-Selbständigen haben wir in der Grofsindustrie die Betriebsunternehmer, im Handwerk die Meister, im Handelsgewerbe die Geschäftsinhaber und bei der Beherbergung und Erquickung die Gastwirte. In allen diesen Personen können wir, wie oben gesagt, zugleich die Haushaltungsvorstände erblicken.

(Siehe nebenstehende Tabelle.)

Im Vergleich zu der für die Gesamtbevölkerung des deutschen Reiches gewonnenen Verhältniszahl von 2,9 % ergiebt sich für die Gesamtbevölkerung der industriellen Grofsbetriebe eine auffallende Differenz, welche mit der Ausdehnung der Arbeiterzahl der Betriebe wächst, ein Beweis dafür, dafs die industrielle Bevölkerung im allgemeinen unter dem Durchschnitt der Lebenshaltung des deutschen Volkes steht. Umgekehrt steigt die Zahl für das Verhältnis der Dienstboten zu den Betriebsunternehmern mit der Zahl der in einem Betrieb beschäftigten Arbeiter, bis sie zeigt, dafs im Bergbau fast auf jeden Unternehmer ein Dienstbote für häusliche Zwecke kommt, während sonst nur auf jede zweite Haushaltung ein Dienstbote trifft.

In den zur Untersuchung herangezogenen Handwerksarten können wir deutlich zwei Gruppen mit einer Zwischenstufe unterscheiden. In der ersten Gruppe bleibt die Dienstbotenhaltung unter dem Reichsdurchschnitt und nähert sich dem Stand in den Arbeiterschichten der Grofsindustrie. In der zweiten Gruppe steigt die Prozentzahl der Dienstboten bis über das Doppelte des allgemeinen

	darunter a. Selbständige	13 607	2 861	195	2 467	2 662	19,6	0,9
B. V. 18	Eisengießerei	99 424	35 186	33	922	955	1,0	
	darunter a. Selbständige	4 309	931	32	573	605	14,1	0,6
B. IX.	Textilindustrie (exkl. Hausbetr.)	956 761	466 210	512	18 442	18 954	1,9	
	darunter a. Selbständige	140 121	34 068	500	15 535	16 035	11,4	0,5
B. XIV. 96	Bau-Unternehmung	633 801	211 865	281	10 903	11 184	1,7	
	darunter a. Selbständige	61 174	15 300	256	7 246	7 502	12,2	0,5
B. V. 23	Schlosser	288 557	128 399	31	3 616	3 647	1,2	
	darunter a. Selbständige	97 653	25 071	31	3 136	3 167	3,2	0,12
B. X. 61	Buchbinder	88 063	42 452	25	2 708	2 733	3,1	
	darunter a. Selbständige	41 523	11 243	25	2 546	2 571	6,2	0,23
B. XII. 74	Bäcker und Konditor	459 544	183 330	738	34 202	34 940	7,6	
	darunter a. Selbständige	333 256	74 280	735	33 943	34 678	10,9	0,46
B. XII. 77	Fleischer	348 564	130 631	433	24 494	24 927	7,1	
	darunter a. Selbständige	267 125	60 634	433	24 296	24 729	9,2	0,41
B. XIII. 92	Barbiere	85 563	36 668	7	1 978	1 985	2,3	
	darunter a. Selbständige	68 558	20 947	7	1 945	1 952	2,8	0,1
B. XIV. 101	Maler, Anstreicher u. s. w.	227 206	91 877	37	3 365	3 402	1,5	
	darunter a. Selbständige	118 800	30 781	37	3 097	3 134	2,6	0,1
C. XVIII. 1.	Waren- und Produktenhandel	1 806 736	674 854	3937	154 817	158 754	8,7	
	darunter a. Selbständige	1 371 408	380 228	3877	145 956	149 833	10,9	0,4
2.	Geld- und Kredithandel	66 338	22 787	479	9 555	10 034	15,1	
	darunter a. Selbständige	24 466	5 181	464	6 454	6 918	28,2	1,4
5.	Hausierhandel	136 403	54 616	38	1 205	1 243	0,9	
	darunter a. Selbständige	130 548	49 589	38	1 195	1 233	0,9	0,03
C. XXI. 20.	Beherbergung und Erquickung	756 647	279 451	3463	72 513	75 976	10,0	
	darunter a. Selbständige	594 863	143 373	3459	71 731	75 190	12,5	0,5
E. XXIII. 1.	Militär (Offiziere)	61 810	20 337	776	13 038	13 805	22,4	0,7
2.	Höhere Beamte	125 782	31 681	1615	27 036	28 651	22,7	0,9
3.	Geistliche	131 693	35 420	650	31 602	32 252	24,4	0,9
4.	Lehrer an höheren u. niederen Schulen	503 871	167 940	479	40 685	41 164	8,1	0,25
5.	Ärzte	115 446	42 449	1904	16 762	18 666	16,1	0,4
6.	Schriftsteller, Redakteure	35 779	19 350	36	1 580	1 616	4,5	0,07
7.	Musiker, Schauspieler	99 968	46 508	232	3 011	3 243	3,2	0,06

Durchschnittes, und hier kommt dann fast auf jeden zweiten Hausstand ein Dienstbote. Für die Zwischenstufe entspricht die Prozentzahl etwa dem Durchschnitt. Etwa jeder vierte Hausstand hält einen Dienstboten.

Zu der ersten Gruppe zählen die Maler, Barbiere und Schlosser, zur zweiten die Bäcker und Konditoren und die Fleischer, die Zwischenstufe bilden die Buchbinder. Man darf hier nun nicht ohne weiteres die Dienstbotenhaltung als Mafsstab für die Einkommensverhältnisse ansehen. Denn allgemein pflegen beim Handwerk die in den Hausstand der Lehrmeister aufgenommenen Lehrlinge die Leistungen des Gesindes mit zu besorgen. Dadurch wird das Gesinde entbehrlich. Eine Gleichstellung dieser Gruppe mit der industriellen Arbeiterschaft lediglich auf dies Anzeichen hin wäre daher nicht zu rechtfertigen. Für die erhöhte Dienstbotenhaltung der zweiten Gruppe kommen noch andere Rücksichten in Betracht. Würden solche nicht angenommen, so käme man für die genannten Gewerbe auf denselben Durchschnitt der Lebenshaltung, wie für jene zweite Gruppe der Unternehmer in der Grofsindustrie; das wäre aber ohne Zweifel falsch. Zur Erklärung dieser Verhältnisse wird folgende Beobachtung beitragen: Bäcker und Fleischer pflegen zum Verkauf ihrer Waren einen Laden zu halten, in dem neben dem Mann und dessen Gewerbegehilfen die Frau thätig ist. Durch diesen ständigen Aufenthalt der Frau im Laden entsteht aber eine Lücke im Haushalt, zumal da, wo Laden und Familienwohnung nicht räumlich zusammenhängen. Es entsteht dann das Bedürfnis, zur Vertretung der Hausfrau im Haushalt eine weibliche Kraft anzustellen, die direkt zwar nur im Haushalt thätig ist, indirekt aber eigentlich dem Gewerbebetriebe dient. Die so herbeigeführte Steigerung der Dienstbotenhaltung beruht demnach nicht auf einer allgemeinen besseren wirtschaftlichen Lage, sondern auf Eigentümlichkeiten im Betrieb der betreffenden Gewerbe. Schlosser und Maler pflegen kein Verkaufslokal mit ständiger Bedienung zu unterhalten, wohl aber Friseure. Diese sind darin jedoch selbst mit ihren Gehilfen thätig. Das Buchbindergewerbe nimmt insofern eine Mittelstellung ein, als nicht regelmäfsig mit ihm der Betrieb eines Ladens verbunden ist. Hat man auch hier ein Verkaufslokal, so koncentriert sich doch der Verkehr des Publikums erfahrungsgemäfs nicht so regelmäfsig zu gewissen Stunden wie bei jener zweiten Gruppe von Gewerben[1]), und daher kann das Publikum leichter

---

[1]) In den Fleischerläden pflegt sich z. B. gerade in der Zeit der Vorbe-

durch den Gewerbetreibenden und dessen Gehilfen neben ihrer Arbeit oder seine Frau neben der Besorgung des Haushaltes bedient werden.

Im **Handelsgewerbe** unterscheiden sich die Verhältnisse sehr deutlich, je nachdem der Betrieb ein stehender ist, wie beim Waren- und Geldhandel, oder im Umherziehen ausgeübt wird, wie beim Hausierhandel. Bei ersterem erhebt sich die Dienstbotenhaltung um das zwei- bezw. vierfache über den Durchschnitt, ja auf die a.-Selbständigen bezogen ergiebt sich sogar der höchste Stand der Gesindehaltung, der überhaupt berechnet ist, indem auf jede Haushaltung 1,4 Dienstboten kommen, ein sicheres Zeichen für den allgemein und gleichmäfsig in dieser Berufsart verbreiteten Wohlstand. Für den Hausierhandel dagegen geht die Dienstbotenhaltung nicht nur für die Gesamtbevölkerung dieser Berufsart, sondern auch für die a.-Selbständigen derselben auf den dritten Teil des Gesamtdurchschnitts zurück. Der Hausierhandel unterscheidet sich in dieser Hinsicht nur wenig von der Arbeiterschaft in der Grofsindustrie.

Im **Gastwirtsgewerbe** trifft auf jede zweite Unternehmerfamilie ein Dienstbote. Doch werden wir diesen hohen Stand der Gesindehaltung auch hier nicht allein auf die besseren Einkommensverhältnisse, sondern zum Teil auch auf den Umstand zurückzuführen haben, dafs gerade hier die Hilfsleistung im Gewerbebetrieb und die Dienstleistungen im Haushalt, besonders in der Küche, mehr in einander übergehen, sodafs die Scheidung, ob ein Dienstbote überwiegend im Gewerbe oder im Haushalt Dienste leistet, hier besonders erschwert ist.

In den **freien Berufen** ist die Dienstbotenhaltung allgemein eine sehr starke. In den meisten Berufsarten herrscht hier eine feste Standessitte, welche auch bei gröfserer Ungleichheit der wirtschaftlichen Lage eine bestimmte Art der Lebenshaltung und besonders die Besorgung der niederen Dienstleistungen durch Dienstboten verlangt. Im einzelnen ist nun beim Militär zu berücksichtigen, dafs unter den Offizieren die unteren Chargen zumeist unverheiratet sind und keinen eignen Haushalt führen. Zieht man in Rechnung, dafs dieselben einen ansehnlichen Bruchteil der Gesamtzahl ausmachen, so kann man auf jeden Familienhaushalt durchschnittlich einen Dienstboten rechnen, wobei auch in Betracht kommt,

---

reitung der häuslichen Mahlzeiten das Publikum zahlreicher einzufinden, sodafs die Hausfrau über die Bedienung desselben ihren eigenen Haushalt gerade in dieser Zeit vernachlässigen müfste.

dafs aufserdem der jedem Offizier aus dem aktiven Heeresbestande gestellte Diener zum Teil auch in der Haushaltung Dienste zu leisten pflegt. Bei den höheren Beamten und den Geistlichen kommt auch fast auf jede Haushaltung ein Dienstbote. Bei den Lehrern wird die geringere Dienstbotenhaltung — auf jede vierte Haushaltung ein Dienstbote, — auf die Zusammensetzung dieser Rubrik aus den ökonomisch so aufserordentlich verschieden gestellten Arten der Lehrer an höheren und niederen Schulen zurückzuführen sein. Bei den Ärzten kommt erst auf jeden zweiten ein Dienstbote. Ob diese auffallende Erscheinung lediglich auf einer gröfseren Zahl von ledigen Berufsangehörigen und solchen, die in Anstalten ihre Wohnung erhalten, beruht, mufs dahin gestellt bleiben. Die Zahl der Dienstboten bei der Gruppe der Schriftsteller, Redakteure, Correspondenten, Privatgelehrten, Schreiber u. s. w. erhebt sich zwar über den Durchschnitt der Bevölkerung, trägt aber immer erst für den 14. Selbständigen einen Dienstboten aus. Ungefähr dem Durchschnitt entsprechend ist die Zahl für die durch Musik, Theater und Schaustellungen aller Art ihren Unterhalt erwerbenden Personen. Hier kommt erst auf jeden 16. Selbständigen ein Dienstbote. Bei den beiden zuletztgenannten Gruppen haben wir zu beachten, dafs sie sich aus ganz aufserordentlich verschiedenartigen Elementen zusammensetzen, ein grofser Teil der zu ihnen gehörigen Personen unverheiratet ist und ein anderer Teil durch die Eigenart der Erwerbsverhältnisse, die Unbeständigkeit der Einnahmen, den oft wechselnden Standort, sich gezwungen sieht, von einer eigenen Haushaltung mit Dienstboten Abstand zu nehmen.

Was die Beteiligung der Geschlechter an der Zahl der in allen diesen Berufsarten gehaltenen häuslichen Dienstboten anlangt, so überwiegt überall bei weitem das weibliche Geschlecht. Eine erheblichere Zahl von männlichen Dienstboten findet sich nur unter den von uns genauer untersuchten Gewerben bei den Bäckern und Fleischern, im Waren- und Produktenhandel, im Geld- und Kredithandel, im Gastwirtsgewerbe, bei den höheren Beamten und den Ärzten. Nur bei den höheren Beamten und dem Geld- und Kredithandel kann es sich dabei um Dienstboten, die lediglich der gröfseren persönlichen Bequemlichkeit dienen, handeln, wie z. B. Kammerdiener, Kutscher für Luxusgespanne u. s. w. Bei den anderen Berufsarten aber haben wir einen Teil des gewerblichen Gesindes[1] vor uns.

---

[1] Vgl. hierzu die eingehenden Erörterungen gelegentlich der Oldenburger Statistik. Oben S. 27.

Auch das männliche Gesinde bei den Ärzten, wohl zumeist aus Kutschern bestehend, dient dem Erwerbe des Arztes, nicht dessen persönlicher Bequemlichkeit. Zweifellos ist dies bei den anderen Berufsarten, wo es sich um Knechte zur Besorgung der im Gewerbebetriebe nötigen Gespanne handelt. Lassen doch schon in gröfseren Städten Bäcker und Fleischer ihre Waren zu den Kunden ins Haus fahren; auch jeder gröfsere Gasthof hält Gespanne für seine Gäste, und im Handelsgewerbe [1]) ist die Gespannhaltung gleichfalls verbreitet.

2. Das landwirtschaftliche Gesinde
nach der Berufsstatistik von 1882 und den Erhebungen des „Vereins für Socialpolitik" von 1892.

Für eine Darstellung der Verhältnisse des ländlichen Gesindes stehen reichlichere Materialien zur Verfügung, als beim häuslichen Gesinde. Aufser den Ergebnissen der Berufszählung für das Deutsche Reich sind von besonderem Werte die Erhebungen des „Vereins für Socialpolitik" über die Lage der ländlichen Arbeiter, welche in den Jahren 1891 und 1892 veranstaltet wurden und über die Verhältnisse des landwirtschaftlichen Gesindes als Teiles der ländlichen Arbeiterschaft reiches Material ergeben haben. [2]) Im folgenden werden diese beiden Quellen zu einer Schilderung in einander verarbeitet werden. Der Umstand, dafs in den Quellen die Zustände in verschiedenen

---

[1]) Freilich legt hier die ziemlich geringe Gesamtzahl die Vermutung nahe, dafs ein Teil der Fuhrknechte u. s. w. zu den niederen c.-Gehilfen des Handelsgewerbes gerechnet sind, wohin sie auch streng genommen gehören.

[2]) Dasselbe findet sich in den „Schriften des Vereins für Socialpolitik" 53—55 (1892) vereinigt. Bd. 1. behandelt Nordwestdeutschland, Württemberg, Baden und die Reichslande; Bd. 2. Schleswig-Holstein, Mittel- und Westdeutschland und den Rest des Südens, besonders Bayern; Bd. 3 das ostelbische Deutschland. Im folgenden werden die Anführungen aus diesem Werk nur nach Bandzahl und Seitenzahl erfolgen.

Eine ausführliche und zusammenfassende Verarbeitung der Ergebnisse für das Gesinde, wie sie im folgenden gegeben werden soll, ist um so eher angezeigt, als das Material nach der ganzen Art der Bearbeitung in den einzelnen Bänden verstreut ist, und eine Gesamtbeurteilung sowohl· in jenen Veröffentlichungen, als überhaupt noch nicht stattgefunden hat.

Eine Kontrolle der gemachten Beobachtungen, wie sie in erster Linie durch die Ergebnisse der Berufsstatistik, in zweiter durch anderweite Litteratur und eigene Beobachtung gegeben war, hat nur in den im Text später angeführten Fällen zu Bedenken Anlafs gegeben.

Jahren geschildert werden, kann dabei irgendwelche Bedenken gegen die Zulässigkeit einer solchen Verarbeitung nicht rechtfertigen. Denn wenn auch in dem zwischen beiden Erhebungen liegenden Jahrzehnt die Entwicklung der Verhältnisse weiter fortgeschritten ist, so beziehen sich die durch die Privatenquete gewonnenen Einzeldarstellungen weniger auf einen ganz bestimmten Zeitpunkt, wie jene Berufszählung, sondern stellen mehr die Gesamtlage und -entwicklung in dem letzten, von den einzelnen Referenten beobachteten Zeitabschnitt dar, ohne sich an bestimmte Zeitgrenzen binden zu lassen. Die in der Berufszählung gewonnenen Zahlen können daher sehr wohl noch als Illustration der allgemeineren Angaben dienen.

A. Allgemeines.

Die Gesamtzahl des landwirtschaftlichen Gesindes belief sich 1882 auf 3,5 %, der gesamten Bevölkerung.[1] Das landwirtschaftliche Gesinde übertrifft also an Zahl das häusliche Gesinde um ein Fünftel. Beide Arten des Gesindes machen zusammen 6,4 % der Bevölkerung aus. Die bei Landwirten bediensteten häuslichen Dienstboten machen 31 % des gesamten häuslichen Gesindes aus. Erst auf jede vierte landwirtschaftliche Gesindeperson kommt demnach ein häuslicher Dienstbote in der Landwirtschaft.

Die Bedeutung des landwirtschaftlichen Gesindes im landwirtschaftlichen Produktionsprozefs überhaupt wird durch eine Gegenüberstellung mit den übrigen landwirtschaftlichen Arbeiterklassen am besten deutlich gemacht.

Die Berufsstatistik scheidet folgende Arten, für welche die beigesetzten Zahlen ermittelt wurden:

A. c. 1. Familienangehörige, welche in der Landwirtschaft ihres (unter A. 1. a. angeführten) Familienhauptes thätig sind   1 872 834

A. a. T. Selbständige Landwirte, welche zugleich landwirtschaftliche Tagelöhnerei treiben   866 493

A. c. 3. Tagelöhner, welche nicht zugleich selbständig Landwirtschaft treiben   1 373 774

zusammen 4 113 101

A. c. 2. Dazu das landwirtschaftliche Gesinde   1 569 957

Überhaupt landwirtschaftliche Arbeiter   5 683 058

---

[1] Statistik des deutschen Reichs. N. F. Bd. 4. S. 14. Vgl. aufserdem, auch zum folgenden, nebenstehende Tabelle.

1. Ostpreufsen	37 876	77 268	20 360	97 628	5,1	54 474	58 178	154 021	364 30
2. Westpreufsen	24 474	38 759	8 164	46 923	3,4	30 274	47 883	103 691	228 77
3. Pommern	24 795	44 089	9 337	53 426	3,5	31 928	56 434	75 854	217 64
4. Posen	24 992	45 079	17 972	63 051	3,8	49 787	60 496	139 043	212 37
5. Schlesien	38 371	75 519	71 727	146 246	3,7	134 748	53 471	228 254	562 71
6. Brandenburg	26 829	62 480	27 320	89 800	3,9	66 171	62 035	83 779	301 78
7. Schlesw.-Holst.	28 073	42 240	14 241	56 481	5,0	21 783	34 655	20 006	132 92
8. Hannover	33 973	63 622	29 553	93 175	4,4	82 981	61 611	32 423	270 19
9. Sachsen	23 142	38 781	22 381	61 162	2,6	52 748	60 941	97 940	272 79
10. Westfalen	26 414	32 424	18 060	50 484	2,4	68 441	36 569	19 458	174 95
11. Hessen-Nassau	9 758	17 440	12 283	29 723	1,9	62 939	28 577	33 738	154 97
12. Rheinprovinz	28 073	38 529	17 309	55 838	0,7	167 105	53 431	53 093	329 46
13. Hohenzollern	663	1 481	827	2 308	3,4	5 622	761	944	9 63
Grhzt. Meckl.-Schw.	10 253	24 556	8 070	32 626	5,6	7 047	36 869	6 457	92 99
Strelitz	1 937	5 032	1 273	6 205	6,2	945	6 566	2 761	16 47
Fr. St. Lübeck	183	923	598	1 521	2,3	473	859	620	3 47
Bremen	408	989	746	1 735	1,1	795	480	320	3 33
Hamburg	941	1 577	571	2 148	0,4	1 520	638	764	5 07
Grhzt. Oldenburg	6 251	10 548	6 345	16 893	5,0	16 199	9 888	2 995	45 97
Hrzt. Braunschweig	1 080	9 278	6 870	16 148	4,6	9 897	9 334	11 655	47 03
Anhalt	1 984	4 523	1 793	6 316	2,6	3 395	5 964	9 231	24 90
Frst. Lippe-Detmold	1 787	3 890	2 555	6 445	5,9	2 477	3 469	859	13 25
Schaumb.-Lippe	633	837	420	1 257	3,5	1 037	817	343	3 45
Waldeck	793	1 862	970	2 832	5,0	2 148	1 972	1 176	8 12
Kgrch. Sachsen	7 398	42 822	55 488	98 310	3,5	56 544	11 797	40 563	207 21
Grhzt. S.-Weimar	2 459	5 280	4 148	9 428	3,1	12 313	6 111	8 376	36 22
Hrzgt. S.-Meiningen	302	2 252	2 843	5 095	2,4	14 061	2 205	1 926	23 28
S.-Altenburg	1 198	4 016	4 545	8 561	5,5	4 543	1 943	3 746	18 79
S.-Cob.-Gotha	1 187	2 263	2 118	4 381	2,2	6 096	4 348	4 378	22 20
Fst. Schwarzb.-Rud.	501	1 175	856	2 031	2,5	2 468	1 857	2 286	8 66
Sond.	470	803	441	1 244	1,7	2 114	2 291	2 273	7 92

Das landwirtschaftliche Gesinde macht also fast ein Viertel der gesamten ländlichen Arbeiterschaft aus.

Dem Geschlecht nach findet ein durchgreifender Unterschied zwischen dem landwirtschaftlichen und dem häuslichen Gesinde statt. Während bei letzterem das weibliche Geschlecht 30 mal stärker vertreten ist, als das männliche, macht das weibliche Geschlecht bei jenem nur zwei Fünftel der Gesamtzahl aus. Dieses Überwiegen des männlichen Geschlechts rührt einmal davon her, dafs das niedere Aufsichtspersonal dem männlichen Gesinde zugezählt ist; ferner aber kommt die verschiedene Verteilung des Gesindes auf die Arten der Viehhaltung in Betracht. Die Pferdehaltung erfordert trotz ihrer geringeren absoluten Zahl mehr männliche Gesindepersonen, weil hier auf jeden Knecht nur ein, höchstens zwei Paar Pferde gerechnet werden können. Die Haltung von Milchvieh aber erfordert sehr viel weniger Gesinde im Verhältnis zur Stückzahl, und da hier besonders das weibliche Gesinde in Frage kommt, so ist dessen Zahl trotz der höheren absoluten Zahlen der Rindviehhaltung geringer als beim männlichen Gesinde. Andere Gründe mehr lokalen Charakters werden später zur Erörterung gelangen.

Rücksichtlich des Alters ergeben sich für das landwirtschaftliche Gesinde nicht so starke Unterschiede vom häuslichen Gesinde, wie aus folgender Übersicht hervorgeht:

Es stehen

im Alter	von 100 häuslichen Gesindepersonen	100 landwirtschaftlichen Gesindepersonen	100 Personen der Bevölkerung
unter 15 Jahren	4,8	8,2	35,3
von 15—20	36,7	37,0	9,5
20—30	41,7	36,1	15,9
30—40	7,8	7,9	13,0
40—50	4,0	4,6	10,5
50—60	2,8	3,4	7,8
60—70	1,7	2,2	5,4
über 70 Jahren	0,5	0,6	2,6

Zwar stehen im Vergleich mit dem häuslichen Gesinde etwa doppelt soviel Gesindepersonen bei der Landwirtschaft im Alter von unter 15 Jahren. Doch gleicht sich diese Differenz dadurch aus, dafs beim landwirtschaftlichen Gesinde entsprechend weniger Personen im Alter von 20—30 Jahren stehen, so dafs sich für beide Arten von Gesinde für die Altersklassen unter 30 Jahren die hohe Zahl von 80 % der Gesamtzahl ergiebt. Noch klarer tritt diese besondere Stellung des Gesindes hervor, wenn man nur die 15 Jahre vom 15. — 30. Lebensjahre ins Auge fafst. Während von der Bevölkerung nur 25,4 % auf dieselben entfallen, gehören ihnen vom häuslichen Gesinde 78,4 %, vom landwirtschaftlichen Gesinde 73,1 % an. Der Umstand, dafs die Zahlen für die fünfjährige Altersklasse vom 15. — 20. Jahre die der nächstfolgenden zehnjährigen noch übertreffen, berechtigt hier — ähnlich, wie auch beim häuslichen Gesinde, — zu der Annahme des Culminationspunkts um das 20. Lebensjahr. In den späteren Jahren ist die Abnahme der Zahlen für das landwirtschaftliche Gesinde sehr viel schneller und unvermittelter, als für die Gesamtbevölkerung.

Auch hier lehren demnach die Zahlen, dafs die Übernahme von Gesindediensten in der Landwirtschaft nur ein Übergangsstadium darstellt und nur für die wenigsten Gesindepersonen zum Lebensberuf wird. Ein Teil der Gesindepersonen tritt durch Verheiratung in die Gruppen der Tagelöhner mit oder ohne eigenen Betrieb, der selbständigen Besitzer oder der Angehörigen über, ein anderer, wohl der geringere Teil wendet sich als Arbeiter den landwirtschaftlichen Nebenbetrieben oder der städtischen Industrie zu.

Für die Erörterungen über den **Familienstand** werden zweckmäfsig die unter 15 Jahr alten Gesindepersonen ausgeschieden, da für sie eine Veränderung des ledigen Standes ausgeschlossen ist. Von den alsdann verbleibenden [1]) landwirtschaftlichen Gesindepersonen (1 431 733) sind ledig (oder geschieden) 93,9 %
verheiratet 5,1 %
verwitwet 1 %

Im Vergleich mit den betreffenden Zahlen für das häusliche Gesinde (95,5; 1,6; 2,9) ergiebt sich eine stärkere Beteiligung der Verheirateten an der Gesamtzahl. Dieselbe hat ihren Grund darin, dafs man gewisse Verrichtungen, deren gute Ausführung besonders viel Sorgfalt und Sachkenntnis erfordert, mit Vorliebe dem verheirateten Gesinde überträgt, weil dies zuverlässiger, erfahrener und ausdauernder ist, als das ledige. [2])

Für die von der deutschen Statistik unterschiedenen Heirats-

---

[1]) Die Statistik des deutschen Reichs. N. F. II. S. 109* begreift unter diesen Zahlen auch die c-Gehilfen (Knechte und Mägde) der Tierzucht und Fischerei mit. Die Zahl derselben (37 541) ist aber so gering, dass ein erheblicher Einfluss derselben auf das Hauptresultat nicht zu erwarten steht und sie daher im Text unbeachtet bleiben können.

[2]) v. d. Goltz in Schönbergs Handbuch der Pol. Ök. (2. Aufl. 1886) II. S. 43.

perioden gestaltet sich das Verhältnis sehr verschieden, wie sich aus folgender Übersicht ergiebt:

Im Alter von	stehen landwirtschaftliche Gesindepersonen überhaupt		Von 100 landwirtschaftlichen Gesindepersonen sind unter dem					
			männl. Geschlecht			weibl. Geschlecht		
	männl.	weibl.	ledig	verh.	verw.	ledig	verh.	verw.
15—30 Jahren	678 973	482 673	98,1	1,9	0,0	99,3	0,6	0,1
30—50	130 384	67 458	72,6	25,0	2,4	89,1	6,6	4,3
über 50	71 012	28 774	54,8	26,7	18,5	78,7	5,8	15,5

Im jüngeren Heiratsalter ist die Zahl der Verheirateten bei beiden Geschlechtern, im höheren beim weiblichen Geschlecht verschwindend gering. Dagegen ist beim männlichen Geschlecht im höheren Heiratsalter und nach der Heiratsperiode etwa ein Viertel der Gesamtzahl verheiratet. Daraus geht hervor, dafs das Bedürfnis nach verheiratetem Gesinde sich hauptsächlich auf das männliche bezieht, für diese Personen der Gesindedienst aber nicht mehr ein blofses Übergangsstadium, sondern ein Lebensberuf ist.

B. Die Verhältnisse des Gesindes in den einzelnen Staaten.

Die landwirtschaftliche Gesindehaltung nimmt in den einzelnen Staaten eine sehr verschiedene Gestaltung an. Im Verhältnis zur Bevölkerung weisen die stärkste Gesindehaltung auf einmal von den Gegenden mit vorwiegend bäuerlichem Besitz: im Süden Bayern, in Mitteldeutschland Sachsen-Altenburg, im Norden Schleswig-Holstein, Hannover, Oldenburg, Braunschweig, Lippe-Detmold und Waldeck; weiter von den Gegenden mit vorwiegendem Grofsbetrieb im Norden Ostpreufsen und die beiden Mecklemburgs; die weitaus schwächste Gesindehaltung haben der Westen und Südwesten: Rheinland, Hessen-Nassau, Hessen-Darmstadt und Elsafs-Lothringen. Dem Geschlecht der Gesindepersonen nach weichen vom Durchschnitt stark ab Ostpreufsen, Westpreufsen und Pommern, wo das weibliche Gesinde nur einen kleinen Bruchteil des Gesindes überhaupt stellt; nach der anderen Seite Bayern und das Königreich Sachsen, wo die Zahl des weiblichen Gesindes der des männlichen überlegen ist.

Die weiteren Unterschiede werden in den folgenden Einzeldarstellungen angeführt werden.

I. Königreich Preufsen.

1. Provinz Ostpreufsen.

Von der Gesamtzahl des ländlichen Gesindes, die, absolut genommen, nächst Schlesien die höchste im Königreich Preufsen ist, entfallen etwa vier Fünftel auf das männliche, ein Fünftel auf das weibliche Geschlecht. Das Gesinde bildet etwa den vierten Teil aller gezählten landwirtschaftlichen Arbeitskräfte.

Unter Gesinde versteht man in Ostpreufsen zunächst das ledige Gesinde beiderlei Geschlechts. Die Knechte[1]) werden für den Gespanndienst und die Viehhaltung im Sommer auf dem Felde, im Winter im Stalle beschäftigt und erhalten dafür Lohn, Kost und häufig auch Kartoffelland, in Einzelfällen werden sie auch am Erdrusch beteiligt. Das weibliche ledige Gesinde, wozu Wirtin, Meierin, Köchin, Milch-(Melk)mädchen gerechnet werden, erhält neben Barlohn freie Station und Kartoffel- und Leinland, statt des letzteren auch wohl Zeug zum Anfertigen von Hemden. Ledige Knechte erhalten Schlafstelle im Stall, Mägde in der gemeinsamen Gesindestube. Zum Gesinde gehören auch die noch nicht oder eben konfirmierten Dienstjungen, welche zum Hüten und Milchfahren verwendet werden, und dafür Lohn und Kost erhalten, während sie bei ihren Eltern wohnen. Weiter aber zählt man das verheiratete Gesinde, sog. Deputatgesinde.[2]) Dasselbe wird entweder zu bestimmten Aufsichts- oder anderen Diensten, oder für Hof- und Feldarbeit im allgemeinen angenommen und erhält festen Jahreslohn, Deputat und Wohnung. Man findet Kämmerer, Oberschäfer, Schäfer, Hirten, Nachtwächter, Kutscher, Voll- und Halbknechte. Meist ist die Frau verpflichtet, zeitweise mitzuarbeiten. Häufig mufs das Deputatgesinde noch zwei Scharwerker stellen. Über die Stellung der Scharwerker als Gesinde herrscht in der Praxis nicht genügende Klarheit. Diese Leute, welche von den Deputanten und Instleuten laut Kontrakt der Herrschaft gestellt werden müssen, erhalten von den Dienstleuten Kost, Wohnung und Lohn, während sie für die Herrschaft arbeiten müssen, wofür die Herrschaft den Dienstleuten einen höheren Barlohn oder ein gröfseres Deputat giebt. Der richtigen Ansicht nach stellt sich das Verhältnis nach dem herrschenden preufsischen Gesinderecht als ein Gesindeverhältnis zwischen Schar-

---

[1]) Bd. 3 S. 58, 91, 134.
[2]) Bd. 3 S. 93, 95.

werker und Instmann dar.[1]) Diese Personen bilden die unterste Schicht des landwirtschaftlichen Arbeiterstandes.[2]) Entweder sind es die eigenen, noch nicht völlig erwerbsfähigen Kinder der Dienstleute, oder aber „Krüppel, Greise oder gefallene Mädchen", weil sich „bei der äusserst kümmerlichen Lebenshaltung dieser Dienstboten meist nur mehr oder weniger arbeitsunfähige Personen zur Übernahme dieser Stellung bereit finden".

Ledige Knechte[3]) finden sich fast nur auf mittleren und kleinen Gütern, wo sie stellenweise ein Viertel und mehr des gesamten Arbeitspersonals ausmachen, während sie beim Grofsgrundbesitz fast ganz durch das Deputatgesinde verdrängt werden. Beim Bauern, wo das Gesinde noch am Tisch der Herrschaft mitifst, bildet es häufig noch das einzige Dienstpersonal. Weibliches Gesinde findet sich aber, namentlich der Milchviehhaltung wegen, in allen Wirtschaftsarten.

Im allgemeinen läfst sich eine absolute Gleichmäfsigkeit weder für die landwirtschaftlichen Arbeiterverhältnisse überhaupt, noch für die Gesindeverhältnisse im besonderen feststellen. Ebenso wie überall anders, finden sich sowohl über die ganze Provinz hin, als auch in den einzelnen engeren Kreisen je nach der Gröfse der Wirtschaften, nach der Eigenart der persönlichen Verhältnisse der Besitzer u. a. m., aufserordentliche Verschiedenheiten. Doch wird in der ganzen Provinz[4]) über eine allgemeine Knappheit an Gesinde geklagt. Der Grund wird aber weniger in der materiellen Lage gesucht. Denn sowohl die Barlöhnung als die Kost sollen sich ständig gebessert haben, sodafs der selbständige Arbeiter bei seiner Verheiratung in beiden Beziehungen sich zu verschlechtern pflege. Die relativ gröfsere wirtschaftliche Selbständigkeit und persönliche Unabhängigkeit, verbunden mit eigener, wenn auch unvollkommenerer Küche sollen zur Meidung der Gesindedienste führen.

Die Entwicklung der ländlichen Arbeiterverhältnisse in Ostpreufsen geht dahin, sämtliche Arbeitskräfte zu einer Klasse zu verschmelzen, welche festen Barlohn, Deputat, Wohnung und Viehweide

---

[1]) Zürn, Handbuch des preufsischen Gesinderechts. (1895) S. 66.
[2]) Bd. 3 S. 185. Sehr scharf spricht sich v. d. Goltz (Die sociale Bedeutung des Gesindewesens (1873) S. 52.) über die Schattenseiten des Scharwerkertums aus und führt die starke Auswanderung des Gesindes aus dem Nordosten auf die Abneigung gegen den Dienst als Scharwerker, den er als „eine Zeit der Verwilderung" betrachtet, zurück.
[3]) Bd. 3 S. 58, 83, 120, 157.
[4]) Bd. 3 S. 60, 135.

erhält. Dieselbe erstreckt sich nicht nur auf die kontraktlich gebundenen Tagelöhner [1]), sondern wirkt auch auf die Gestaltung der Gesindeverhältnisse ein.

2. Provinz Westpreußen.

Von der Gesamtzahl des landwirtschaftlichen Gesindes kommen etwa fünf Sechstel auf das männliche, nur ein Sechstel auf das weibliche Geschlecht. Auch hier bildet das Gesinde etwa den vierten Teil der ländlichen Arbeiterschaft. Die Zahl des bei Landwirten bediensteten häuslichen Gesindes ist ziemlich erheblich.

Unter das Gesinde rechnet man die Gespann- und Viehknechte (Pferde-, Kuh-, Schäferknechte), sowie die Brennerknechte, mögen sie ledig oder verheiratet sein.[2]) Die ledigen Knechte erhalten neben dem Barlohn, der auch mit den Jahren steigt, Wohnung im Dienstbotengelaß oder Schlafstelle im Stall, sowie Kost. Die Beköstigung erfolgt häufig nicht seitens der Herrschaft selbst, sondern wird an einen Hofmann in Entreprise gegeben, der dafür ein bestimmtes Deputat für jeden zu beköstigenden Knecht erhält. Bei den Bauern kommt statt der öfter gewährten Naturalien auch eine Gewährung von Land hinzu. Die verheirateten Knechte, denen dieselben Emolumente gewährt werden, bekommen häufig nicht für die ganze Familie, sondern nur für sich Wohnung. — Ferner rechnet man zum Gesinde die niederen Wirtschaftsbeamten,[3]) wie Vögte, Kämmerer, Oberknechte, Schäfer. Dieselben sind meist den Deputanten gleichgestellt, nur brauchen sie keinen Scharwerker zu stellen. — Von weiblichem Gesinde findet man die Wirtschafterin, Meierin, Leute-(Gesinde-)köchin, Kuh-(Melk-)magd, Schweine- und Federviehmagd. Diese erhalten neben Barlohn Kost, Wohnung und einige Naturalien, bei kleineren Besitzern auch wohl Land. — Daneben kommen auch hier Pferde- und Hütejungen vor.

Wie in Ostpreußen, so herrscht auch hier Knappheit an Gesinde. Auf größeren Gütern werden meist ledige Knechte überhaupt nicht mehr gehalten. Das Gesinde besteht hier aus dem männlichen verheirateten und dem weiblichen Gesinde. Die jungen Männer gehen nach beendeter Militärzeit in die Städte oder verdingen sich als Knechte nach dem Westen.

---

[1]) Bd. 3 S. 184.
[2]) Bd. 3 S. 209.
[3]) Bd. 3 S. 254.

Die Entwicklung der Arbeiterverhältnisse geht dahin, neben den Instleuten die freien Tagelöhner für den regelmäfsigen Arbeitsbedarf heranzuziehen, bei besonderen Fällen, wie in der Rübenernte, sich der Wanderarbeiter zu bedienen.

3. Provinz Pommern.

Die Gesamtzahl des landwirtschaftlichen Gesindes, das etwa den vierten Teil der ländlichen Arbeitskräfte überhaupt ausmacht, verteilt sich zu fünf Sechsteln auf das männliche, zu einem Sechstel auf das weibliche Geschlecht.

In ausgedehntestem Mafse findet man in Pommern verheiratetes Gesinde.[1]) Dasselbe erhält neben barem Jahreslohn festes Naturaliendeputat. Die Stellung des Gesindes nähert sich immer mehr derjenigen der Gutstagelöhner, indem auf beiden Seiten frühere Eigenheiten abgeschliffen werden. Die Gutstagelöhner werden allmählich auf ein fixiertes Naturaliendeputat, statt des Dreschermafses, gesetzt. Dem Gesinde wird teilweise die Verpflichtung zur Gestellung von Scharwerkern auferlegt und Land angewiesen. Die Unterschiede zwischen dem so gestellten Gesinde und den Tagelöhnern bestehen darin, dafs die besonderen Dienstobliegenheiten des Gesindes im Gegensatz zu der allgemeinen Arbeitsverpflichtung der Tagelöhner strenger abgegrenzt zu werden pflegen, dafs das Gesinde Jahreslohn bezieht, und dafs das dem Gesinde angewiesene Land regelmäfsig einen erheblich geringeren Umfang, als bei den Tagelöhnern hat. Zum verheirateten Gesinde zählen in erster Linie die Wirtschaftsbeamten niederer Art, die Vögte, Schäfer[2]) u. s. w. Doch sind auch die sonst ledigen Pferde-, Fuhr- und Schäferknechte, die Kutscher und Brennerknechte häufiger verheiratet. Daneben finden sich Dienst- und Hütejungen. Die ledigen Knechte erhalten Lohn, Kost und Wohnung, dazu Lein- oder Kartoffelland („Wäschekartoffeln") oder Zeug zu Hemden und zur Kleidung. Ebenso gestellt sind die weiblichen Gesindepersonen[3]): Wirtschafterin (Mamsell), Meierin, Leuteköchin, Melk-, Federvieh-, Schweinemagd.

Auch für Pommern gilt der oben ausgesprochene allgemeine Satz,

---

[1]) Bd. 3 S. 295, 298.
[2]) Bd. 3 S. 299 berichtet von einem Schafmeister, dem die Verpflichtung obliegt, drei Knechte anzunehmen und zu beköstigen, wofür die Herrschaft seine Naturalbezüge erhöht, den Knechten aber den üblichen Lohn direkt zahlt.
[3]) Bd. 3 S. 343.

dafs selbst in engen Grenzen die gröfsten Gegensätze in der Gesindehaltung sich nebeneinander finden. Doch kann als Regel aufgestellt werden, dafs lediges männliches Gesinde sich nicht mehr auf grösseren Gütern, sondern nur noch bei den Bauern findet. Hier werden häufiger Gesindeverträge ohne Kündigungsfrist eingegangen.[1]) Die Haltung von weiblichem Gesinde ist nicht mehr so allgemein wie sonst im Nordosten.[2]) Man nimmt teilweise die Mägde nur für den Sommer an; teilweise verzichtet man überhaupt auf weibliches Gesinde, und läfst dessen Obliegenheiten von den Gutstagelöhnern und deren Frauen wahrnehmen.

Die Verhältnisse der Scharwerker sind die gleichen wie in Preufsen. Wie das Gesinde, so sind auch sie immer schwerer zu bekommen. Demgemäfs werden solche Arbeiterstellen, denen die Verpflichtung zur Gestellung von Scharwerkern nicht aufliegt, mehr begehrt als andere. Das Material, soweit es nicht aus den jüngeren Familiengliedern der Arbeiter besteht, ist schlecht.

Die Entwicklung [3]) geht dahin: Aus den ursprünglich unterschiedenen Klassen des Gesindes und der Drescher geht eine im allgemeinen gleichgestellte, gegen Lohn, Wohnung und Deputat beschäftigte Arbeiterklasse hervor. Der jetzt noch bestehende Unterschied, wonach Deputanten, die aus dem Gesinde hervorgegangen sind, festen Jahreslohn, — die aus den Dreschern hervorgegangenen Tagelohn beziehen, schleift sich zu Gunsten des Tagelohns ab.

4. Provinz Posen.

Im Gegensatz zu den bisher behandelten Provinzen bildet für Posen das ländliche Gesinde einen beträchtlich gröfseren Bestandteil, nämlich etwa den dritten Teil der landwirtschaftlichen Arbeitskräfte. Auch rücksichtlich der Beteiligung der Geschlechter findet sich insofern eine Verschiedenheit, als das weibliche Geschlecht etwa den dritten Teil der Gesamtzahl ausmacht.

Zum Gesinde [4]) zählt man sowohl die ledigen, als die verheirateten Knechte. Das ledige Gesinde — Schäfer-, Pferde-, Schweine-, Brennerknechte, Hirten, Futterleute — erhält Lohn, Kost, Wohnung, sowie einige Naturalien. Zum Teil ist die Gewährung von Kost beim männ-

---

[1]) Bd. 3 S. 295.
[2]) Bd. 3 S. 296.
[3]) Bd. 3 S. 346.
[4]) Bd. 3 S. 415, 454.

lichen ledigen Gesinde nicht mehr üblich und an deren Stelle das Deputat getreten. Zum Viehhüten und für Stalldienste werden ausserdem Jungen angenommen, welche nur Lohn und freie Station erhalten. Das verheiratete Gesinde — Aufscher, Wirtschaftsbeamte, Vogt, Schäfer, Oberknecht, Hirt, Knecht — ist ebenso gestellt, wie die Deputanten. Es bezieht Lohn, Wohnung, ein festes Naturaliendeputat und Land. Von den Instleuten unterscheidet sich das Gesinde dadurch, dafs es Jahreslohn und nicht Tagelohn erhält und statt des Dreschanteils der Instleute, wo derselbe noch üblich ist, ein bestimmtes Naturaliendeputat bezieht. An manchen Orten findet sich sowohl beim ledigen wie beim verheirateten Gesinde für das Mähen Akkordlöhnung.[1]) Das weibliche Gesinde (Wirtschafterin, Meierin, Gesindeköchin, Schweine-, Milch-, Hühnermagd) erhält Barlohn, Wohnung in den gemeinsamen Gesindestuben, Kost (auf mittleren und kleinen Gütern meist am Tisch der Herrschaft), sowie Kartoffelland mit Einsaat.

Scharwerker[2]) kommen auch hier noch vor. Doch wird die Verpflichtung zum Stellen eines arbeitsfähigen Ersatzmannes seltener auferlegt, seit sich das Verhältnis der Instleute mehr und mehr neben der Gewährung von Wohnung und Kartoffelland auf Akkordlöhne gründet. Die Schäfer müssen in der Regel ihre Knechte selbst annehmen und beköstigen.

Seit Einführung der Rübenkultur ist die Gesindehaltung im Rückgang begriffen. Auf den die Mehrzahl der Betriebe ausmachenden grofsen Besitzungen wird in einigen Gegenden noch lediges Gesinde gehalten, oft aber findet man nur Deputatgesinde. Namentlich weibliches lediges Gesinde ist an vielen Stellen so knapp, dafs die Deputantenfrauen melken und das verheiratete Deputatgesinde die anderen Obliegenheiten des weiblichen Gesindes übernehmen mufs. Nur im Kleinbetrieb ist das Gesinde die einzige und unentbehrliche Arbeiterklasse.

Im allgemeinen läfst sich auch hier eine Entwicklung feststellen, die auf eine Verminderung des ledigen Gesindes und eine Vermehrung des Deputatgesindes geht. Die wirtschaftliche Stellung desselben ist eine ganz ähnliche wie die der Instleute, nur erinnert die verschiedene Art der Barlöhnung noch an die Entstehung dieser Arbeiterklasse aus dem Gesinde.

---

[1]) Bd. 3 S. 454.
[2]) Bd. 3 S. 462.

5. Provinz Schlesien.

Die Gesamtzahl der von der Berufsstatistik als Gesinde gezählten Personen, die höchste absolute Zahl der Preufsischen Monarchie, setzt sich fast zu gleichen Teilen aus den beiden Geschlechtern zusammen. Die Zahl des bei Landwirten bediensteten häuslichen Gesindes ist verhältnismäfsig niedrig. Das landwirtschaftliche Gesinde bildet etwa den vierten Teil der ländlichen Arbeiterschaft.

Man scheidet folgende Arten des Gesindes: 1. Das männliche Gesinde, bei dem das ledige Element immer mehr zurücktritt[1]): Aufseher, Hofmeister, Schaffer, (Acker-, Weiber-)Vogt, Schafmeister, Oberschäfer, Kutscher, Viehschleufser (Viehwärter, Viehmann), Wächter, Scheuerwärter, Kuhfütterer, Pferde-, Ochsen-, Schäferknecht, Wiesenwärter, Mäher, Ochsenjunge, Stallbursche.[2]) Als Entgelt wird dem männlichen Gesinde gegeben Barlohn, Wohnung, Kost, seltener Viehweide. An Stelle der Kost tritt nicht selten beim ledigen, regelmäfsig beim verheirateten Gesinde ein Deputat an Kartoffeln und Getreide, bei fehlender Viehweide auch an Milch und Butter. Auf gröfseren Gütern findet sich zum Teil reine Geldlöhnung auch für das ledige Gesinde, während bei den Bauern lediges wie verheiratetes Gesinde am Tisch der Herrschaft mitzuessen pflegt. 2. Zum weiblichen Gesinde zählen die Wirtin, Ausgeberin, Schliefserin, Stall-, Kuh- und Schweinemagd. Häufiger findet es sich, dafs das weibliche Gesinde aus den Frauen der männlichen Gesindepersonen besteht, sodafs etwa die Viehschleufserin die Frau des Futtermannes ist. An Entgelt wird gewährt Barlohn, Wohnung im Gesindehaus, bei Verheirateten auch in den herrschaftlichen Arbeiterkasernen, Kost, an deren Stelle bei Verheirateten Deputat tritt, sowie manchmal Gartenland. Bei den mit der Viehbesorgung betrauten Gesindepersonen tritt öfter zum Barlohn noch eine immerhin beträchtliche Anzahl von Tantièmen von Viehverkäufen u. s. w. 3. rechnet man zum Gesinde auch die auf dem Hof wohnenden Kontraktarbeiter.[3]) Um sie auch der Gesindeordnung zu unterstellen, engagiert man sie mit einem Angeld. Sie erhalten Wohnung auf dem Hof, Brennwerk, ein Deputat an Cerealien, Kartoffeln und Milch, und Tagelohn.

---

[1]) Bd. 3 S. 508, 546, 591.
[2]) Was der nach Bd. 3 S. 605 in Hirschberg vorkommende „Wirtschafts- und Tierarzt" als Gesindeperson vorstellt, ist unverständlich.
[3]) Bd. 3 S. 514.

Scharwerker[1]) sind nur selten. Statt dessen ist die Sitte allgemein, dafs die Frau mit auf Arbeit geht. In grofsem Umfang soll überhaupt das Institut der Scharwerker nie als typisches Arbeitsverhältnis in Schlesien bestanden haben.

Auf grofsen Gütern überwiegt das verheiratete Gesinde, das stellenweise die Hälfte bis ein Drittel der Arbeiterschaft ausmacht. Lediges weibliches Gesinde wird namentlich für die Viehbesorgung gehalten und ist an manchen Orten so knapp, dafs sich nur alte Weiber und Mädchen mit unehelichen Kindern[2]) dazu finden. In den bäuerlichen Wirtschaften macht das ledige Gesinde beiderlei Geschlechts den gröfsten Teil der Arbeitskräfte aus, neben welchem nur wenige Kontraktarbeiter und Einlieger, die den Mietzins in der Erntezeit abarbeiten, beschäftigt werden. An einigen Stellen, namentlich in den Bergbaudistrikten, soll die Abneigung gegen den Gesindedienst auch bei der männlichen Jugend so stark sein, dafs sich nur invalide Bergleute oder sonst ungeeignete Personen[3]) als Gesinde vermieten.

Beim verheirateten Gesinde tritt häufiger — wie schon oben erwähnt — die Frau auch in das Gesindeverhältnis mit ein. Doch wird der Mietsvertrag alsdann nicht mit beiden Eheleuten gemeinsam, sondern gesondert abgeschlossen.[4]) Durch diese Verallgemeinerung der Frauenarbeit bildet sich hier ein Verhältnis aus, das dem in den nördlichen Provinzen herrschenden Institut der Scharwerker geradezu entgegengesetzt ist. Während dort der Scharwerker als Dienstbote angenommen wird, um an Stelle der Frau auf Hofarbeit zu gehen, ist hier der Landarbeiter genötigt, einen Dienstboten (Kindermädchen oder -frau) anzunehmen, der gegen Bekleidung, Beköstigung und geringen Lohn die Wartung und Pflege der Kinder an Stelle der auf Arbeit gehenden Frau übernimmt.[5]) Die arbeitsfähigen Kinder des verheirateten Gesindes gehen öfter gegen Tagelohn bei der Dienstherrschaft auf Arbeit.

Die geldwirtschaftliche Ausgestaltung des Arbeiterverhältnisses erstreckt sich häufiger schon soweit, dafs sogar die weiblichen Gesindepersonen von der Herrschaft nicht mehr Kost und Wohnung erhalten, sondern sich anderweitig gegen einen Teil des erhöhten Bar-

---

[1]) Bd. 3 S. 501, 514.
[2]) Ebenda S. 607.
[3]) Ebenda S. 500.
[4]) Ebenda S. 547.
[5]) Ebenda S. 630.

lohnes oder Abgabe des Naturaldeputats in Kost und Wohnung geben.¹)

Die durch die grofse geographische Ausdehnung Schlesiens bedingte aufserordentliche Verschiedenheit der Betriebs- und Wirtschaftsverhältnisse macht sich auch in der sehr verschiedenen Gestaltung der Gesindeverhältnisse geltend. Doch lassen sich einige allgemeine Grundzüge erkennen: Die noch jetzt im Vergleich zu anderen Gegenden sehr starke Dienstbotenhaltung wird immer mehr eingeschränkt. An Stelle des ledigen Gesindes nimmt man immer mehr verheiratete Gesindepersonen in Dienst. Doch unterscheiden sich diese immer weniger von der übrigen kontraktlich gebundenen Arbeiterschaft. Im allgemeinen bilden sie die materiell am besten gestellte Kategorie von Arbeitern. Das schliefst jedoch nicht aus, dafs auch beim Gesinde stellenweise die für Schlesien typischen sehr schlechten Wohnungsverhältnisse vorkommen.²) Die immer mehr auf eine rein geldwirtschaftliche Gestaltung des landwirtschaftlichen Arbeiterverhältnisses hingehende Entwicklung hat noch am wenigsten Einflufs auf die Entlohnung des Gesindes ausgeübt. Denn für diese ist die Gewährung eines Naturaliendeputats noch heute charakteristisch.

6. Provinz Brandenburg.

Von der Gesamtzahl des landwirtschaftlichen Gesindes gehören etwa zwei Drittel dem männlichen, ein Drittel dem weiblichen Geschlecht an. Das Gesinde macht, ähnlich wie in Posen, etwa den dritten Teil der sämtlichen landwirtschaftlichen Arbeiterkräfte aus.

Man scheidet folgende Arten: 1. Das männliche Gesinde:³) Leuteaufseher, Vogt, Kämmerer, Oberschäfer, Schafmeister, Stückmeister, Pflugmeier, Vorpflüger, Acker-, Schirrmeier, Kutscher, Kuhfütterer, Pferde-, Ochsen-, Schäfer-, Ökonomieknecht, Brennereiknecht, Ochsen-, Pferde- und Hofjunge. Von diesen Arten sind die einen ledig, die anderen, so namentlich die niederen Wirtschaftsbeamten, verheiratet. Ledige Knechte, die besonders für die Gespanndienste angenommen werden, erhalten neben Barlohn, Wohnung und Kost entweder ein Kartoffeldeputat, oder Land zum Kartoffel- und Flachsbau, zum Teil auch fertige Kleidungsstücke. Die verheirateten Knechte sind zum Teil den Deputanten völlig gleichgestellt: sie

---

¹) Bd. 3 S. 511.
²) Ebenda S. 553.
³) Bd. 3 S. 656.

werden dann von der Herrschaft nicht beköstigt, sondern beziehen statt der Kost ein erhöhtes Deputat. Auch müssen sie, selbst wenn die Frau mit auf Arbeit geht, noch einen Scharwerker stellen. Das übrige verheiratete Gesinde erhält für seine Person volle Kost, dazu ein festes Deputat und Land, sowie freies Holz. Beide Arten bekommen aufserdem einen festen Jahreslohn. Öfter ist für das verheiratete Gesinde nicht ein bestimmter Kreis von Dienstobliegenheiten festgesetzt, sondern es besteht eine Verpflichtung zur Übernahme aller landwirtschaftlichen Arbeiten. 2. An weiblichem Gesinde[1]) hält man Wirtschafterinnen, Gesindeköchinnen, Molkerei-(Melk-), Federvieh-, Hofmägde. Dieselben erhalten Lohn, Kost und Wohnung. Aufserdem wird Kartoffel- und Flachsland — entweder beides zusammen oder nur eins von beiden — und ein Kartoffel- und Flachsdeputat — an Stelle des Landes oder mit ihm zusammen — gewährt. An Stelle dieser Naturalien findet sich jedoch auch eine Steigerung des Barlohnes. 3. Scharwerker (Hofgänger) müssen von den kontraktlich gebundenen Tagelöhnern und Deputanten gestellt werden. Sie erhalten von dem Tagelöhner Wohnung, Kost und Jahreslohn, während die Herrschaft an den Tagelöhner dafür Jahres- oder Akkordlohn zahlt.

Im allgemeinen ist das Gesinde noch in grofser Zahl vorhanden[2]). Doch nimmt die Gesindehaltung gegen früher ständig ab. Auf grofsen Gütern hält man wenige ledige Gespannknechte und oft in beträchtlicher Zahl verheiratete Knechte zu allen Arbeiten neben den allmählich an Zahl abnehmenden Instleuten und den an deren Stelle tretenden freien Akkordarbeitern. Die kleineren Besitzer und die Bauern halten hauptsächlich ledige Knechte, daneben wenige in Mietswohnungen untergebrachte Abarbeiter und freie Tagelöhner.

Auch hier macht sich, namentlich bei der starken Anziehungskraft, welche Berlin auf die Jugend der Provinz ausübt, eine grofse Knappheit des Gesindes fühlbar[3]), die zunächst in dem Verfall des Instituts der Scharwerker einen Ausdruck findet. Im allgemeinen führt diese Knappheit jedoch nicht zu einer Abgliederung vom Haushalt der Gutsherrschaft oder zu einer gröfseren Landanweisung, sondern zu einer immer stärkeren Steigerung des Barlohnes.

---

[1]) Bd. 3 S. 659.
[2]) Bd. 3 S. 644.
[3]) Ebenda S. 659.

7. Provinz Schleswig-Holstein.

Nicht nur im Verhältnis zur Bevölkerung, sondern auch im Vergleich mit den übrigen landwirtschaftlichen Arbeitskräften ist die Gesindehaltung in Schleswig-Holstein eine aufserordentlich starke. Fast die Hälfte aller landwirtschaftlichen Arbeitskräfte macht das Gesinde aus, von welchem drei Viertel auf das männliche, ein Viertel auf das weibliche Geschlecht entfallen. Das bei den Landwirten bedienstete häusliche Gesinde ist auch in erheblicher Zahl vertreten.

An verschiedenen Klassen [1]) unterscheidet man: 1. das männliche Gesinde: Vogt, Oberknecht, Bauknecht, Hirte, — welche wohl meist verheiratet sind — und Grofsknecht, Kleinknecht, Grofs- und Kleinjunge. Die letztgenannten sind häufig noch nicht konfirmiert. Das verheiratete Gesinde erhält baren Jahreslohn, Wohnung, Deputat an Korn, Kartoffeln und Flachs, statt der letzten Gewährungen wohl auch Kartoffel- und Flachsland oder Gartenland. Das verheiratete sogenannte Deputatgesinde — Deputatisten — unterscheidet sich von den kontraktlich gebundenen Arbeitern — den Hausinsten — nur noch wenig. Dem Gesinde wird allgemein noch ein bestimmter Kreis seiner Thätigkeit zugewiesen, und deshalb an Stelle des den Instleuten noch gewährten Dreschertrages ein festes Getreidedeputat geliefert. Neben diesem wird dem Mann häufig noch Mittagskost gegeben. Auch die Frau wird zum Teil in das Dienstverhältnis mit einbezogen, derart, dafs sie gegen Jahreslohn zum Melken auf den Gutshof geht oder gegen Tagelohn in der Ernte mitarbeitet. Als Besonderheit ist die in einigen Marschgegenden vorkommende Thatsache anzuführen, dafs das verheiratete Gesinde die Wohnung der Herrschaft abmietet.

Das unverheiratete Gesinde erhält Lohn, Kost — beim Bauern noch am Tisch der Herrschaft — sowie Wohnung, dazu Leinen und einige fertige Kleidungsstücke, auch wohl Flachs und Wolle. Die Jungen erhalten nur Kost und einen geringeren Lohn. Öfter kommt es vor, dafs ein Besitzer einen noch schulpflichtigen Jungen für den Sommer vor der Konfirmation in Dienst nimmt, mit der Bedingung, ihn konfirmieren zu lassen, ihn gänzlich zu unterhalten und ihm auch den Konfirmationsanzug zu geben, wofür dann der Junge im nächsten Sommer wieder für ihn arbeiten mufs.[2])

---

[1]) Bd. 2 S. 418, 466.
[2]) Bd. 2 S. 439.

Ofter findet die Vermietung nur für den Sommer oder Winter statt, wobei für Sommer und Winter die Lohnhöhe verschieden ist. Nicht mehr selten sind auch Kontrakte mit wöchentlicher Kündigung und Lohnzahlung (Wochlöhner).

2. An weiblichem Gesinde findet man: Meierin, Wirtschafterin (auf kleineren und Bauernwirtschaften nur dann, wenn die Frau gestorben ist), Grofsmagd, Kleinmagd, Meiereimagd. Sie bekommen Jahreslohn, Wohnung und Kost, sowie Wachs und Wolle zum Verspinnen, nur selten Land oder Deputat.

Eine gewisse Gleichmäfsigkeit in der Ausdehnung der Gesindehaltung und der wirtschaftlichen Stellung des Gesindes wird durch die besonderen landwirtschaftlichen Verhältnisse der Provinz bedingt. Die überall im Vordergrund des Betriebes stehende Viehzucht, sowie das starke Hervortreten des mittleren und bäuerlichen Besitzes ruft einen starken Bedarf an Gesinde hervor, dem auch noch ein gröfserer Stamm von Gesinde entspricht. Für die mittleren und bäuerlichen Besitzer bildet das ledige Gesinde das Gros der Arbeitskräfte, neben welchem sich nur in geringem Mafse kontraktlich gebundene oder freie Tagelöhner finden. Aber auch in den grofsen Betrieben finden sich neben den zahlreich gehaltenen Tagelöhnern und Insten noch Gesindepersonen, deren Stellung sich jedoch, soweit es sich um verheiratete Leute handelt, derjenigen der Instleute sehr nähert.

Auch hier ist die materielle Lage des Gesindes eine gute. Der Barlohn ist erheblich gestiegen und steht durchschnittlich höher nicht nur als in den anderen Provinzen, sondern auch als in den Städten. Die Beköstigung wird durchgehends als gut bezeichnet. Und doch kann der Bedarf an Gesinde nicht vollständig aus den einheimischen Kräften gedeckt werden. Vielmehr findet durch die Gesindemietbureaux ein ausgedehnter Import von Gesinde aus Dänemark und Schweden, Ost- und Westpreufsen statt. Die Gründe hierfür sind mannigfacher Art. Jedenfalls darf man die materielle Lage des Gesindes nicht ohne weiteres dazurechnen. Vielmehr kommen besonders folgende Momente in Betracht: Die Sitte, dafs die nachgeborenen Söhne und Töchter der Bauern als Gesinde auf den Bauernhöfen bleiben, ist stark in Abnahme begriffen.[1] Sie sowohl, als die Kinder der ländlichen Arbeiter ziehen in die Städte, und damit geht dem Gesinde sein bester Kern verloren. Die männliche Jugend wendet sich dem Handwerk, der Fabrikindustrie, dem niederen Post- und

---

[1] Bd. 2 S. 434.

Bahndienst zu. Die Mädchen suchen sich als Dienstboten bei städtischen Herrschaften, als Näherinnen u. s. w. ihr Brot. Zum Teil mag hierfür die Abneigung gegen die sehr harte Arbeit, die mit dem frühen Aufstehen und beim Weidegang des Viehs im Sommer mit häufigem Durchnäfstwerden verbunden ist, dafür mafsgebend sein,[1]) zum Teil auch der Widerwillen gegen die gemeinsame Arbeit mit den gerade in den Molkereien zahlreich vorhandenen schwedischen und sog. ostpreufsischen Mädchen. Man giebt auch dem Umstande daran Schuld, dafs wegen der schwerer zu erlangenden Dispensationen vom Schulbesuch die Kinder nicht mehr so früh und so ausgiebig an die landwirtschaftliche Arbeit gewöhnt werden und später nur schwer Geschmack an ihr gewinnen können. Ein Teil der Schuld wird auch den Arbeitgebern[2]) auferlegt, die das Gesinde oft nicht mehr als zum engeren Haushalt gehörig betrachten und demselben an Stelle der gemeinsamen Wohnräume nur mangelhafte und schlechtgeheizte Gelasse zum Aufenthalt anweisen. Vor allem aber ist es die Abneigung gegen ein so die ganze Person umfassendes Abhängigkeitsverhältnis, dem sich namentlich diejenigen, deren Verwandte und Bekannte in anderen Stellungen ihr Brot verdienen, nur ungern unterwerfen. Der Sinn für Zucht und Unterwerfung unter die hausherrliche Autorität geht so in der Nähe der Städte, namentlich bei Hamburg, nur zu schnell verloren.

Die Entwicklung der Gesindeverhältnisse ist daher auf bestimmte Bahnen gedrängt. Auf den grofsen Gütern nimmt man das Gesinde in eine den kontraktlich gebundenen Tagelöhnern ähnliche Stellung auf, indem man es durch Landanweisungen und Naturaliendeputate zu fesseln sucht. Die Bauern sind auf lediges Gesinde angewiesen und können diesen Weg nicht beschreiten. Durch ständige Steigerung der Barlöhne suchen sie das einheimische ledige Gesinde sich zu erhalten und sorgen durch Annahme von fremdem Gesinde für Ersatz. Hierdurch aber wird der bisher noch erhaltene mehr familiäre Charakter des Gesindeverhältnisses vollends gestört und zu einem rein geldwirtschaftlichen gestempelt.

8. Provinz Hannover.[3])

Die Gesamtzahl des Gesindes, von der ein Drittel dem weiblichen, zwei Drittel dem männlichen Geschlecht angehören, macht etwa den

---

[1]) Bd. 2 S. 476. [2]) Ebenda S. 423.
[3]) Die Gesindeverhältnisse im südöstlichen Teil von Hannover werden mit denen in der Provinz Sachsen zusammen zur Darstellung gelangen.

dritten Teil der ländlichen Arbeitskräfte aus. Im Verhältnis zur Bevölkerungszahl betrachtet, gehört die Gesindehaltung zu den höchsten im Königreich Preufsen, da sie nur von Ostpreufsen und Schleswig-Holstein noch übertroffen wird.

Zum Gesinde rechnen in erster Linie 1. das ledige männliche Gesinde: Grofsknecht, Mittelknecht, Kleinknecht, Junge [1]). Man gewährt neben Wohnung und Kost einen baren Jahreslohn, auch einige Naturalien (Getreide und Kartoffeln). Dazu kommt häufig noch die ganze Bekleidung oder einzelne Teile derselben, besonders Schuhe. Auch wird stellenweise Weide für Schafe oder Lämmer angewiesen. 2. Das verheiratete männliche Gesinde: Hofmeister, Schäfer, Schweinemeister, Spannknechte, wird teils zu den Deputatisten gezählt, teils ihnen gleichgestellt. Es erhält in der Regel Jahreslohn, Wohnung, Kartoffel- und Gartenland und Kuh- oder Schafweide. Beim Schäfer findet sich auch wohl eine Beteiligung am Ertrag der Herde. [2]) Daneben finden sich eigenartige Verhältnisse verschiedener Art: In einzelnen Gegenden sind die verheirateten Knechte im Besitz eines eigenen Wohnhauses und eigenen Ackerlandes. Von der Herrschaft erhalten sie dann einen jährlichen Barlohn, ein Naturaliendeputat und Kost für sich. [3]) In anderen Gegenden bekommen die verheirateten Knechte — als Deputatisten — Wohnung, Garten, Viehweide, Brennwerk und Getreidedeputat, dazu einen bestimmten niedrigen Tagelohn. [4]) Andere erhalten neben denselben Emolumenten eine so ausgiebige Viehweide, dafs eine Kuh darauf vollständig erhalten werden kann. Oft ist die Frau zur Mitarbeit verpflichtet. 3. Das ledige weibliche Gesinde: Grofsmagd, Kleinmagd, Melkmädchen, erhält Jahreslohn, Kost und Wohnung, sowie häufig volle Bekleidung (Nationaltracht), dagegen nur selten Land.

Im allgemeinen bildet in Hannover, wo bei vorherrschend bäuerlichem Besitz Körnerbau und Weidewirtschaft die Hauptarten des landwirtschaftlichen Betriebes ausmachen, das Gesinde den Stamm der ländlichen Arbeiterschaft. Die Gleichartigkeit der Betriebs- und Wirtschaftsverhältnisse hat auch eine grofse Gleichmäfsigkeit in der Gesindehaltung zur Folge, ohne jedoch an einzelnen Orten, besonders auf den vereinzelt vorkommenden grofsen Gütern, jene oben näher

---

[1]) Bd. 1 S. 53, 185, 194, 212.
[2]) Ebenda S. 212.
[3]) Ebenda S. 195.
[4]) Ebenda S. 209.

gekennzeichneten Abweichungen von der Regel auszuschliefsen. Das Gesinde geht zumeist aus dem Stande der Heuerlinge oder Tagelöhner hervor.[1]) Wie diese beim Bauern mit am Tisch essen, und sich durch die langjährigen Beziehungen ein wirklich familienähnliches Verhältnis zwischen Herrschaft und Arbeiter gebildet hat und andauernd besteht, so werden auch die Gesindepersonen vom Bauern durchaus als seinesgleichen behandelt. Die durch die ganze Provinz ziemlich gleichen Barlöhne sind hoch, Kost und Verpflegung ist gut, und doch macht sich auch hier eine Knappheit am Gesinde bemerklich. Namentlich wird die Nachfrage nach weiblichem Gesinde selten durch das Angebot ganz befriedigt. Zwar bleiben die Kinder ländlicher Arbeiter zunächst noch eine Zeit lang als Gesinde auf dem Lande. Aber nach einigen Jahren wandern sie, die jungen Männer häufig nach der Militärzeit, die Mädchen schon vor dem zwanzigsten Jahre, in die Städte. Für letztere sind es die Stellungen als häusliche Dienstboten (Kindermädchen) und die Fabrikarbeit, für erstere die Beschäftigung bei den Wasserbauten, im Hafen, auf den Schiffen und in den Fabriken, welche ihnen lohnender und angenehmer erscheint. Die geselligen Anregungen des städtischen Lebens, der Zug nach höherer Kultur, sind die treibenden Momente für diese Abwanderung. Bei den Männern kommt auch der höhere Barverdienst in Betracht, der ihnen um so lockender erscheint, je weniger sie sich den Wert der auf dem Lande gewährten freien Station klar machen. Bei den Mädchen kann dieser Gesichtspunkt aber nur weniger mitsprechen, da in den Städten häufig ein geringerer Barlohn gegeben wird, als auf dem Lande.

Die allgemeine Richtung, in der sich die Entwicklung bewegt, ist hier demnach eine analoge wie in Schleswig-Holstein. Gröfsere Güter[2]) führen von auswärts lediges Gesinde ein, besonders aus Ost- und Westpreufsen, oder sie vermehren das verheiratete Gesinde in derselben Lage wie die sonstigen kontraktlich gebundenen Arbeiter. Die Bauern[3]) aber, welche fremde Elemente nur sehr ungern in die Hausgemeinschaft aufnehmen, suchen das heimische Gesinde durch Steigerung der Löhne, durch stärkeres Betonen des geldwirtschaftlichen Moments unter Abschaffung der Naturalgewährungen zu fesseln.

---

[1]) Bd. 1 S. 70.
[2]) Bd. 1 S. 182, 192.
[3]) Bd. 1 S. 60.

9. Provinz Sachsen.[1])

Im Verhältnis zur Bevölkerungszahl ist die Gesamtzahl des Gesindes nicht so grofs als in den bisher geschilderten Provinzen. Sie bleibt sogar unter dem Durchschnitt für ganz Preufsen. Das weibliche Gesinde macht etwa den dritten Teil des gesamten Gesindes aus, das Gesinde selbst bildet etwa ein Viertel der ländlichen Arbeitskräfte.

Man unterscheidet 1. das ledige männliche Gesinde[2]): Ochsenknechte, Pferdeknechte, Pferdejungen (Enken). Dieselben erhalten in der Regel festen Jahreslohn, Wohnung bez. Schlafstelle im Stall oder in den gemeinsamen Gesindestuben, Kost und Kartoffelland. Der Lohn wird häufig in steigenden vierteljährlichen Raten ausbezahlt. Während beim Bauern der Knecht regelmäfsig noch seine Kost am Tisch der Herrschaft bekommt, findet an anderen Stellen die Beköstigung des ledigen Gesindes schon nicht mehr auf dem Hofe selbst, sondern bei den Eltern oder fremden Leuten statt. 2. Das verheiratete männliche Gesinde: Hofmeister, Aufseher, Vogt, Schäfer, Schweizer, Futterknecht, nimmt eine verschiedene Stellung ein. Die Wirtschaftsbeamten sowohl, wie die verheirateten Knechte sind zum Teil Deputatisten und erhalten als solche entweder einen festen Jahreslohn, oder Tage- und Wochenlohn, daneben freie Wohnung, Garten- und Kartoffelland und Weide oder Futter für eine Kuh, sowie ein Getreidedeputat. Andere Vergünstigungen, wie freie Holzfuhren, finden sich auch. Öfter fallen die Naturalbezüge ganz fort und an deren Stelle tritt eine Erhöhung des Barlohnes. Der Dienstvertrag erstreckt sich oft nicht nur auf einen bestimmten Kreis von Dienstobliegenheiten, sondern primär oder subsidiär auf alle etwa nötig werdenden landwirtschaftlichen Arbeiten.[3]) Auch wird die Verpflichtung für die Frau, gegen Tagelohn auf Arbeit zu gehen, miteingeschlossen. 3. Das weibliche Gesinde: Wirtschafterin (Mamsell), Mägde, erhält festen Jahreslohn, volle Station und ein Stück Kartoffel- oder Leinland.

Für die Gesamtgestaltung der Gesindeverhältnisse[4]) ist die Einführung des Hackfruchtbaues, besonders der Rübenkultur, mafsgebend geworden und hat für den grofsen und mittleren Besitz auf der einen, die Bauernwirtschaften auf der anderen Seite verschiedene Wirkungen

---

[1]) Die im folgenden geschilderten Verhältnisse finden sich auch im südöstlichen Teil der Provinz Hannover.
[2]) Bd. 2 S. 505, 506, 544.
[3]) Bd. 2 S. 579, 589, 592.
[4]) Ebenda S. 483, 504.

gehabt. Die grofsen Güter hielten früher für die Arbeiten beim Vieh lediges Gesinde. Jetzt tritt an dessen Stelle teils das verheiratete Gesinde, teils der Tagelöhner oder auch der Wanderarbeiter (Sachsengänger). Der Grund ist ein mehrfacher: Mit der wachsenden Intensität der Wirtschaft nimmt das Interesse der Herrschaft an der Naturallöhnung und Beköstigung des Gesindes ab. Der erste Umstand führt zur Hervorkehrung der geldwirtschaftlichen Seite des Verhältnisses, der zweite zur Beschäftigung von verheiratetem Gesinde, das sich selbst beköstigt. Während früher die Verheiratung des Gesindes, schon der allgemeineren Erschwerung der Verehelichung wegen, durchgängig viel später erfolgte, heiraten die jungen Leute jetzt meist schon im Anfang der zwanziger Jahre. So vermindert sich an sich die Zahl des unverheirateten Gesindes. Dazu kommt, dafs die Gerätschaften immer komplizierter und kostspieliger, die Viehhaltung besser und wertvoller wird. Solche Objekte vertraut man lieber dem verheirateten Mann an, dessen Arbeit zuverlässiger ist als die des ledigen Knechtes. Die Stellung des verheirateten Gesindes, besonders der Wochenlöhner, nähert sich derjenigen der Tagelöhner sehr. Formell sucht man sie der Bestrafung des Kontraktbruches wegen nach Möglichkeit der Gesindeordnung zu unterstellen, indem man ihnen Mietgeld giebt und die Summe der Wochenlöhne als Jahreslohn kontraktlich festlegt. Thatsächlich ist oft der einzige Unterschied in der Art der Beschäftigung zu suchen, obwohl auch dieser nicht mehr klar hervortritt. Manchmal sucht man sich durch geringere Landanweisung, als bei den Tagelöhnern üblich, die ganze Arbeitskraft des Gesindes zu sichern. Die Verwischung der eigentlichen Grenzen der Gesindearbeit erfolgt teils dadurch, dafs man dem Gesinde Arbeiten überträgt, die eigentlich keine Gesindearbeiten sind, wie Mähen, teils dadurch, dafs man sonst vom Gesinde besorgte Verrichtungen, wie den Gespanndienst, auf Tagelöhner und Wanderarbeiter überträgt.

In den bäuerlichen Wirtschaften[1]) bildet das ledige Gesinde noch jetzt die einzigen oder doch hauptsächlichsten Arbeitskräfte. Wenn sich auch hier schon ein Mangel an geeignetem Material geltend macht, sodafs der Bauer gezwungen ist, fremdes Gesinde heranzuziehen, so ist es ihm, der noch viel mehr mitten in der ländlichen Arbeiterbevölkerung steht und daher mehr persönliche Beziehungen hat als der Gutsbesitzer, eher möglich, sich Gesinde zu verschaffen. Die Arbeit beim Bauern ist freilich oft länger und anstrengender als auf

---

[1]) Bd. 2 S. 511, 558.

den Gütern. Dafür ist aber der Lohn auch höher und die Kost am Tisch des Bauern meist reichlicher. Hier findet sich noch die früher nicht so seltene Erscheinung, dafs der Sohn des Bauern und des Tagelöhners mit kleinem Landbesitz, der nicht in die Stadt auswandert, weil er selbst später den Besitz übernehmen soll, bei einem anderen Bauern sich als Knecht verdingt.

Die Abneigung der einheimischen weiblichen Jugend gegen die im allgemeinen gut bezahlte Gesindearbeit ist an einigen Stellen[1]) sogar so grofs, dafs Arbeiten, wie Kuhmelken und Schweinefüttern als entehrend angesehen werden. Den daraus entspringenden Mangel an geeignetem einheimischem Material sucht man durch Einführung von Gesinde aus Pommern, Ost- und Westpreufsen und aus Posen zu decken.

Der Zug der ländlichen Jugend in die Stadt, für die männliche zum Handwerk, zur Industrie und zum Bergbau, für die weibliche zu den häuslichen Dienstleistungen und in die Fabriken erklärt sich aus dem höheren Barlohn, der kürzeren Arbeitszeit, der gröfseren Ungebundenheit, endlich aus dem allgemeinen Reiz des städtischen Lebens. Aber auch hier sind es nicht nur materielle Beweggründe, die mitwirken; denn nicht nur die Lebenshaltung, sondern auch die Löhne der ländlichen Arbeiter haben sich erheblich gebessert.

Die Entwickelung geht auch hier im allgemeinen auf eine Verwischung der Unterschiede, welche das Gesinde von den anderen Arbeiterarten schieden, zu Gunsten einer den Verhältnissen der kontraktlich gebundenen Tagelöhner entsprechenden Stellung auf den gröfseren Gütern. Hier also schwindet das Gesinde allmählich, während die bäuerlichen Wirtschaften auf das Halten des ledigen Gesindes angewiesen sind, und jene Entwickelung durch weitere Erhöhung der Löhne aufzuhalten suchen müssen.

Als besondere Folge der Knappheit des Gesindes soll sich in der Provinz Sachsen der Kontraktbruch in bedenklicher Weise ausgedehnt haben. Die Bekämpfung desselben hat sich besonders der „Verband zur Besserung der ländlichen Arbeiterverhältnisse" zur Aufgabe gemacht. Doch lassen sich allgemeinere Wirkungen seiner Thätigkeit noch nicht feststellen.

10. Provinz Westfalen.

Das landwirtschaftliche Gesinde, von dem etwa drei Fünftel auf das männliche, zwei Fünftel auf das weibliche Geschlecht entfallen,

---
[1]) Bd. 2 S. 522, 542.

macht den dritten Teil der landwirtschaftlichen Arbeitskräfte aus. Das häusliche Gesinde, das bei Landwirten in Dienst steht, kommt etwa der Hälfte des landwirtschaftlichen Gesindes an Zahl gleich, ist also ziemlich zahlreich vorhanden. Man unterscheidet: 1. das verheiratete männliche Gesinde: Verwalter, Hofmeister, Schafmeister, Schäfer, Kuhmeier, Schweizer. Es erhält in der Regel[1]) einen jährlichen Barlohn, Kost, Wohnung, Kleidung, Feuerung, seltener auch Kartoffel- oder Leinland. 2. Die ledigen männlichen Gesindepersonen: Grofsknecht (Baumeister), zweiter, dritter Knecht, Schulte (jüngster Knecht), Jungen. Dieselben bekommen[2]) meist Jahreslohn, seltener Wochen- oder Monatslohn, freie Station am Tisch der Herrschaft, Feuerung und Licht. Die Gewährung von Naturalien oder Kartoffel- und Leinland ist nicht allgemein üblich, wohl aber wird fast überall entweder die ganze Kleidung oder der „Zubehör" (Schuhe und Leinen) und freie Wäsche gegeben. 3. Das ledige weibliche Gesinde: Wirtschafterin, Magd, erhält dieselben Gebührnisse wie die ledigen Knechte. Doch findet sich hier öfter die Gewährung von Kartoffel- oder Leinland.

Wie die landwirtschaftlichen Verhältnisse überhaupt, so zeichnen sich auch die Gesindeverhältnisse in Westfalen durch ihre Gleichmäfsigkeit aus. Im allgemeinen herrscht im Besitz der mittlere Bauernstand vor, nur an wenigen Stellen findet sich Parzellen- oder gröfserer Grundbesitz. Letzterer wird aber nicht immer im Grofsbetrieb bewirtschaftet, sondern auch öfters in einzelnen Teilen verpachtet. Der Körnerbau herrscht neben Weidewirtschaft mit Rindviehzucht. Entsprechend diesen Besitz- und Wirtschaftsverhältnissen bildet das Gesinde neben freien zum Teil grundbesitzenden Tagelöhnern und nicht sehr zahlreichen Heuerlingen (Arrödern) den Hauptteil der ländlichen Arbeitskräfte. Demgemäfs ist der Bedarf namentlich an ledigem Gesinde ein grofser. Derselbe wird aber nur noch zum Teil durch einheimische Kräfte gedeckt. Zwar treten namentlich die Söhne der grundbesitzenden Tagelöhner, welche einst die Wirtschaft des Vaters übernehmen sollen, noch in Dienst bei den Bauern.[3]) Doch sowohl die städtische Industrie und der Bergbau, als auch die ländliche Hausindustrie (Zigarren- und Tabakfabrikation) üben eine grofse Anziehungskraft auf die jugendlichen Arbeitskräfte beiderlei Geschlechts

---

[1]) Bd. 1 S. 79, 165.
[2]) Bd. 1 S. 109, 135, 158, 171.
[3]) Bd. 1 S. 168.

aus. Diese Knappheit an Gesinde trifft namentlich die Gegenden schwer, wo das weibliche Gesinde den Hauptstamm der Arbeitskräfte bildet. In diese Gegenden findet infolge der Steigerung der Löhne ein Zuzug von Gesinde nicht nur aus anderen Teilen der Provinz, sondern auch aus Ost- und Westpreufsen, Hessen, Waldeck, Holland, der Eifel u. a. m. statt.[1]) Trotz dieses stellenweisen Mangels an Gesinde, der auch zu einem stärkeren Auftreten des Kontraktbruches geführt haben soll, bestehen doch in der ganzen Provinz durchweg gute Beziehungen zwischen Herrschaft und Gesinde. Zwar wechselt das Gesinde alle paar Jahr den Dienst, doch kommt es auch nicht selten vor, dafs das Gesinde lange Jahre bei derselben Herrschaft bleibt.[2])

Die westfälische Landwirtschaft bedarf ihrer ganzen Eigenart nach des Gesindes. Ein Ersatz desselben durch andere Arbeitskräfte ist nicht möglich. Man schränkt infolge der wachsenden Knappheit die Gesindehaltung nach Möglichkeit ein. Das mangelnde Angebot an einheimischem Gesinde aber sucht man durch die Heranziehung von Arbeitskräften aus anderen Gegenden zu ersetzen und die Anziehungskraft des Dienstverhältnisses durch Verbesserung der Lebenshaltung, sowie durch Erhöhung der Löhne zu steigern.

11. Provinz Hessen-Nassau.

Die Gesamtzahl des Gesindes, von der drei Fünftel auf das männliche, zwei Fünftel auf das weibliche Geschlecht entfallen, macht etwa den fünften Teil der landwirtschaftlichen Arbeiterschaft aus. Die starken Verschiedenheiten, welche die beiden Teile der Provinz aufweisen, rechtfertigen eine getrennte Behandlung derselben.

a) Regierungsbezirk Wiesbaden.

Hier kennt man 1. männliches Gesinde.[3]) Während in den meisten Wirtschaften nur ein lediger Knecht gehalten wird, der das Gespann bedient und bei allen anderen Arbeiten helfend eingreift, scheidet man auf gröfseren Gütern das teilweise verheiratete Gesinde in Oberknechte, Pferde- und Ochsenknechte, Viehwärter, Viehfütterer, Futterknechte, Schweizer, Schäfer, Schäferknechte und Jungen. Das ledige

---

[1]) Bd. 1 S. 123, 141, 147.
[2]) Ebenda S. 152.
[3]) Bd. 2 S. 50, 51, 53.

Gesinde erhält regelmäfsig Jahreslohn, selten Wochen- oder Monatslohn, Beköstigung und Wohnung einschliefslich Feuerung und Licht, seltener auch das „Zubehör", bestehend aus Schuhen, Leinenzeug und Wolle. Stellenweise werden während der Ernte Extravergütungen gewährt. Das verheiratete Gesinde bekommt einen höheren Barlohn und entweder ein bestimmtes Deputat an Kartoffeln, oder ein fertig bearbeitetes und bestelltes Stück Kartoffelland, dagegen keine Kost und oft auch keine Wohnung. 2. Das ledige weibliche Gesinde, Wirtschafterin, Magd, erhält Jahreslohn, Kost, Wohnung und seltener das „Zubehör".

Im allgemeinen herrscht in Nassau der bäuerliche und Kleinbesitz mit Körnerbau, seltener findet sich Weidewirtschaft oder Weinbau. Die Besitz- und Betriebsverhältnisse sind im ganzen Regierungsbezirk ziemlich gleichmäfsig. Dem entspricht auch eine gleichartige Gestaltung des Gesindewesens. Nur im Süden, in der Nähe der grofsen Städte, finden sich Abweichungen vom Durchschnitt, die durch die Einflüsse der grofsen Städte und ihrer Industrie hervorgerufen sind. Im allgemeinen herrscht Mangel an Gesinde, der auf einer sich immer steigernden Abneigung gegen die Übernahme der Gesindedienste seitens der ländlichen Jugend beruht. Die letztere wandert lieber in die Industriegegenden ab oder wendet sich der sog. „Landgängerei" zu, d. h. dem Hausieren in den verschiedensten Weltgegenden.[1]) Zum Ersatz bezieht man Gesinde aus Ost- und Westpreufsen, Posen und Bayern, wodurch der Bedarf annähernd gedeckt wird. Im ganzen Bezirk haben sich die Lebenshaltung und die Lohnsätze des Gesindes gegen früher erhöht. Dem entspricht aber auch — was sonst nicht immer berichtet wird, — die Leistungsfähigkeit, die — namentlich beim weiblichen Gesinde — sehr zufriedenstellend ist.[2]) Von einer Lockerung der Disziplin ist wenig zu spüren, vielmehr besteht noch häufig bei den Bauern ein patriarchalisches Verhältnis zwischen Herrschaft und Gesinde. Nur in dem südlichen, unter dem Einflufs der Städte stehenden Teil sind die Lohnsätze aufserordentlich hoch, und die Disziplin lockert sich, sodafs auch Kontraktbrüche häufiger als früher vorkommen.

Da die Bauernwirtschaften die Arbeitskraft des Gesindes nicht entbehren können, so sucht man die Wirkungen, welche die Abneigung der einheimischen Jugend auf das Angebot an Gesinde ausübt, durch

---

[1]) Bd. 2 S. 27.
[2]) Ebenda S. 63.

Bezug von fremdem Gesinde, durch Verbesserung der Lebenshaltung und Erhöhung der Löhne erfolgreich auszugleichen.

b) Regierungsbezirk Kassel.

An Gesinde findet sich 1. männliches Gesinde[1]), das auf gröfseren Gütern teils verheiratet ist als Vogt, Hofmeister, Aufseher, Schafmeister, Schweizer, Hirt, zum gröfseren Teil aber ledig ist als Grofsknecht, Pferde-, Schaf-, Ochsen-, Kuh-, Futterknecht, Kleinknecht, Junge. Auf den bäuerlichen Besitzungen findet sich meist nur ein lediger Knecht, der das Gespann bedient und bei allen Arbeiten aushilft, der Ackerknecht. Die verheirateten Knechte erhalten Jahreslohn, Kost, Wohnung und Feuerung, Garten- und Ackerland, das frei bestellt wird, sowie öfter einen Anteil an dem Ertrag des ihnen unterstellten Wirtschaftszweiges, z. B. der Schafherde oder des Jungviehs. Wenn keine Kost gewährt wird, so tritt eine Erhöhung des Barlohns und ein festes Deputat an Brotgetreide ein. Die ledigen Knechte auf gröfseren Gütern erhalten Barlohn, Wohnung und Kost, sowie auch Ackerland und ein Branntweindeputat. Bei den Bauern fällt die Landanweisung öfter fort, dafür ifst aber der Knecht regelmäfsig am Tisch des Bauern mit. 2. Das weibliche Gesinde[2]): Wirtschafterin, Haushälterin, Hofbäuerin, Magd, erhält neben Jahreslohn Kost und Wohnung, aufserdem auf gröfseren Gütern Kartoffel- oder Leinland, auf kleineren Schuhe, Kleider, Leinen, Wolle.

Die Gestaltung der Besitz- und Betriebsverhältnisse im ehemaligen Kurhessen ist sehr verschieden. In einzelnen Kreisen finden sich ganz ungleichartige Verhältnisse dicht neben einander, doch auch über den ganzen Bezirk erstrecken sich durchgängige Unterschiede. Daher gestalten sich auch die Arbeiterverhältnisse sehr mannigfaltig. Auf den in vielen Gegenden vereinzelt sich findenden gröfseren Gütern hat man teils nur für die Wartung des Gespann- und Nutzviehes lediges und verheiratetes Gesinde, während sonst hauptsächlich freie Tagelöhner mit eigenem oder erpachtetem Ackerland gehalten werden, teils dehnt man die Gesindehaltung weiter aus und schränkt die Zahl der Tagelöhner ein. Auf den mittleren und kleineren Gütern, die vorwiegend Körnerbau, seltener Weidewirtschaft treiben, bildet das Gesinde zum Teil die einzige Arbeitskraft, zum Teil beschäftigt man daneben oder auch ausschliefslich Tagelöhner.

---

[1]) Bd. 2 S. 281, 289, 304, 146.
[2]) Ebenda S. 305.

Aus manchen Gegenden[1]) widmen sich die erwachsenen Kinder ländlicher Arbeiter noch durchgängig der Landwirtschaft, speziell dem Gesindedienst. Doch beginnt auch hier der Zug nach den Industriestädten oder auch nach landwirtschaftlicher Arbeit in anderen Gegenden (Magdeburg, Westfalen), und dadurch wird das Gesinde knapper. Man führt deshalb auch hier Gesinde aus dem Osten ein.

Die Verhältnisse des Gesindes liegen hier ziemlich günstig. Die Nachfrage kann im wesentlichen durch das heimische Angebot gedeckt werden. Ob dieser Zustand aber dauernd sein wird, erscheint fraglich.

12. Die Rheinprovinz.

Die Gesamtzahl des landwirtschaftlichen Gesindes, welches sich zu etwa zwei Dritteln aus dem männlichen, zu einem Drittel aus dem weiblichen Geschlecht zusammensetzt, ist sowohl im Verhältnis zur Gesamtbevölkerung, als zu den übrigen landwirtschaftlichen Arbeitskräften aufserordentlich gering.[2]) Sie macht nur den sechsten Teil der letzteren aus, ein Verhältnis, das von allen anderen Provinzen des Königreichs übertroffen wird. Das häusliche, bei Landwirten bedienstete Gesinde kommt an Zahl etwa der Hälfte des landwirtschaftlichen Gesindes gleich, ist aber im allgemeinen Durchschnitt nicht sehr zahlreich.

Von den verschiedenen Arten des Gesindes findet sich 1. das männliche[3]): Oberknecht, Meisterknecht, Baumeister, Vorarbeiter, Schweizer, Schäfer, Viehwärter, Ackerknecht, Arbeitsknecht, Pferdeknecht, Kleinknecht, Enk, Hütejunge, Junge. Es erhält einen Barlohn (in der Regel Jahreslohn, seltener Wochen- oder Monatslohn), Kost, Wohnung und freie Wäsche, selten den sog. „Zubehör". Das bei den Pferden und dem Rindvieh beschäftigte erhält, wie auch häufig anderwärts, bei Verkäufen die manchmal erheblichen „Strickgelder" und ähnliche Nebeneinnahmen. Verheiratete Knechte bleiben zum Teil in Kost, erhalten aber neben Jahres- oder Tagelohn eine gröfsere Wohnung, Acker- und Gartenland, Futter und freie Weide, manchmal auch freie Fuhren. Zum Teil rechnet man die verheirateten Knechte einfach zu den kontraktlich gebundenen Tagelöhnern, deren Stellung sie sich ja auch sehr stark nähern, wo nicht Jahres-, sondern

---

[1]) Bd. 2 S. 289.

[2]) Ob diese Darstellung der Gesindeverhältnisse nach der Berufsstatistik den wirklichen Verhältnissen entspricht, wird weiter unten zu erörtern sein.

[3]) Bd. 2 S. 715, 724—26.

Tagelohn ausbedungen zu werden pflegt und die Frau zum Dienst mitverpflichtet wird. 2. Das weibliche Gesinde: Wirtschafterin, Meierin, Haushälterin, Magd (Vieh-, Jungmagd) erhält dieselben Emolumente wie das männliche, doch ist der Baarlohn durchgehends niedriger, dafür wird aber das sog. „Zubehör" reichlicher gewährt. Beim ledigen Gesinde beiderlei Geschlechts kommt es öfter vor, dafs die Eltern sich vom Dienstherren ihrer Kinder freie Gespannarbeit für ihren Parcellenbesitz ausbedingen.

Der Umstand, dafs im Rheinland ziemlich gleichmäfsig neben ganz vereinzelten grofsen Besitzungen mittlere und kleine Güter und Parzellenbesitz vertreten sind, hat zur Folge, dafs der eine Teil der Grundbesitzer, die mittleren und kleinen Bauern, als hauptsächlichste, häufig einzige Arbeiterkategorie Gesinde hält, während der andere Teil, die Parzellenbesitzer, mit der eigenen Arbeitskraft und der der Familienangehörigen auskommt, ja sogar seine Arbeitskraft anderen Besitzern zeitweise zur Verfügung stellen kann oder die Möglichkeit hat, sie in anderen Berufen nebenbei zu verwerten. Daraus ergiebt sich, dafs unter den Arbeiterkategorien, die ihren Hauptberuf in der landwirtschaftlichen Lohnarbeit suchen, der Gesindestand weitaus überwiegt.[1]) Dafs diese Aufstellung mit den statistischen Ergebnissen in Widerspruch zu stehen scheint, erklärt sich daraus, dafs einmal nach dem gesagten die Scheidung zwischen solchen selbständigen Landwirten, die nebenbei auch Tagelöhnerei in der Landwirtschaft eines anderen Besitzers oder in anderen Berufsarten treiben, und den landwirtschaftlichen Tagelöhnern mit selbständigem Landwirtschaftsbetrieb sehr schwer ist und häufig auf der subjektiven Schätzung beruhen mufs, ferner aber, dafs gerade für die Berufsstatistik im Juni 1882 sich das Verhältnis sehr zu Gunsten der landwirtschaftlichen Bevölkerung darstellen mufste, weil der Sommer leicht die landwirtschaftliche Beschäftigung als Hauptberuf erscheinen läfst, während sie es im Durchschnitt des Jahres nicht oder nicht in diesem Grade sein würde.

Dem starken Bedarf an Gesinde entspricht das einheimische Angebot durchaus nicht. Die stark entwickelte Industrie zieht die besten und intelligentesten Kräfte durch ihre höheren Löhne an. Teilweise wirkt die bei jedem Erbgang eintretende Naturalteilung des Grund und Bodens auf die ländliche Jugend insofern abschreckend, als es sich ihr nicht mehr lohnt, die Landwirtschaft als Hauptberuf zu er-

---

[1]) Bd. 2 S. 660.

greifen und sich durch den Gesindedienst auf die selbständige Wirtschaft vorzubereiten. Zwar giebt es auch noch Gegenden, wo die ländliche Jugend mangels Einflusses der Industrie sich dem Gesindedienst in der Heimat zahlreicher zuwendet. Hier ist das Verhältnis zwischen Herrschaft und Gesinde ein auf beiderseitig treuer Pflichterfüllung beruhendes patriarchalisches geblieben. Aber ein grofser Teil des Gesindes mufs von auswärts bezogen werden. Die Eifelkreise geben sowohl nach auswärts, als in andere Teile der Provinz viel Gesinde ab. Aus Ostpreufsen, Waldeck, Hessen, Ostfriesland wird viel Gesinde bezogen. Daneben kommen namentlich für die Milchviehhaltung gröfsere Mengen von Schweizern, Tirolern und Holländern zur Verwendung. Namentlich diese Ausländer stehen, wie auch anderswo, so hier im schlechtesten Ruf wegen ihrer mangelnden Ausdauer und Unwirtschaftlichkeit, sowie der Leichtigkeit, mit der sie die Kontrakte brechen, wenn ihnen der Dienst nicht behagt. Auch das andere fremde Gesinde soll selten länger an einem Ort in Stellung bleiben. Namentlich wenn in einem anderen Beruf oder in einer benachbarten Gegend sich bessere Lohnverhältnisse zeigen, wartet es in der Regel nur die kontraktlich bedungene Zeit oder nicht einmal diese ab, und verläfst häufig den landwirtschaftlichen Gesindedienst überhaupt. So verfehlt die Einführung fremden Gesindes häufig ihren Zweck und trägt nur zur weiteren Verschlechterung des Gesindewesens bei. Eine Besserung ist hier nur von einer Einschränkung der Gesindehaltung und der Gewinnung geeigneten einheimischen Materials zu erwarten.

13. Hohenzollern.

Die Gesamtzahl des Gesindes, von dem etwa zwei Drittel männlichen, ein Drittel weiblichen Geschlechts sind, bildet etwa den vierten Teil der landwirtschaftlichen Arbeitskräfte, von denen sonst das Hauptkontingent die Familienangehörigen der Besitzer stellen. Die Zahl des häuslichen, bei Landwirten bediensteten Gesindes ist nicht sehr grofs.

Man findet vom männlichen Gesinde verschiedene Arten: Aufseher, Oberknechte, Oberschäfer, Schäfer, Schweizer, Melker, Senner, Pferde- und Ochsenknechte, Ackerbuben, von weiblichem Gesinde nur Mägde.[1] Als Entgelt gewährt man Barlohn, der jährlich oder wöchentlich festgesetzt wird, freie Wohnung und Kost, sowie Schuhwerk und Leinen, beim weiblichen Gesinde auch Wolle zum Stricken.

---

[1] Bd. 2 S. 4, 5, 18, 21.

Da in Hohenzollern Mittel- und Kleinbesitz vorherrscht, und nur vereinzelt grofse Güter vorkommen, so findet sich als bezahlte Arbeitskraft neben wenigen freien Tagelöhnern sehr viel Gesinde. Da die Kinder der Besitzer und Tagelöhner sich noch vielfach der Landwirtschaft widmen, so ist ein Mangel an Gesinde noch nicht beobachtet. Nur die Mädchen gehen vielfach als häusliche Dienstboten in benachbarte Gegenden.

Da die Lebenshaltung im allgemeinen gut, auch die socialen Unterschiede zwischen Herrschaft und Gesinde gering sind, so sind die Zustände durchaus befriedigende.

II. Die übrigen norddeutschen Bundesstaaten.

1. Die Grofsherzogtümer Mecklenburg.

Die Gesamtzahl des landwirtschaftlichen Gesindes, von dem drei Viertel dem männlichen, nur ein Viertel dem weiblichen Geschlecht angehören, macht etwa den dritten Teil aller landwirtschaftlichen Arbeitskräfte aus. Für M.-Strelitz findet sich hier insofern eine Abweichung von den im übrigen völlig gleichgestalteten Verhältnissen, als das Gesinde die Hälfte der ländlichen Arbeiterschaft ausmacht. Die Verhältniszahl zur Bevölkerung ist die höchste für Norddeutschland gefundene und übertrifft den Reichsdurchschnitt fast um das doppelte.

Die Verhältnisse des landwirtschaftlichen Gesindes sind denen in Pommern sehr ähnlich.[1]) Auch hier scheidet man an verschiedenen Arten 1. das verheiratete oder Deputatgesinde, zu dem in erster Linie die Wirtschaftsbeamten: Wirtschafter, Vogt, Feldvogt, Vorknecht sowie der Schäfer und der Kuhhirt gehören. Dasselbe erhält Jahreslohn, Wohnung, Viehweide, Ackerland und festes Naturaliendeputat, aufserdem für den Dienstboten, der statt der Frau zum Hofdienst gehen mufs, — Scharwerker — Tagelohn. 2. Das ledige männliche Gesinde: Pferde-, Ochsen-, Kuh-, Schweine-, Schaf-, Halbknecht, Junge, erhält neben der allgemein sehr guten und reichlichen Kost und dem Jahreslohn nur selten Naturalien oder Flachsland, dagegen öfter Kleidungsstücke („Reiserock"). 3. Das weibliche Gesinde: Wirtschafterin, Meierin, Leuteköchin, Milchmädchen, erhält dieselben Gebührnisse, wie das ledige männliche Gesinde, doch kommen regelmäfsig Gewährungen von Flachs, Leinen oder Wolle vor.

---

[1]) Bd. 3 S. 715, 723; vgl. oben S. 68.

Die Gesindehaltung¹) ist je nach der Gröfse und Art des Betriebes verschieden. In den kleinen und Bauernwirtschaften bildet das ledige Gesinde häufig das einzige ständig beschäftigte Arbeitspersonal. Die grofsen Güter beschäftigen neben etwa zwei Drittel Hoftagelöhnern (Instleuten) ein Drittel Gesinde, das zumeist ledig ist; doch findet sich neuerdings eine stärkere Vermehrung des verheirateten Gesindes.

Im allgemeinen kann das heimische Angebot die Nachfrage nach Gesinde noch befriedigen. Die Lebenshaltung des Gesindes ist durchgängig eine hohe, das Verhältnis zwischen Herrschaft und Gesinde ein gutes. Doch macht sich auch hier, zwar noch nicht so stark als in den angrenzenden preufsischen Gegenden, eine beginnende Abneigung der ländlichen Jugend gegen den Eintritt in Gesindedienste geltend. Man sucht derselben durch Vermehrung des Deputatgesindes entgegenzutreten, während der namentlich seit Einführung des Rübenbaues gesteigerte Arbeiterbedarf durch Zuziehung von Wanderarbeitern gedeckt wird.

2. Die Hansestädte.

Das landwirtschaftliche Gesinde bildet in den Hansestädten die Hälfte des überhaupt vorhandenen Arbeitspersonals. Die Zahlen für das Verhältnis zur Gesamtbevölkerung nehmen natürlich mit zunehmendem grofsstädtischen Charakter des Staatsgebiets ab, und sind infolge des Vorwiegens des Stadtgebiets gegenüber den ländlichen Distrikten sehr gering.

Über die thatsächlichen Zustände finden sich nur für das Bremer Staatsgebiet folgende Angaben²): In dem Teil des Bremer Gebietes, das vorzüglich der Weidewirtschaft dient, bildet das Gesinde die einzige Unterstützung der selbst arbeitenden Besitzer; in dem Teil aber, wo auch der Körnerbau eine gröfsere Bedeutung hat, finden sich neben zahlreichem Gesinde auch noch andere Arbeitskräfte, zum Teil freie Arbeiter, meist aber Heuerlinge. Das Gesinde erhält neben Jahreslohn und Wohnung Kost am Tische des Bauern oder Kleinwirts, selten dazu Naturalien (Leinen und Schuhe). An einzelnen Stellen wendet sich die ländliche Jugend noch allgemein dem Gesindedienst zu, meist aber herrscht unter dem Einflufs der Nähe der Grofsstadt ein empfindlicher Mangel an Gesinde, besonders an weiblichem.

---

¹) Bd. 3 S. 699, 700.
²) Bd. 1 S. 189.

— 92 —

Daher steigen die Löhne, ohne doch die Leistungen zu bessern, und die Kontraktbrüche nehmen zu.

3. Grofsherzogtum Oldenburg.

Im Grofsherzogtum Oldenburg bildet das landwirtschaftliche Gesinde, von dem zwei Drittel dem männlichen, ein Drittel dem weiblichen Geschlecht angehören, den dritten Teil der ländlichen Arbeiterschaft. Im Verhältnis zur Gesamtbevölkerung ist es ziemlich zahlreich, doch würde bei Ausscheidung des völlig andere Verhältnisse aufweisenden Fürstentums Birkenfeld der Prozentsatz sich noch günstiger stellen.[1]) Im folgenden werden lediglich die Verhältnisse im Herzogtum Oldenburg, dem Hauptlande, zur Darstellung gelangen.

Hier herrscht im Norden Weidewirtschaft, im Süden Körnerbau bei starker Viehhaltung vor.[2]) Den Hauptteil der Betriebe bilden die kleineren und bäuerlichen Besitzungen. Im Norden wird neben wenigen Tagelöhnern als Arbeitspersonal hauptsächlich Gesinde gehalten. Im Süden tritt es infolge des häufigeren Vorhandenseins von Heuerleuten mehr zurück.[3])

Wirtschaftsbeamte (Vögte) und Wirtschafterinnen (Mamsells) finden sich nur selten. Meist findet sich in einer Wirtschaft nur ein Grofs- und ein Mittel- oder Kleinknecht, letztere beide in der Regel im Alter von unter 18 Jahren. Oft überwiegt an Zahl das weibliche Gesinde: Grofs- und Kleinmägde. Als Entgelt wird dem Gesinde Barlohn, Wohnung und Kost am Tisch des Bauern, dazu häufig Grasung für Lämmer, seltener Land zur Leinsaat, öfters Schuhwerk gegeben. Die letztgenannten Gewährungen finden sich am meisten noch beim weiblichen Gesinde.

Das Angebot an einheimischem Gesinde ist sehr verschieden. Dem entsprechen beträchtliche Schwankungen in der Lohnhöhe. Die Lebenshaltung des Gesindes ist durchweg zufriedenstellend, das Ver-

---

[1]) Vgl. darüber oben S. 26. Auffallend ist die Differenz der Zahlen, welche sich für 1882 und die Oldenburger Zählungen von 1880 und 1885 ergeben. Es sind gezählt   1880   17 201 darunter männl. 8 099 weibl. 9 102
                        1885   16 811   „   „   8 064   „   8 747
                        1882   16 893   „   .,   10 548   „   6 345
Das kann seinen Grund nur in einer verschiedenen Abgrenzung des Gesindebegriffs haben, speziell in einer verschiedenen Zuzählung des weiblichen Gesindes zum häuslichen oder landwirtschaftlichen, wobei eine Verschiedenheit der für die beteiligten statistischen Ämter mafsgebenden Anschauungen zu Tage tritt.

[2]) Bd. 1 S. 1.
[3]) Ebenda S. 5, 19, 25, 42.

hältnis zur Herrschaft ein gutes, da ein Standesunterschied zwischen Herrschaft und Gesinde nicht vorhanden ist¹) und letzteres meist als zur Familie gehörig betrachtet wird. Dies ist besonders in den Gegenden der Fall, wo sowohl kleinere Hofbesitzer ihre Kinder noch in den Gesindedienst schicken, als auch der Gesindestand mit demjenigen der Heuerleute noch dadurch aufs engste verknüpft ist, dafs das Gesinde sich aus den Familien der Heuerlinge, die Heuerlinge aus dem älteren Gesinde rekrutieren. In anderen Gegenden ist freilich der Abflufs der ländlichen Jugend in städtische Berufe stärker, doch findet sich ein wirklicher Mangel an Gesinde nirgends. Daher findet auch nur in vereinzelten Fällen eine Einführung von Gesinde aus dem Nordosten Preufsens statt.

Solange diese günstigen Verhältnisse andauern — und von den Anfängen einer Verschlechterung kann noch nicht die Rede sein —, wird die Fortführung der besonders auf der Gesindehaltung beruhenden Betriebsweise gesichert bleiben.

4. Herzogtum Braunschweig.

Die Gesamtzahl des landwirtschaftlichen Gesindes bildet etwa den dritten Teil der ländlichen Arbeiterschaft. Dem Geschlecht nach nähert sich die Zahl des weiblichen Gesindes der des männlichen. Doch legt die auffallend niedrige Zahl von häuslichem, bei Landwirten bedienstetem Gesinde die Vermutung nahe, dafs im Vergleich zu anderen Gegenden hier Personen zum landwirtschaftlichen Gesinde gezählt sind, welche sonst zu jenem gerechnet wurden. Dies wird namentlich bei weiblichen Dienstboten der Fall sein.

Entsprechend der territorialen Zersplitterung des Herzogtums sind die Gesindeverhältnisse nicht einheitlich gestaltet. Während in dem auf dem Harz belegenen Teil²) die Haltung von männlichem Gesinde garnicht, von weiblichem nur selten vorkommt, sind die Verhältnisse im westlichen Teile den westfälischen ähnlich. Nur im östlichen Teil findet sich eine von der ihn umgebenden Gestaltung der Verhältnisse abweichende Gesindehaltung.³) Hier werden die Wirtschaftsverhältnisse vom Rübenbau wesentlich beeinflufst, ohne dafs doch eine so intensive Rübenkultur, wie in der Provinz Sachsen, möglich wäre. Hier überwiegt in den bäuerlichen Wirtschaften das

---

¹) Bd. 1 S. 31.
²) Ebenda S. 481.
³) Ebenda S. 527.

Gesinde die freien Tagelöhner bei weitem, in den wenigen Grofsbetrieben bildet es neben den kontraktlich gebundenen Tagelöhnern und den Wanderarbeitern einen beträchtlichen Teil der Arbeitskräfte. Neben Jahreslohn und freier Station wird dem männlichen Gesinde Kartoffelland, dem weiblichen statt dessen Flachsland gegeben. Im allgemeinen wird der Bedarf noch mit einheimischen Personen gedeckt. Doch wird auch der beginnenden Knappheit durch eine Vermehrung der anderen Arbeiterkategorien abzuhelfen gesucht.

5. Herzogtum Anhalt.

Das landwirtschaftliche Gesinde, an dem die beiden Geschlechter im Verhältnis von 3:2 beteiligt sind, bildet den vierten Teil der ländlichen Arbeitskräfte; das Verhältnis zur Gesamtbevölkerung gestaltet sich so wie in der Provinz Sachsen, deren Verhältnisse überhaupt sehr wesentlich diejenigen im Herzogtum beeinflufsen.[1]) Auch hier finden sich auf der einen Seite Grofsbetriebe mit überwiegendem Hackfruchtbau, auf der anderen Seite bäuerliche Wirtschaften mit Körnerbau und Viehzucht. In ersteren bilden die kontraktlich gebundenen Arbeiter, mit denen die Wirtschaftsbeamten und die verheirateten Knechte gleichgestellt sind,[2]) und die Wanderarbeiter, in letzteren das ledige Gesinde die Hauptarbeitskraft.

Während das letztere Jahreslohn, Wohnung und volle Beköstigung am Tische des Bauern, seltener noch Kartoffelland erhält, drängt sich beim verheirateten Gesinde auf den grofsen Gütern das geldwirtschaftliche Moment immer mehr in den Vordergrund. Neben freier Wohnung erhalten die Wirtschaftsbeamten Jahreslohn, die verheirateten (Pferde-)Knechte öfters Wochenlohn.

Das einheimische Angebot, das sich zum Teil auf dem zu Weihnachten in Zerbst stattfindenden Knechtemarkt konzentriert, deckt den Bedarf noch für einige Gegenden, welche von den gröfseren Städten weiter abliegen und den Einflufs der Industrie noch nicht empfinden müssen. Der Ausfall, der durch den zunehmenden Abstrom der ländlichen Jugend zu Industrie und Handwerk entsteht, wird durch die Einführung fremden Gesindes ausgeglichen.

6. Fürstentum Lippe-Detmold.

Das landwirtschaftliche Gesinde bildet einen sehr starken Teil der ländlichen Arbeiterschaft, die Hälfte, und ist auch im Verhältnis

---

[1]) Vgl. oben S. 80.
[2]) Bd. 1 S. 547, 551.

zur Gesamtbevölkerung ziemlich zahlreich. Nur wenige Gegenden haben höher bezügliche Prozentsätze als Lippe. Das männliche Gesinde überwiegt das weibliche stark.

Die ländlichen Arbeiterverhältnisse des Fürstentums werden dadurch aufserordentlich beeinflufst,[1]) dafs der fünfte Teil der männlichen Bevölkerung in den Sommermonaten als Ziegelarbeiter die Heimat zu verlassen pflegt. Da der bäuerliche Besitz, der im Lande vorherrscht, seiner ganzen Betriebsart nach auf die Haltung von ledigem Gesinde angewiesen ist, so empfindet man hier den Mangel an geeigneten jungen Arbeitskräften ganz aufserordentlich. Man mufs sich mit solchen Leuten behelfen, die entweder zur Ziegelarbeit nicht kräftig genug sind oder bei dieser Arbeit bereits ihre Kraft eingebüfst haben. Daher stehen die Knechte oft nicht mehr im jugendlichen Alter. Auf den wenigen grofsen Gütern hält man meist verheiratetes Gesinde. Es ist den Heuerlingen oder Gutstagelöhnern gleichgestellt und erhält wie diese neben Jahreslohn freie Wohnung, Garten- und Ackerland, freie Fuhren und das „Härksel" d. h. das nach der Aberntung der Felder zusammengeharkte Getreide. Das ledige männliche Gesinde bezieht neben dem hohen Jahreslohn Wohnung und Kost und mancherlei Naturalien, unter denen das „Härksel" selten fehlt. An weiblichem Gesinde besteht nicht nur kein Mangel, sondern sogar ein Überangebot. Die Löhne sind daher gering, auch an Naturalien wird weniger gewährt, als beim männlichen Gesinde, meist nur Leinzeug und ein Kleid.

Beim männlichen Gesinde ist der Kontraktbruch sehr verbreitet, das gegenseitige Vertrauen zwischen Herrschaft und Gesinde fehlt daher, und in das Gesindeverhältnis werden Momente hineingetragen, die zu einer Auflösung der Eigenart des Gesindes führen.

7. Fürstentum Schaumburg-Lippe.

Von der gesamten ländlichen Arbeiterschaft machen die Familienangehörigen und das Gesinde, von dem zwei Drittel dem männlichen, ein Drittel dem weiblichen Geschlechte angehören, je ein Drittel aus.

Im allgemeinen liegen die Verhältnisse hier [2]) ähnlich wie in Lippe-Detmold. Nur tritt die Ziegelgängerei hier nicht so stark auf, und daher ist auch der Mangel an männlichem Gesinde nicht so empfindlich. Der Bedarf an weiblichem Gesinde wird reichlich durch

---

[1]) Bd. 1 S. 91, 97.
[2]) Bd. 1 S. 176, 179.

das Angebot gedeckt. Die Löhne desselben sind daher im Vergleich zu den sehr hohen Sätzen für das männliche Gesinde bescheidene. Aufser dem Jahreslohn werden neben freier Station in der Regel nur Kleidungsstücke und Leinen gegeben.

8. Fürstentum Waldeck.

Das landwirtschaftliche Gesinde macht über den dritten Teil der ländlichen Arbeiterschaft aus. Bezüglich der Beteiligung der Geschlechter hat das auch sonst allgemeine Verhältnis von 3:2 statt.

Abweichend von den Verhältnissen in den angrenzenden westfälischen und hessischen Gebieten, und zwar wesentlich günstiger, hat sich die Lage in Waldeck gestaltet.[1]) Bei vorherrschendem Körnerbau bedienen sich sowohl die gröfseren Güter, als die zahlreichen Bauern in ausgedehnter Weise neben den freien Tagelöhnern des Gesindes. Da die Kinder der ländlichen Arbeiterfamilien sich noch vielfach dem Gesindedienst widmen, so kann nicht nur der einheimische Bedarf voll gedeckt werden, sondern auch noch eine Abwanderung von Gesinde nach auswärts stattfinden. Das Gesinde erhält Jahreslohn, freie Beköstigung, das sog. „Zubehör" (Leinen, Schuhe und Wolle), sowie Flachs- und Kartoffelland, das unentgeltlich bestellt wird. Die Löhne sind nicht sehr hoch, die Lebenshaltung ist aber eine gute. Die Stetigkeit der Gesindeverhältnisse hat durchgängig gute, ja familiäre Beziehungen zwischen Herrschaft und Gesinde im Gefolge.

III. Mitteldeutschland.

1. Königreich Sachsen.

Die Gesamtzahl des landwirtschaftlichen Gesindes macht etwa die Hälfte der ländlichen Arbeiterschaft aus, während das bei Landwirten bedienstete häusliche Gesinde nur sehr schwach vertreten ist. In dem Verhältnis der Geschlechter ist insofern eine von den norddeutschen Verhältnissen verschiedene Gestaltung zu beobachten, als das weibliche mit drei Fünfteln der Gesamtzahl das männliche beträchtlich überwiegt.

Beim Gesinde[2]) unterscheidet man 1. die in der Regel ver-

---

[1]) Bd. 1 S. 152—154.
[2]) Bd. 2 S. 328, 338, 343, 353, 357.

heirateten Wirtschaftsbeamten: Vogt, Schirrmeister, Oberschweizer, Oberschäfer, Grofsknecht. Dieselben erhalten neben barem Jahreslohn Wohnung und Beköstigung nebst Kartoffelland, oder Wohnung und ein festes Kartoffel- und Getreidedeputat; aufserdem Kohlen. 2. Das ledige männliche Gesinde: Pferde-, Ochsen-, Schäferknechte, Mittel-, Kleinknechte, Arbeitsknechte, Jungen. Sie erhalten neben dem Jahreslohn Wohnung und Kost, auf gröfseren Gütern aufserdem Kartoffelland, bei Bauern auch Leinewand. 3. Das weibliche Gesinde: Wirtschafterin (Stall-, Vieh-) Magd. Aufser den beim männlichen Gesinde üblichen Gewährungen erhält es öfter etwas Flachsland. 4. Die im Gesindeverhältnis stehenden sog. „Tagelöhner im Wochenlohn"[1]. Dieselben bekommen neben Barlohn und Beköstigung eine gröfsere Wohnung vom Dienstherren, wofür sie jedoch Miete zahlen müssen.

Bei dem Vorherrschen des Mittel- und Kleinbesitzes, auf dem in der Regel Körnerbau, selten Rübenbau, öfter Weide- und Viehwirtschaft getrieben wird, stellt das Gesinde in den meisten Gegenden des Königsreichs überwiegend, in einigen Gegenden ausschliefslich die dauernd beschäftigten fremden Arbeitskräfte. Zur Erntezeit werden neben freien Tagelöhnern in grofser Zahl Wanderarbeiter beschäftigt.

In einigen Gegenden[2] widmen sich die Kinder der kleinen Besitzer und Tagelöhner noch dem Gesindedienst. Aber die weitverbreitete Industrie zieht die meisten und besten Kräfte vom Lande in die Stadt, sodafs man durch das einheimische Angebot die grofse Nachfrage nicht decken kann. Die Löhne steigen daher und die Lebenshaltung verbessert sich ständig. Vielfach ist man auf die Einführung fremden Gesindes angewiesen. Dasselbe kommt aus der Provinz Sachsen (Falkenberg und Liebenwerda), Pommern, Posen, Schlesien, Bayern und Böhmen. Doch mehren sich grade unter diesen Gesindepersonen die Kontraktbrüche, und ein gutes Verhältnis zwischen Herrschaft und Gesinde findet sich seltener als bei den einheimischen.

2. Thüringen.

Die Verhältnisse des landwirtschaftlichen Gesindes in den Thüringer Staaten sind so wenig von einander verschieden, dafs eine gemeinsame Behandlung derselben möglich ist. Sowohl im Verhältnis zur Bevölkerung, wie zur Gesamtzahl der ländlichen Arbeitskräfte

---

[1] Bd. 2 S. 354.
[2] Ebenda S. 323, 354.

ist das Gesinde nicht sehr stark vertreten. Eine Ausnahmestellung nimmt nur das Herzogtum Altenburg ein, dessen landwirtschaftliche Gesindehaltung zu den stärksten im Deutschen Reich gehört und fast die Hälfte der ländlichen Arbeitskraft überhaupt ausmacht. Ausnehmend gering ist in beiden Hinsichten die Gesindehaltung im Fürstentum Schwarzburg-Sondershausen. Durchschnittlich sind beide Geschlechter gleich stark vertreten.

Auf gröfseren Gütern allein findet sich das verheiratete männliche Gesinde[1]), die Wirtschaftsbeamten: Hofmeister, Schafmeister, Oberschäfer, Schäfer, Schweizer, Futtermeister. Es erhält neben festem Jahreslohn freie Wohnung, Feuerung und Beköstigung, oder neben einem höheren Barlohn Wohnung und Kartoffelland. Beim mittleren und bäuerlichen Besitz wiegt das ledige männliche Gesinde vor, doch findet es sich auch auf gröfseren Gütern als Pferde-, Ochsen-, Schweine-, Schaf-, Futterknechte. Diese erhalten neben Jahreslohn freie Wohnung und volle Kost. Das weibliche Gesinde — Wirtschafterin, Magd, — ist ganz gleich gestellt.

Da, wo aufser dem Gesinde noch Arbeitskräfte benötigt werden, haben mit der Ausdehnung des Rübenbaues auch die Wanderarbeiter ihren Einzug gehalten. Die Gesindelöhne sind hoch. Der durch die Konkurrenz der Industrie, auch der Hausindustrie, hervorgerufene Mangel an geeigneten jugendlichen Arbeitskräften führt sogar dazu, dafs an einigen Stellen den Knechten Sonntagsarbeit und Überstunden extra bezahlt werden müssen.[2]) Die Kost ist gut, und häufig besser als die Ernährungsweise der anderen Arbeiterkategorien. Von auswärts, namentlich aus dem nördlichen Bayern, wird viel Gesinde eingeführt. Doch wird dadurch der sich immer mehr steigernden Knappheit noch nicht abgeholfen und leicht in das bisher vorhanden gewesene gute Verhältnis zwischen Herrschaft und Gesinde ein fremder Ton hereingebracht. Nur in den Gegenden mit rein bäuerlicher altgesessener Bevölkerung findet sich noch das alte mehr familiäre Verhältnis.

3. Grofsherzogtum Hessen.

Das ländliche Gesinde, von dem zwei Drittel dem männlichen, ein Drittel dem weiblichen Geschlecht angehört, macht etwa den fünften Teil der landwirtschaftlichen Hilfspersonen aus und bildet auch einen verhältnismäfsig nur kleinen Bruchteil der Gesamtbevölkerung.

---

[1]) Bd. 2 S. 79, 80.
[2]) Bd. 2 S. 96.

Das Gesinde bildet im allgemeinen in den bäuerlichen Wirtschaften neben wenigen freien Arbeitern und Wanderarbeitern den gröfsten Teil der Arbeitskräfte, während der stark verbreitete Parzellenbesitz anderer Kräfte als der seiner Besitzer und deren Familien[1] nicht bedarf. Beim Bauern bedient der Knecht das Gespann und hilft bei allen anderen Arbeiten in Feld und Haus; die Magd wartet das Vieh, ist im Feld mit thätig und verrichtet nebenbei die Hausarbeit.[2] Auf den wenigen gröfseren Gütern ist die Gesindearbeitsteilung weiter durchgeführt: Oberknecht und Wirtschafterin (Haushälterin) führen die Aufsicht, neben Viehmägden finden sich Ochsen- und Pferdeknechte für die Gespannhaltung, Viehwärter, Schweizer, Melker für den Milchviehstall.

Die Gebührnisse des Gesindes sind fast überall die gleichen: ein jährlicher Barlohn, freie Kost, Wohnung und Feuerung. Selten tritt in bäuerlichen Wirtschaften noch die Gewährung von Schuhwerk und Hemden, auf gröfseren Gütern an verheiratetes Gesinde die Zuweisung von Kartoffelland hinzu. Allgemein verbreitet ist die Abgabe des Haustrankes in den weinbauenden, die zum Teil beträchtliche Branntweinabgabe in den anderen Gegenden. Neben jährlichen Kontrakten finden sich auch wöchentliche Verträge.

In einigen Gegenden widmen sich die Kinder der landwirtschaftlichen Arbeiter und der Parzellenbesitzer noch dem Gesindedienst. Im allgemeinen aber herrscht gerade in den Kreisen der kleinsten Besitzer eine grofse Abneigung, wie gegen den Arbeitsdienst bei anderen Wirten überhaupt, so besonders gegen den Gesindedienst. Um den Bedarf an Gesinde zu decken, zieht man daher fremde Leute in grofser Zahl ins Land, besonders Ost- und Westpreufsen, Posener, Schlesier, Schweizer, Schweden u. a. m. Doch stehen namentlich die letztgenannten Ausländer auf einer tiefen Stufe der Technik und Moral, und wirken daher verschlechternd auf die gesamten Gesindeverhältnisse. Nur da, wo das Gesinde noch Aufnahme in die Familie des Bauern findet, hat sich noch ein besseres Verhältnis erhalten. Sonst drängt die Entwickelung auf die Umgestaltung in ein ganz loses Vertragsverhältnis unter besonderer Betonung des geldwirtschaftlichen Moments.[3]

---

[1] Nach der Berufsstatistik tritt diese Erscheinung auch sehr stark hervor: Fast die Hälfte aller landwirtschaftlichen Hilfskräfte sind Familienangehörige, die in der Landwirtschaft des Familienhauptes thätig sind.
[2] Bd. 2 S. 221, 223.
[3] Bd. 2 S. 256.

IV. Süddeutschland.

1. Königreich Bayern.

Trotz mancher lokalen Verschiedenheiten, welche die Verhältnisse des Gesindes in Bayern aufweisen, lassen sich aus den statistischen Angaben schon Merkmale erkennen, welche die bayerischen Verhältnisse im allgemeinen vor denen anderer Gegenden deutlich auszeichnen. Die häuslichen bei Landwirten bediensteten Gesindepersonen sind an Zahl nur sehr schwach vertreten. Während sie nach dem Reichsdurchschnitt dem vierten Teil, nach dem preufsischen Ergebnis dem dritten Teil des landwirtschaftlichen Gesindes gleichkommen, ist dies für Bayern nur beim vierundvierzigsten Teil der Fall. Diese Abweichung erklärt sich daraus, dafs in Bayern neben dem Parzellenbesitz der mittlere und bäuerliche Grundbesitz vorherrscht. Der kleine Besitzer ist nicht in der Lage, sich für seine häuslichen Bedürfnisse einen Dienstboten zu halten, vielmehr müssen Familienangehörige oder die hauptsächlich in der Landwirtschaft beschäftigten Gesindepersonen die Leistung dieser Dienste mit übernehmen. Diese Eigenart der Betriebsverhältnisse äufsert sich auch in folgendem: Von allen landwirtschaftlichen Arbeitskräften bildet das Gesinde den dritten Teil. Zieht man aber in Betracht, dafs die Hälfte aller Arbeitskräfte Familienangehörige des wirtschaftenden Besitzers sind, so ergiebt sich, dafs das Gesinde der wichtigste und verbreitetste Teil der die Landwirtschaft als Erwerbsquelle und Hauptnahrungszweig gegen Lohn ausübenden Arbeitskräfte ist. Nur die bayerische Pfalz weist gemäfs ihrer besonderen Lage andere Gestaltungen auf: das Gesinde bildet hier nur etwa den siebenten Teil aller ländlichen Arbeitskräfte, nach Ausscheidung der mitarbeitenden Familienglieder nur etwa drei Siebentel des Restes.

Das landwirtschaftliche Gesinde macht fast 7 % der Bevölkerung aus, ein Prozentsatz, der sonst nirgends im Deutschen Reich zu finden ist und die aufserordentliche Bedeutung des Gesindes für die Volkswirtschaft und das Volksleben ins rechte Licht setzt.

Auch die Beteiligung der Geschlechter am Gesindedienst gestaltet sich anders als sonst. Das weibliche Geschlecht überwiegt das männliche um ein beträchtliches. In der Pfalz beträgt das männliche sogar nur etwas mehr als ein Drittel der Gesamtzahl. Im südlichen Bayern überwiegt dagegen stellenweise das männliche Geschlecht.

Auf den nicht sehr zahlreichen grofsen Gütern werden als aufsichtsführendes männliches Gesinde[1]) gehalten: Baumeister, Vogt, Schaffner, Oberschweizer, Käser, Oberschäfer, Oberknecht, daneben an ledigem männlichen Gesinde: Unterschweizer, Pferde- und Ochsenknechte. Zwischen beiden Gruppen stehen die verheirateten Knechte. Auf mittleren und kleinen Besitzungen werden aber meist nur ledige Knechte gehalten. Der Lohn für männliches Gesinde unterliegt starken Schwankungen in den verschiedenen Landesteilen.[2]) Er wird meist noch jährlich festgesetzt und ausbezahlt. Doch finden sich auch Gegenden, wo Mietung und Lohnzahlung wochenweise erfolgt. Daneben wird Wohnung, Heizung, Beleuchtung und Kost gewährt. Gewährungen von Kartoffeln und Getreide, sowie von Kartoffelland sind selten, regelmäfsig findet sich aber die Lieferung von Bier oder Branntwein. Daneben finden sich namentlich in bäuerlichen Wirtschaften noch Gewährungen von Kleidungsstücken (Schürzen, Hemden, Schuhwerk) oder Leinenzeug und Wolle. An weiblichem Gesinde[3]) hält man auf den gröfseren Gütern Wirtschafterinnen, Haushälterinnen, Ökonomieköchinnen, Grofsmägde (über 17 Jahr alt) und Kleinmägde, Stallmägde, in kleineren Wirtschaften aber nur Mägde für Haus- und Stallarbeit. Dieselben erhalten dieselben Gebührnisse wie das männliche Gesinde.

Nur in wenigen Gegenden Bayerns wird die Nachfrage nach Gesinde durch das Angebot an heimischen Kräften gedeckt. Eine Ausnahme bildet das B.-A. Bayreuth, wo infolge Überangebots ein starker Abstrom nach aufserhalb stattfindet. Im allgemeinen aber besteht Knappheit des Gesindes. Zwar widmen sich noch in höherem Grade als sonst in Deutschland die Kinder ländlicher Besitzer und Arbeiter dem Gesindedienst, aber auch von diesen verläfst noch ein Teil — namentlich gelegentlich der Ableistung der Militärzeit — das Land, um in städtischen Berufen seinen Unterhalt zu erwerben.[4]) Überhaupt üben die Städte und die Industrie in steigendem Mafse ihre Anziehungskraft auf die ländliche Jugend beider Geschlechter aus.

Die starke Nachfrage und das zu geringe Angebot übt daher auf die Gestaltung nicht nur der Gesindeverhältnisse, sondern auch der allgemeinen landwirtschaftlichen Verhältnisse einen nachteiligen Einflufs aus.[5]) Der Betrieb, der auf die Gesindehaltung angewiesen

---

[1]) Bd. 2 S. 175.
[2]) Ebenda S. 177. An einer Stelle werden Überstunden besonders bezahlt.
[3]) Bd. 2 S. 184.
[4]) Ebenda S. 152.
[5]) Bd. 2 S. 190.

ist, wird empfindlich gestört. Ja in einigen Gegenden, wo andere Arbeitskräfte nicht zur Verfügung stehen, die wenigen vorhandenen aber im Bewufstsein ihres Wertes sich teuer bezahlen lassen, wird eine Einschränkung der Intensität des Betriebes auf die Dauer nicht zu vermeiden sein. Das frühere mehr familiäre Verhältnis der Herrschaft zum Gesinde kommt ab, und das geldwirtschaftliche Moment des Vertrages wird mehr in den Vordergrund gedrängt. Zugleich wird die Vertragsdauer immer mehr herabgesetzt, um eines lohnenderen Erwerbs wegen den Dienst leichter wechseln zu können. Demnach bildet für Bayern in höherem Mafse als für andere Gegenden die Frage nach der Besserung der Gesindeverhältnisse eine der wichtigsten landwirtschaftlichen Fragen.

2. Königreich Württemberg.

Das landwirtschaftliche Gesinde, von dem drei Fünftel dem männlichen, etwa zwei Fünftel dem weiblichen Geschlecht angehören, macht etwas mehr als den vierten Teil der landwirtschaftlichen Arbeiterschaft aus. Bringt man von dieser aber die in der Landwirtschaft ihres Familienhauptes thätigen Familienangehörigen, welche über die Hälfte derselben ausmachen, in Abzug, so überwiegt die Zahl des Gesindes die der Tagelöhner noch um einiges.

Mit geringen Abweichungen bildet das Gesinde in den vorherrschenden mittleren und kleinen Betrieben mit Körnerbau, selten Handelsgewächs- und Weinbau, häufiger Weidewirtschaft, etwa die Hälfte der landwirtschaftlichen Berufsarbeiter.[1]) Auch auf den im Osten sich findenden gröfseren Gütern besteht dieses selbe Verhältnis. Das männliche Gesinde: Oberknecht, Schweizer, Knecht, Junge, erhält neben dem baren Jahreslohn freie Wohnung, Heizung, Beleuchtung und Kost in der Familie, daneben ab und zu Schuhwerk, Wolle und Schürzen. Vom weiblichen Gesinde kommen Wirtschafterinnen nur selten neben den Mägden vor. Sie erhalten bei geringerem Barlohn häufiger Naturalien, namentlich Hemden, auch Flachsland, in der Regel freie Wäsche.

Im allgemeinen befriedigt das heimische Angebot noch die starke Nachfrage. Allein schon beginnen sich unter dem Einflufs, den die Anziehungskraft der städtischen Industrie auf die männliche, des städtischen Gesindedienstes auf die weibliche Jugend ausübt, die alten Elemente des ländlichen Gesindeverhältnisses zu zersetzen. Die Löhne

---

[1]) Bd. 1 S. 245, 264, 279, 290.

steigen, die Vertragsdauer wird abgekürzt und die Neigung zum Kontraktbruch greift um sich. Ein Ergebnis dieser Entwickelung ist die Bildung der zwischen dem Gesinde und den Tagelöhnern eine Mittelstellung einnehmenden Standes der „Wochenlöhner", die wie das Gesinde volle Kost vom Arbeitgeber erhalten, aber ohne Kündigung gegen baren Wochenlohn arbeiten.[1])

3. Großherzogtum Baden.

Die Gesamtzahl des landwirtschaftlichen Gesindes, von dem zwei Drittel dem männlichen, ein Drittel dem weiblichen Geschlecht angehören, bildet noch nicht den vierten Teil sämtlicher landwirtschaftlicher Arbeitskräfte. Scheidet man aus diesen die etwas über die Hälfte ausmachenden mitarbeitenden Familienangehörigen aus, so bildet das Gesinde immerhin die größere Hälfte des Restes.

Auch hier ist diese Gruppierung der Hilfskräfte eine Folge der Besitzverhältnisse. Bei vorherrschendem Körnerbau, der stellenweise mit dem Bau von Handelsgewächsen und mit der Weidewirtschaft zusammen vorkommt, bildet mittlerer und kleiner Grundbesitz im Großherzogtum die Regel.[2]) In den einzelnen Betrieben ist das Verhältnis der Gesindehaltung zu der Zahl der beschäftigten Tagelöhner zwar verschieden.[3]) Aber im allgemeinen Durchschnitt sind beide gleich an Zahl. Aufsichtsführendes verheiratetes Gesinde findet sich nur selten. Meist hält man ledige Knechte und Mägde, öfter auch Jungen zum Viehhüten. Die Entlohnung des Gesindes erfolgt teils im Jahreslohn, teils im Wochenlohn. In letzterem Fall wird außer dem Lohn häufig nur Wohnung und Kost gewährt, in ersterem[4]) kommen auch noch Gewährungen an Schuhzeug, Kleidern und Weißzeug (Hemden) vor. Nur selten findet sich auch eine Anweisung von Land.

Wie im allgemeinen Mangel an landwirtschaftlichen Arbeitskräften in Baden herrscht, so ist dies auch besonders beim Gesinde der Fall. Zwar widmen sich die Kinder der bäuerlichen Familien noch dem Gesindedienst. Aber nur in wenigen Gegenden findet sich dies allgemein bei der ländlichen Jugend, meist wandert sie in die Industriegegenden und in die Städte ab.

---

[1]) Bd. 1 S. 299.
[2]) Ebenda S. 319, 321.
[3]) Bd. 1 S. 340.
[4]) Bd. 1 S. 374.

Die Merkmale der Entwickelung sind daher hier die gleichen wie in Würtemberg. Die Löhne steigen ständig, der Bedarf an Arbeitskräften wird daher, soweit irgend möglich, selbst auf Kosten der Intensität des Betriebes eingeschränkt. Das Gesinde wechselt den Dienst oft, und der Kontraktbruch nimmt zu. Daher verschwinden die guten Beziehungen zwischen Herrschaft und Gesinde auf familiärer Grundlage immer mehr, und das Gesinde wird zum Arbeiter, der gegen Kost und Wochenlohn seinen Dienst leistet und ohne Kündigung seine Stelle jederzeit wechseln kann.[1])

4. Reichsland Elsaſs-Lothringen.

Das landwirtschaftliche Gesinde bildet nicht nur im Verhältnis zur Gesamtbevölkerung, sondern auch im Vergleich zu der Gesamtzahl der landwirtschaftlichen Arbeitskräfte überhaupt einen weit unter dem Reichsdurchschnitt bleibenden Bruchteil. Selbst wenn man die in der Landwirtschaft thätigen Familienangehörigen in Abzug bringt, welche über die Hälfte sämtlicher Arbeitskräfte ausmachen, so bildet das Gesinde immer nur den dritten Teil des Restes. Aufserordentlich gering ist das weibliche Geschlecht beim Gesinde vertreten: von der Gesamtzahl gehört ihm nur der fünfte Teil an.

Der im Reichsland die Regel bildende Mittel- und Kleinbesitz, auf dem Körnerbau, teilweise Weinbau, selten Weidewirtschaft betrieben wird, deckt seinen Bedarf an bezahlten Arbeitskräften teils mit Gesinde, teils mit Tagelöhnern. Das Gesinde ist ledig, nur ausnahmsweise findet sich auch verheiratetes Aufsichtspersonal. Aufser einem jährlichen oder monatlichen Barlohn wird freie Wohnung, Heizung und Kost gewährt, in den weinbauenden Gegenden daneben beträchtliche Mengen „Gesindewein".[2])

Das Angebot an Gesinde ist sehr verschieden.[3]) In den weniger industriellen Gegenden wenden sich die Kinder der ländlichen Bevölkerung noch vielfach dem Gesindedienst zu, in anderen Gegenden bleiben nur die Nachkommen der vermögenderen Bauern auf dem Land, während alles andere in die Stadt zieht. In Lothringen ist das Angebot an einheimischem Gesinde am geringsten. Dorthin ziehen daher viele Dienstboten aus Luxemburg, Rheinpreuſsen und der Pfalz.[4])

---

[1]) Bd. 1 S. 329.
[2]) Bd. 1 S. 406, 416, 424.
[3]) Ebenda S. 411.
[4]) Ebenda S. 428.

Diese Einwanderung hat auf der einen Seite einen beträchtlichen Rückgang in der Höhe der Löhne zur Folge gehabt, auf der anderen Seite aber auch eine Lockerung des früher mehr familiären Verhältnisses und eine gröfsere Unstätigkeit des Gesindes, verbunden mit einer stärkeren Neigung zum Kontraktbruch, herbeigeführt.

Die in den Reichslanden herrschende Knappheit an ländlichen Arbeitskräften[1]) hat in einigen Gegenden zu einer Einschränkung der Intensität der Wirtschaft, namentlich des Baues von Handelsgewächsen geführt. Dieselbe beruht aber augenscheinlich nicht auf einem zu geringen Angebot an Arbeitskräften, namentlich an Gesinde, sondern darauf, dafs die durch Zerschlagung im Erbgang sich immer mehr verkleinernden Betriebe eine rationelle Wirtschaft erschweren und die Mittel zur Zahlung von Löhnen, welche mit denen der Industrie konkurrieren können, nicht mehr aufbringen.

Anhang.

Die zum Gesinde gerechneten Handwerker.

Auf grofsen Gütern pflegt man zur Verrichtung der Gartenarbeiten, welche jedoch streng genommen nicht zum landwirtschaftlichen Betrieb gehören, ferner zur Anfertigung und Instandhaltung der Geräte, Fuhrwerke und Maschinen, endlich zur Ausführung des Hufbeschlages besondere, technisch vorgebildete Personen, Gärtner und Gutshandwerker, zu halten. Sie werden als zum Gesinde gehörig betrachtet. Ihre Stellung ist, je nachdem sie verheiratet oder unverheiratet sind, derjenigen des verheirateten oder ledigen Gesindes analog, und so finden sich bei der Entlohnung alle Eigenarten, die beim Gesinde angeführt wurden, auch bei ihnen. In der Regel ist der Barlohn bei ihnen ein höherer als der des Gesindes, als Entgelt für ihre besondere technische Ausbildung.

Ihre Gesamtzahl, soweit sie sich statistisch nachweisen läfst[2]), ist eine nur geringe, 10000 auf $1\frac{1}{2}$ Millionen Gesindepersonen. Ihr Vorkommen ist durch die Verteilung der grofsen Güter bedingt. In

---

[1]) Ebenda S. 419.
[2]) Stat. des Deutschen Reichs. N. F. Bd. 4 S. 16 ff.

Gegenden mit mittlerem und kleinem Grundbesitz finden sie sich daher nicht. Ihre Verteilung geht aus folgender Übersicht hervor:

		Gärtner	Schmiede	Stellmacher	Andere Handwerker[1]
I.	Königreich Preufsen	2613	3566	2432	113
II. 1.	Grosh. Meckl.-Schwerin	231	44	606	40
2.	„ „ -Strelitz	59	42	90	—
3.	„ Oldenburg	4	—	—	—
4.	Herzogt. Braunschweig	95	17	15	—
5.	„ Anhalt	14	13	9	5
6.	Frst. Lippe-Detmold	11	1	6	—
7.	„ Schaumburg-Lippe	4	—	—	—
8.	„ Waldeck	3	5	2	—
III. 1.	Königreich Sachsen	84	10	2	6
2.	Grosh. S.-Weimar	4	1	1	1
	Herzogt. S.-Altenburg	2	—	—	—
	„ S.-Gotha	4	1	—	—
	Frst. Schw.-Sondersh.	2	1	—	—
	„ Reufs ä. L.	—	1	—	—
	„ Reufs j. L.	—	1	—	—
3.	Grofsh. Hessen	15	6	6	4
IV. 1.	Königreich Bayern	52	10	2	—
3.	Grofsh. Baden	7	—	1	—
	Deutsches Reich	3204	3719	3172	169

[1] z. B. Zimmerleute Bd. 1 S. 79. Meiereiböttcher Bd. 3 S. 717.

III. Das geltende Gesinderecht.

1. Die Rechtsquellen.[1])

I. Königreich Preufsen.

Die Gesindeordnung vom 8. November 1810 gilt für das Gebiet des Allgemeinen Landrechts, also die Provinzen Ost- und West-

---

[1]) An zusammenfassenden Arbeiten fand ich vor:

1) **Neubauer**, Zusammenstellungen des in Deutschland geltenden Rechts, betr. verschiedene Rechtsmaterien (u. a. Gesinderecht). Berlin (1880) S. 145 ff. bietet ohne näheres Eingehen auf den Inhalt eine nicht ganz vollständige Aufzählung der einschlägigen Gesetze.

2) **Die gesetzliche Regelung der ländlichen Arbeiterverhältnisse.** S. A. aus dem Verhandlungsbericht der 22. Plenarversammlung des deutschen Landwirtschaftsrates. Charlottenburg (1894) bietet gutes Material für die Behandlung des ländlichen Gesindes als Bestandteil der landwirtschaftlichen Arbeiterschaft.

3) **Suchsland**, das Recht des Gesindes in allen Bundesstaaten des Deutschen Reiches. Berlin (1895). Diese für die Praxis bestimmte Zusammenstellung ist lediglich ein etwas erweiterter Abdruck aus 2) und behandelt nur die Frage des Kontraktbruches und des polizeilichen Zwanges in Gesindesachen, entspricht also dem durch den Titel erweckten Erwartungen keineswegs. Das Hamburger Recht fehlt.

4) **Stenogr. Berichte** über die Verhandlungen des Herrenhauses 1880. Bd. 2 S. 18, enthält eine Zusammenstellung der in Preussen geltenden Gesindeordnungen nach dem Datum und Geltungsgebiet.

5) **Brackenhöft**, Der Entwurf einer Dienstbotenordnung für Hamburg unter Vergleichung mit dem geltenden Recht und den wichtigeren deutschen Gesindeordnungen. Hamburg (1888) enthält zum Teil, wenn auch nicht im Wortlaut, den Hamburger Rechtszustand.

6) **Fuld**, Das Gesinde und die Socialgesetzgebung (Conrads Jahrbücher III. Folge, Bd. 10 (1895) S. 64) enthält die einschlägigen Bestim-

preufsen, Posen, Schlesien, Pommern ausschliefslich Reg.-Bez. Stralsund, Brandenburg mit Berlin, Sachsen, Westfalen.¹)

Für die **Rheinprovinz** (gemäfs Verordnung vom 21. September 1847 einschliefslich der Kreise Rees und Duisburg) gilt die Gesindeordnung vom 19. August 1844, für **Neuvorpommern und Rügen** (den heutigen Regierungsbezirk Stralsund) diejenige vom 11. April 1845.

Im Gebiet dieser Gesetze gelten die ergänzenden Strafbestimmungen des Gesetzes vom 24. April 1854 für Ungehorsam und Arbeitsverweigerung seitens des Gesindes.

Für **Schleswig-Holstein** (ohne Lauenburg) gilt die Gesindeordnung vom 25. Februar 1840, zu deren Ergänzung die Vorschriften des letztgenannten Gesetzes durch Gesetz vom 6. Februar 1878 auch auf dies Gebiet ausgedehnt wurden.

Im Kreis **Lauenburg** ist die Gesindeordnung vom 22. Dezember 1732 noch in Geltung, deren Nr. 22 durch Reskript vom 29. Dezember 1741 näher ausgeführt wurde.

In den im Wiener Frieden vom 30. Oktober 1864 abgetretenen Gebietsteilen gilt die kgl. **dänische** Gesindeordnung vom 10. Mai 1854.

In den ehemals hannoverschen Gebietsteilen gelten mehrere Gesetze: für die Landdrosteibezirke **Hannover**, **Hildesheim**, **Lüneburg** und den **Harzbezirk** das vom 15. August 1844, dessen § 68 durch Verordnung vom 9. Oktober 1844 betr. Dienstbücher ausgeführt wurde; für den Landdrosteibezirk **Osnabrück** das vom 28. April 1838; für die **Herzogtümer Bremen und Verden** das vom 12. April 1844, dessen Bestimmungen über die Dienstbücher durch Gesetz vom 16. Februar 1853 abgeändert wurden;

---

mungen über die Behandlung des Gesindes im Krankheitsfalle und die reichsgesetzlichen Vorschriften.

Die meisten der noch geltenden Gesindeordnungen habe ich im Text eingesehen. Doch sind mir folgende nicht zugänglich gewesen: die dänische G.O., die bayerischen Gesindeordnungen, die württembergischen Statutarrechte ausser der Stuttgarter G.O., die mecklenburgischen Statutarrechte ausser dem Schweriner und Parchimer, die Gesindeordnungen für Ritzebüttel und Strassburg. Für diese musste ich mich mit den in der Litteratur gefundenen Citaten begnügen. Die Gesindeordnung für Reuss ä. L. lag mir nur in einem officiellen Auszug vor, der den dortigen Gesindezeugnisbüchern vorgedruckt wird.

¹) Vgl. zu ihr besonders das vortreffliche **Handbuch des preufs. Gesinderechts** von **Zürn** (1895) und den Kommentar von **Posseldt-Lindenberg** (IV. Aufl. 1894).

die Verordnung vom 12. Oktober 1853 führte diese Dienstbotenordnung auch für das Land Hadeln ein; für Ostfriesland und das Harlinger Land gilt die Dienstbotenordnung vom 10. Juli 1859.

Im ehemaligen Kurhessen gelten die Gesindeordnungen vom 15. Mai 1797 für die Städte Kassel, Marburg, Rinteln und Hanau, und die Verordnung vom 18. Mai 1801 für die Landstädte und das Land, welche durch die Verordnung vom 29. November 1823, § 29, betreffend Mafsregeln der Sicherheitspolizei wegen der erwerbs- und heimatlosen und dergleichen verdächtigen Personen, sowie Reisenden und Fremden, ergänzt werden. Im ehemaligen Grofsherzogtum Fulda gilt die Gesindeordnung vom 28. Dezember 1816. Im Amt Homburg gilt die landgrätlich hessen-homburgische Verordnung vom 9. Oktober 1857, im ehemaligen Herzogtum Nassau das Edikt vom 15. Mai 1819, welches gleichmäfsig die Verhältnisse zwischen Herrschaft und Gesinde und zwischen Handwerksmeister und Handwerksgehilfen regelt, in der Stadt Frankfurt a/M. die Gesindeordnung vom 5. März 1822, deren §§ 11, 12, 15, 23—26, 29 durch Gesetz vom 9. April 1873 aufgehoben sind, während an Stelle der §§ 27, 28 der § 5 dieses Gesetzes getreten ist, ergänzt durch die Polizeiverordnung über das Meldewesen vom 5. April 1868. Das Gesetz vom 27. Juni 1886 dehnte die Vorschriften des preufsischen Gesetzes vom 24. April 1854 betr. die Bestrafung des Ungehorsams auf die Provinz Hessen-Nassau aus.

Für alle 1866 neuerworbenen Gebiete bestimmt die Verordnung vom 25. Juni 1867, Art. 6 Nr. 1, dafs die auf die Gesindepolizei bezüglichen Strafvorschriften der bisher dort in Geltung gewesenen Partikularrechte in Geltung bleiben sollen.

In Hohenzollern gilt die sigmaringische Dienstbotenordnung vom 31. Januar 1843 und die hechingische vom 30. Dezember 1843.

Für das ganze Königreich Preufsen mit Ausschlufs der hohenzollernschen Lande schuf das Gesetz vom 21. Februar 1872 in Abänderung der Verordnung vom 29. November 1846 einheitliche Vorschriften über die Form der Dienstbücher und die Verpflichtung zur Führung derselben.

II. Königreich Bayern.

Für das ganze Königreich gelten nur die Strafvorschriften des Polizeistrafgesetzbuches vom 26. Dezember 1871, Art. 106—110, 159 Abs. 1, durch welche die polizeilichen Vorschriften der früheren Rechtsquellen aufgehoben sind. Die civilrechtlichen Sätze für das

Gesindewesen beruhen auf dem kurpfalz-bayerischen Mandat vom 2. Mai 1781, das in Oberbayern, Niederbayern, Oberpfalz und Regensburg gilt, neben dem jedoch nach Neubauer [1]) noch mehr als 15 andere Rechtsquellen — u. a. II, 5 des preufsischen A.L.R. für die ehemals ansbach-bayreuthischen Landesteile — zu scheiden sind. Die Regierungen haben die wesentlichen Vorschriften über das Dienstbotenwesen aus den bestehenden Gesetzen und Statutarrechten zusammengestellt, um sie den Dienstbüchern vordrucken oder beiheften zu lassen. Die so entstandenen Dienstbotenordnungen werden, obwohl sie als eigentliche Rechtsquellen nicht gelten können, da sie nicht in der für Gesetze erforderlichen Form veröffentlicht sind, — doch den Entscheidungen der Gerichte zu Grunde gelegt.[2]) Eine Zusammenstellung für die Praxis findet sich in Meixner, Das Dienstbotenwesen in Bayern (München 1881). Auf ihr beruhen die späteren Citate in dieser Arbeit.

III. Königreich Würtemberg.

Für ganz Würtemberg gilt nur Art. 16 des Strafgesetzbuchs vom 27. Dezember 1871, betreffend den Kontraktbruch des Gesindes, sowie die Verfügung des Ministers des Innern vom 30. April 1850, betreffend die Einführung von Dienstbüchern. Im übrigen gilt lokales Gewohnheitsrecht,[3]) das in einigen Städten statutarisch festgelegt ist, im ganzen aber inhaltsgleich sein soll. Von solchen Gesindeordnungen werden aufgeführt diejenigen vom

27. Oktober 1819 für Stuttgart,
16. Oktober 1829 „ Tübingen,
26. Dezember 1839 „ Stadt und Oberamt Hall,
? „ Oberamt Öhringen,
1841 „ Oberamt Oberndorf und Sulz,
1. Juni 1846 „ Gemeinden der Oberämter Biberach, Ehingen, Leutkirch, Ravensburg, Riedlingen, Saulgau, Tettnang, Waldsee und Wangen.

IV. Königreich Sachsen.

Die alte Gesindeordnung vom 10. Januar 1835 ist durch die revidierte Gesindeordnung vom 2. Mai 1892 ersetzt worden.

---

[1]) S. 147.
[2]) Neubauer S. 149.
[3]) Reyscher, Das gemeine und württembergische Privatrecht (1847). Bd. 2. S. 321.

V. Grofsherzogtum Baden.

Das Gesetz vom 3. Februar 1868 enthält nur civilrechtliche Vorschriften über das Dienstbotenverhältnis. Eine polizeiliche Regelung desselben findet sich nicht.

VI. Grofsherzogtum Hessen.

Die Gesindeordnung vom 28. April 1877 regelt das Gesindeverhältnis sowohl durch civilrechtliche wie durch polizeiliche Vorschriften. Dazu ist die Verordnung vom 11. Juni 1877, betr. Dienstbücher und Dienstregister ergangen.

VII. Die Grofsherzogtümer Mecklenburg.

Für das platte Land in beiden Grofsherzogtümern gilt die Gesindeordnung vom 25. August 1894 und die Verordnungen vom 3. August 1892, betr. die Bestrafung der Dienstvergehen,[1]) und vom 14. Mai 1890 über die Führung von Dienstbüchern, welche nach § 10 im ganzen Land in Kraft ist, soweit nicht die Statutarrechte abweichende Bestimmungen treffen. Aufserdem setzt die Verordnung vom 22. August 1878, betr. die Sommerschule im Domanium §§ 5 bis 8 für schulpflichtiges Gesinde die Verpflichtung zur Beibringung von Diensterlaubnisscheinen fest.

Für die Städte im Grofsherzogtum Mecklenburg-Schwerin sind zum Teil statutarische Gesindeordnungen erlassen worden. Von solchen werden angeführt die vom

    1. Februar 1834 für Schwerin,
    22. Februar 1838 „ Parchim,
    15. Januar 1848 „ Wismar,
    22. Januar 1856 „ Lübz,
    ?   „ Crivitz, Hagenow und Waren,
    22. April 1884 „ Wesenberg.

VIII. Grofsherzogtum Sachsen-Weimar-Eisenach.

Grundlegend ist die Gesindeordnung vom 18. Juni 1823, deren §§ 9, 10, 37 durch Gesetz vom 20. April 1839 über die Gesindedienstbücher abgeändert sind, während weitere auf die polizeiliche Zuständigkeit bezügliche Abänderungen durch Ministerialbekanntmachungen vom 2. April 1873 und 14. November 1873 erfolgten.

---

[1]) Durch welche die Verordnung vom 25. Juni 1885 aufgehoben ist.

IX. Grofsherzogtum Oldenburg.

In den drei verschiedenen Teilen des Grofsherzogtums gelten verschiedene Gesindeordnungen, im Herzogtum Oldenburg die vom 24. August 1853 mit der Verfügung vom gleichen Tag über die Gesindedienstbücher, im Fürstentum Lübeck die vom 11. Januar 1873 und im Fürstentum Birkenfeld die vom 13. Juni 1861.

X. Herzogtum Braunschweig.

Die Gesindeordnung vom 12. Oktober 1832 ist abgeändert durch Gesetz vom 12. Februar 1859 über die Bestrafung des Kontraktbruches, vom 5. August 1867 über die Lohnzahlung an Landgesinde, und vom 21. März 1871 über die Umzugstermine des Gesindes.

XI. Herzogtum Sachsen-Meiningen.

Die Gesindeordnung vom 22. Februar 1838 ist noch heut unverändert in Gültigkeit.

XII. Herzogtum Sachsen-Altenburg.

Hier gilt die Gesindeordnung vom 24. Dezember 1840 mit Ausführungsverordnung von demselben Tage, ohne Abänderungen.

XIII. Herzogtum Coburg-Gotha.

Im Herzogtum Koburg gilt die Gesindeordnung vom 11. März 1814, im Herzogtum Gotha diejenige vom 24. Dezember 1797, welche durch die Verfügung vom 18. August 1829 über die Dienstbotenbücher und das Gesetz vom 14. Juni 1865 ergänzt ist.

XIV. Herzogtum Anhalt.

Die ursprünglich für Anhalt-Dessau-Köthen gegebene Gesindeordnung vom 19. April 1851 mit Nachtrag vom 18. Mai 1856 über die Bestrafung des Ungehorsams beim Gesinde ist durch Gesetz vom 1. Juni 1864 auf Anhalt-Bernburg ausgedehnt und gilt daher für ganz Anhalt.

XV. Fürstentum Schwarzburg-Rudolstadt.

Die Gesindeordnung vom 3. Juni 1822 ist abgeändert durch Gesetz vom 29. April 1850 über die Fürsorge in Krankheitsfällen und die Verordnung vom 1. Juni 1850, betreffend die Einführung von Dienstbüchern.

XVI. **Fürstentum Schwarzburg-Sondershausen.**

Die Gesindeordnung vom 1. Februar 1864 ist bezüglich des § 36 authentisch interpretiert durch Verordnung vom 7. November 1865. Eine Ausführungsverordnung ist ergangen am 1. März 1864, während die Kompetenz der Behörden bei Ausstellung der Dienstbücher durch den § 9 des Gesetzes vom 25. Januar 1870 verändert ist.

XVII. **Fürstentum Waldeck-Pyrmont.**

Die Dienstbotenordnung vom 14. März 1850 ist ergänzt durch die Gesetze vom 31. März 1856, 23. Juni 1860 über Gesindebücher und 22. Dezember 1860.

XVIII. **Fürstentum Reufs ä. L.**

Die noch jetzt geltende Gesindeordnung vom 25. März 1828 wird ergänzt durch die Verordnung vom 1. November 1844 über die Gesindezeugnisbücher.

XIX. **Fürstentum Reufs j. L.**

Die Gesindeordnung ist erlassen am 11. November 1893. Eine Verordnung vom 7. Dezember 1893 stellt den Verkauf von Gesindedienstbüchern durch Privatpersonen unter Strafe.

XX. **Fürstentum Schaumburg-Lippe.**

Die Gesindeordnung vom 8. Februar 1848 ist rücksichtlich des Art. 5 durch Gesetz vom 19. Dezember 1873 abgeändert.

XXI. **Fürstentum Lippe-Detmold.**

Neben der Gesindeordnung vom 29. Februar 1864 ist die Verordnung vom 24. Oktober 1854 über die Gesindedienstbücher noch in Kraft.

XXII. **Freie Stadt Lübeck.**

Von der am 25. Juni 1862 erlassenen Gesindeordnungen sind § 49 durch das Strafgesetzbuch vom 11. November 1863 und §§ 54, 55, 56 durch Bekanntmachung vom 4. Januar 1871 aufgehoben.

XXIII. **Freie Stadt Bremen.**

Die jetzt geltende, das Gesindeverhältnis erschöpfend regelnde Gesindeordnung ist beschlossen am 21. Februar 1868, kund gemacht am 25. Februar 1868. Ergänzt ist die Bestimmung des § 85 durch Gesetz vom 3. März 1880 dahin, dafs der Antrag zurückgenommen werden kann, während durch Gesetz vom 23. Februar 1875 die Geldbeträge der §§ 17, 76, 77 in die Reichswährung umgerechnet wurden.

XXIV. Freie Stadt Hamburg.

Eine Gesindeordnung für die **Stadt** besteht nicht, die für die Stadt erlassene Ordnung in Bezug auf das Gesinde vom 29. April 1881 betrifft nur die polizeiliche Kontrolle des Gesindes.[1]

Für das Gebiet bestehen aber mehrere Gesindeordnungen, von denen jedoch diejenige für die **Marschlande** vom 25. Februar 1837 nur Strafbestimmungen, keine privatrechtlichen Normen enthält. Die Gesindeverhältnisse in den **Geestlanden** regelt die Gesindeordnung vom 2. Dezember 1844, im Amt und Städtchen **Bergedorf** (Vierlande) diejenige vom 5./13. Juni 1830, im Amt **Ritzebüttel** diejenige vom 1. August 1861.

XXV. Reichsland Elsafs-Lothringen.

Eine besondere Regelung des Gesindewesens hat nicht stattgefunden. Es gelten die allgemeinen Vorschriften des Code civil III, 8, Cap. 3, die lediglich privatrechtlicher Natur sind.

Eine besondere Gesindeordnung ist für **Strafsburg** am 14. Juni 1816 erlassen.

2. Die Beziehungen der Gesindeordnungen zu einander.

Bei näherer Vergleichung der angeführten 59 Gesindeordnungen ergiebt sich, dafs zwischen der gröfseren Hälfte derselben eine nähere Verwandtschaft besteht.[2][3] Ohne auf die tiefere innere Gleichartig-

---

[1] Seit dem Antrag des Senats bei der Bürgerschaft vom 26. Dezbr. 1887 betr. Erlass einer Dienstbotenordnung für die Stadt ist die Frage einer einheitlichen Neuregelung des Gesindewesens in Hamburg nicht völlig zur Ruhe gekommen. In jüngster Zeit scheint die Angelegenheit in ein neues Stadium getreten zu sein, indem die Bürgerschaft den Senatsentwurf durch einen Ausschuss hat umarbeiten lassen und auf Grund dieses neuen Entwurfes zu einer Verständigung mit dem Senat bereit ist.

[2] Vgl. nebenstehende Übersicht.

[3] Schon Brackenhöft (a. a. O. S. 8) hat auf dieselbe aufmerksam gemacht; er stellt die Übereinstimmung der Ritzebütteler Gesindeordnung mit der für die Herzogtümer Bremen und Verden, der holsteinischen mit der für die Stadt

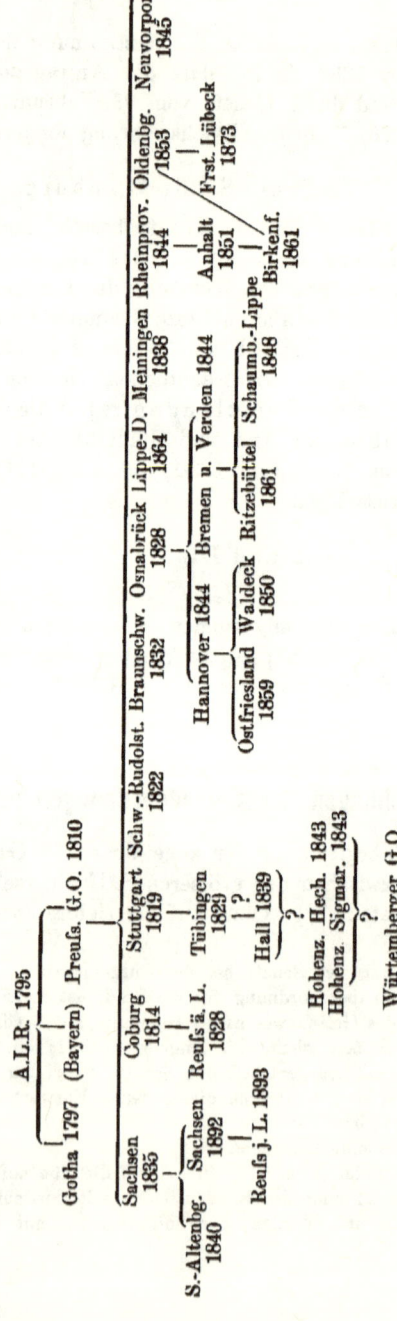

keit aller Bestimmungen des Gesinderechts einzugehen — was weiter unten geschehen wird — soll hier zunächst auf die Abhängigkeit derjenigen Gesindeordnungen hingewiesen werden, welche alle oder wesentliche Bestimmungen anderer früherer Gesetze wörtlich oder fast wörtlich übernommen haben.

I. Die erste Gruppe, die wir so ausscheiden können, schliefst sich an das preufsische **Allgemeine Landrecht** II, 5 an. Zu ihr gehören in erster Linie die drei altpreufsischen Gesindeordnungen vom 8. November 1810 für den damaligen Umfang der Monarchie, vom 11. April 1845 für **Neuvorpommern und Rügen** und vom 19. August 1844 für die **Rheinprovinz**. Die Gesindeordnung von 1810 weist nur geringe Abweichungen vom A.L.R. auf. Die §§ 2 bis 16, 18—19, 22—32, 34, 36, 38, 39, 41, 44—50, 53—82, 84 bis 100, 151—170 sind unverändert übernommen, bei den §§ 102—150 ist lediglich die Reihenfolge eine andere. In der Begriffsbestimmung des A.L.R. § 1 fehlten die Worte „zur Leistung gewisser häuslicher oder wirtschaftlicher Dienste", obwohl das A.L.R. später auch einen Unterschied zwischen städtischem und ländlichem Gesinde macht, z. B. in § 41. In den §§ 17, 20, 51, 52 sind die Strafmafse anders normiert. Die §§ 33, 35, 37 enthalten im A.L.R. noch einen Hinweis auf den Ortsgebrauch, der in der Gesindeordnung von 1810 weggefallen ist. Geringe inhaltliche Differenzen, zum Teil mit Rücksicht auf den inzwischen aufgehobenen Dienstzwang, finden sich in den §§ 21, 40, 42, 43, 83, 101.

In ähnlicher Abhängigkeit steht die Gesindeordnung für Neuvorpommern von derjenigen von 1810. Die meisten Bestimmungen sind sogar wörtlich gleichlautend. Doch fehlen in der Gesindeordnung für Neuvorpommern die Bestimmungen der §§ 23, 33—36, 43, 78, 177—195. Die §§ 10—13 führen eine Verpflichtung der Herrschaft zur Erteilung eines Scheines über die erfolgte Kündigung ein, wodurch eine sinngemäfse Abänderung des § 27 bedingt ist. Der § 58 verfügt die Aufhebung des Dienstzwanges und fährt fort: „das Gesinde ist jedoch der häuslichen Zucht der Herrschaft unterworfen", eine Bestimmung, welche die Gesindeordnung von 1810 formell nicht kennt, wohl aber inhaltlich.

Weniger abhängig, jedoch wesentlich beeinflufst durch die Ge-

---

Lübeck fest. Die naheliegende Vergleichung der holsteinischen Gesindeordnung mit derjenigen für die Hamburger Geestlande, welche auf den engen Zusammenhang beider hätte führen müssen, entgeht ihm aber. Ausserdem weist er auf die Verwandtschaft der sächsischen und Stuttgarter Gesindeordnung mit der preussischen von 1810 hin.

sindeordnung von 1810 ist die Gesindeordnung für die Rheinprovinz. Schon die Begriffsbestimmung ist insofern ausführlicher gefaßt, als sie folgenden Zusatz enthält: Die Verpflichtung zum Gesindedienst erfolgt „nicht tageweise, sondern auf einen bestimmten längeren ununterbrochenen Zeitraum". „Solche Personen, welche nur einzelne bestimmte Geschäfte in der Haushaltung übernehmen, oder deren Dienstleistungen eine besondere Vorbildung erfordern, stehen nicht in dem Verhältnis des Gesindes." Eine ganze Reihe von Bestimmungen der Gesindeordnung von 1810 finden sich in der rheinischen nicht. So kennt die rheinische Gesindeordnung z. B. den Unterschied von städtischem und ländlichem Gesinde nicht. Ferner kann nach §§ 8 und 9 der Vertragsschluß stets auch durch Zeugen bewiesen werden, und die Einhändigung und Annahme des Mietgeldes ist auch nur ein Beweis des geschlossenen Vertrages. Im übrigen entsprechen sich folgende §§ der beiden Gesindeordnungen, meist sogar wörtlich § 2 : 2, 3, 4; 3 : 5; 5 : 11; 6—7 : 13—21; 11 : 27; 12 : 28—31; 14 : 114; 19 : 62, 63; 20 Satz 1 : 64; 21 : 65—67; 22 : 70; 23 : 75, 24 : 84; 25 : 86, 87; 26 Schluß : 90; 28 : 99, 100; 30 : 102; 31 : 107—109; 33 a : 137; 33 b : 140; 33 c : 138; 33 d : 142; 34 : 143—144; 36 : 148; 37 : 149; 38 : 150; 39 : 151; 41 : 160—162; 43—46 : 171—174, 176. Besondere Bestimmungen enthalten folgende §§: § 4 verpflichtet die Herrschaft, welche Gesinde mietet, dazu, sich von dessen Befugnis, den Dienst einzugehen, zu überzeugen. Nach § 10 soll das Mietgeld in der Regel vom Lohn nicht abgerechnet werden. § 18 fügt dem § 60 der Gesindeordnung von 1810 hinzu: Das Gesinde muß sich allen seiner Leibesbeschaffenheit und seinen Kräften angemessenen hauswirtschaftlichen Verrichtungen nach Anordnung der Herrschaft unterziehen. § 26 setzt außerdem eine Verpflichtung der Herrschaft zur Verpflegung des Gesindes in Krankheitsfällen, die ohne Schuld des Gesindes eintreten, ohne Lohnabzug auf 4 Wochen fest. § 29 bestimmt, daß die ·Aufkündigung im Fall des § 101 8 Tage vor der Entlassung stattfinden muß. Der § 32 ist zwar inhaltlich den §§ 117—135 gleich, enthält aber die Generalklausel, daß alle solche Handlungen, welche mit dem nach der Natur des Dienstverhältnisses in das Gesinde zu setzenden Vertrauen und mit einer geregelten Hausordnung unvereinbar sind, Grund zu sofortiger Auflösung des Verhältnisses seitens der Herrschaft sein sollen. § 33 enthält die analoge Generalklausel für die Auflösung seitens des Gesindes wegen solcher Handlungen der Herrschaft, welche mit den von seiten des Gesindes an die Herrschaft nach der Natur des Dienstverhältnisses zu machenden Anforderungen unvereinbar sind. § 35 führt noch zwei Gründe mehr an, welche das Gesinde zur Auflösung des Verhältnisses vor Ablauf der vertragsmäfsigen Zeit, jedoch nach vorhergegangener Aufkündigung berechtigen. Aufserdem hat die rheinische Gesindeordnung in den §§ 15 bis 17 die §§ 22—24 aus der sächsischen Gesindeordnung vom 10. Januar 1835 fast wörtlich übernommen, obgleich sich diese Bestimmmungen inhaltlich auch in §§ 47—52 der preufsischen Gesindeordnung von 1810 finden.

II. Eine weitere Gruppe von Gesindeordnungen schliefst sich an das preufsiche Recht mehr oder weniger an. Dem A.L.R. ist die gothaische Gesindeordnung vom 24. Juli 1797 nachgebildet, ohne jedoch dessen Begriffsbestimmung zu übernehmen. Fast wörtlich entsprechen den betreffenden §§ des A.L.R. die folgenden Gothaer §§: 16—25 : 56—81; 27—31 : 86—99; 36 : 117—128, 132—134; 40 : 160—164; 41 : 167—168; 43 : 171—175. Unter dem mafsgebenden Einflufs der preufsischen Gesindeordnung von 1810 steht auch die Gesindeordnung für Coburg vom 11. März 1814, der ihrerseits diejenige für Reufs ä. L. vom 25. März 1828 fast wörtlich nachgebildet zu sein scheint. Der preufsischen Gesindeordnung von 1810 ist fast überall inhaltlich nachgebildet, ohne jedoch die Versagung des Klagerechts bei thätlichen Beleidigungen durch die Herrschaft mit aufzunehmen, die Stuttgarter Gesindeordnung vom 27. Oktober 1819, der ihrerseits andere württembergische Gesindeordnungen, z. B. die Tübinger vom 16. Oktober 1829, die Haller vom 26. Dezember 1839, nachgebildet sind. Zwischen der Stuttgarter und der preufsischen Gesindeordnung lassen sich folgende Übereinstimmungen feststellen: §§ 1—2 : 1—2; 4—5 : 5—6; 6 : 7; 8 : 26; 9—11 : 27—29; 12 : 31; 16 : 45; 18—22 : 46—50; 24 : 53; 26 : 57; 27—34 : 60—67; 35—41 : 70—76; 43 : 85; 44 : 84; 45 : 82; 46—48 : 37—39; 50 : 83; 51—52 : 86—87; 53 : 90; 58 : 96; 67 : 111; 71, 72 : 143—149; 74, 75 : 99, 100; 82 bis 86 : 117—141; 87—91 : 150—154; 97—98 : 167, 168; 101 : 169. Die württembergische Verfügung vom 30. April 1850 ist teils dem preufsischen, teils dem sächsischen Recht nachgebildet, enthält aber auch von diesen unabhängige Bestimmungen. In ähnlicher Abhängigkeit von der preufsischen Gesindeordnung von 1810 befindet sich die Gesindeordnung für Schwarzburg-Rudolstadt vom 3. Juni 1822. Weniger eng lehnen sich die braunschweigische Gesindeordnung vom 15. Oktober 1832, die hannoversche für Osnabrück vom 28. April 1838, die meiningsche vom 22. Februar 1838, die oldenburgische vom 24. August 1853, sowie die für Lippe-

Detmold vom 29. Februar 1864, an die preufsische Gesindeordnung von 1810 an. Die sächsische Gesindeordnung vom 10. Januar 1835 hat neben manchen dem älteren sächsischen Gesinderecht entstammenden Vorschriften auch solche in gröfserer Zahl aus dem preufsischen Recht entnommen. Hier entsprechen sich fast wörtlich: §§ 9:5—6; 21:45—46; 22:47—50; 23:51; 24:52; 26:53; 28 bis 31:27—29, 31; 34—42:56—64; 44:66, 67; 48:76; 51:77; 52:78; 65, 66:83; 77—79:99—101; 81:103; 88—91:110—114.

Mit der rheinischen Gesindeordnung stimmt die anhalter Gesindeordnung vom 19. April 1851[1]) fast wörtlich in den meisten Punkten überein. Es entsprechen sich: §§ 1—7:1—7; 10:9; 11 bis 12:11—12; 15—22:15—22; 24—26:24—26; 28—35:28—35; 36—42:36—42; 49—51:44—46; 56—58:47—49. Stark beeinflufst durch das preufsische Recht ist auch die Gesindeordnung für das Fürstentum Birkenfeld vom 13. Juni 1861. Dieselbe ist zusammengesetzt aus Bestimmungen der rheinischen und oldenburgischen Gesindeordnung. Vgl. über dieselbe weiter unten.

III. Eine fernere Gruppe ist mittelbar durch das preufsische Recht beeinflufst, schliefst sich aber unmittelbar an andere Gesindeordnungen an. Hier sind zunächst die von der Gesindeordnung für Osnabrück abhängigen Gesindeordnungen für Bremen und Verden vom 12. April 1844 eingeführt im Land Hadeln am 12. August 1853, diejenige für Ritzebüttel vom 1. August 1861, welche auf der Bremer fast wörtlich beruht, und die für Schaumburg-Lippe vom 8. Februar 1848 zu nennen. Diese Gesindeordnung enthält nur wenige von der Osnabrücker inhaltlich verschiedene Bestimmungen. Ihre Übereinstimmung geht aus folgender Zusammenstellung hervor: §§ 1—3:1—3; 11:8; 12—20:9—17; 22—26:19 bis 23; 28—38:25—35; 39—51:36—47; 53:49; 55:50; 56—72:50 bis 68. Weiter gehören in diese Gruppe die von der kgl. sächsischen Gesindeordnung in ihrer ursprünglichen vom 10. Januar 1835 oder revidierten Gestalt vom 2. Mai 1892 abhängigen Gesindeordnungen. Zu den ersteren gehört die Gesindeordnung für S.-Altenburg vom 24. Dezember 1840, deren Paragraphenzahlen sogar mit dem Original übereinstimmen. An wesentlichen Verschiedenheiten sind zu nennen die Übernahme der Bestimmungen einiger §§ aus der preufsischen Gesindeordnung von 1810, so in § 45:69; 52:79; 65:83;

---

[1]) Eigentümlicherweise fehlt in ihr der § 57. Derselbe ist vollständig ausgelassen im mafsgebenden Publikationstext.

70 : 85, sowie die Ausdehnung des Begriffs durch § 2 auch auf Revierjäger und Kunstgärtner, welche nicht landesherrliche Beamte sind, und die Vermehrung der strafbaren Thatbestände gegenüber dem sächsischen Original in den §§ 32, 50, 51, 116. In der revidierten Gestalt diente das sächsische Recht zum Vorbilde für die Gesindeordnung für Reufs j. L. vom 11. November 1893.[1]) Auch hier stimmen sogar die Paragraphenzahlen bis § 43 und von § 87 an, während durch einige inhaltliche Abweichungen die Reihenfolge der dazwischenliegenden §§ sich verschiebt. Bemerkenswert ist die durchgängig festgehaltene geringere Höhe des Strafmafses für das Gesinde mit höchstens 15 M., für die Herrschaften mit höchstens 50 M. Geldstrafe. Die oldenburgische und die meiningensche Gesindeordnung, welche, wie schon oben angeführt, zum Teil direkt an das preufsische Recht sich anlehnen, enthalten auch Bestimmungen, welche dem sächsischen Recht entlehnt sind. Die oldenburgische Gesindeordnung ist ihrerseits von mafsgebendem Einflufs gewesen bei der Abfassung der Gesindeordnungen für die oldenburgischen Fürstentümer Lübeck vom 11. Januar 1873 und Birkenfeld vom 13. Juni 1861. Folgende Artikel der Lübecker Gesindeordnung entsprechen den beigesetzten §§ der oldenburgischen: 2 : 2; 3—4 : 4—8; 5 : 9—10; 7—9 : 17—22, 24; 10—11 : 25—26; 13—16 : 29—32; 20 : 35, 36, 38, 39; 21—27 : 40—54; 29—30 : 56—60; 31—33 : 62—65; 36—38 : 66—68; 40—44 : 76—83; 46—49 : 85—91. Verschieden sind Art. 1, der bestimmt, dafs Verträge von kürzerer als einmonatlicher Dauer nicht als Gesindeverträge anzusehen sind; Art. 12, der als Zwangsmittel nur Androhung einer Geldstrafe kennt; Art. 28, der das Aufwandsverbot und das Recht der Herrschaft, den dritten Teil des Lohnes in der Sparkasse anzulegen, nicht enthält; Art. 33/35, die einige Zusätze zu den Bestimmungen über die Fürsorge in Krankheitsfällen enthalten, sowie Art. 43 und 44, welche einige Gründe mehr für die Auflösung des Gesindevertrages ohne Aufkündigung aufzählen; endlich die Schlufsbestimmungen der §§ 50—58. Die Zusammensetzung der Gesindeordnung für Birkenfeld aus Bestandteilen der oldenburgischen und rheinischen Gesindeordnung geht aus folgender Übersicht hervor, die als charakteristisches Beispiel ausführlicher dargestellt werden mag:

---

[1]) In § 54 des Publikationstextes findet sich einmal statt Dienstlohn gedruckt Dienstbote, jedenfalls nur ein Druckfehler.

— 121 —

Birkenfeld Art.	Rheinprovinz Paragraph	Oldenburg Paragraph
1—3	1—3	
3—5		5—7
6	4	
7—11		8—12
12	5	13
13—15		14—16
16—17	9—10	
18		
19—20	11—12	
21		
22	14	
23—25		25—27
26	16	
27		29—31
28		36
29—30	18—19	
31		51
32—36	21—25	
37		63
38	28	
39—40		
41	31	
42—52	32—42	
53		
54—56	44—46	
57—58		

IV. Neben diesen bisher behandelten Gruppen von Gesindeordnungen lassen sich noch einige kleinere zusammenstellen.

In den meisten wesentlichen Bestimmungen stimmen die angeführten 4 hannoverschen Gesindeordnungen inhaltlich überein, wenn sie auch im Text formelle Abweichungen von einander enthalten. Von der Gesindeordnung für **Hannover, Hildesheim** u. s. w. vom 15. August 1844 sind fast wörtliche Nachbildungen derjenigen für **Ostfriesland** vom 10. Juli 1859 und **Waldeck** vom 14. März 1850. Einige Abweichungen in der ostfriesischen sind dadurch bedingt, daſs sie Strafbestimmungen nicht enthält, weil das Polizeistrafgesetzbuch für das Königreich Hannover vom 25. Mai 1847 inzwischen ergangen war und in den §§ 293—302 die „Vergehen beim Dienstboten- und Gesellenverhältnis" erschöpfend geregelt hatte. Die waldeckische Gesindeordnung entbehrt der Strafbestimmungen wegen Doppelvermietung, verweigerten Dienstantritts, vorzeitigen Verlassens des Dienstes gegen das Gesinde und wegen Ausstellens eines unwahren

Zeugnisses gegen die Herrschaft; aufserdem sind die §§ 84, 3, 86, 87 aus der sächsischen Gesindeordnung übernommen.

An die Gesindeordnung für die Herzogtümer Schleswig-Holstein vom 25. Februar 1840 lehnt sich eng an die Gesindeordnung für die Stadt Lübeck vom 25. Juni 1862. Es entsprechen fast wörtlich folgende §§ der Lübecker Gesindeordnung denen der schleswig-holsteinischen: 3—6 : 1—4; 7 : 5; 9 : 6; 10 : 7; 12—13 : 8—9; 16—23 : 13—20; 25 : 22—23; 28—31 : 26—29; 35 : 32. In gleicher Abhängigkeit befindet sich die Gesindeordnung für die Hamburger Geestlande vom 2. Dezember 1844, von der schleswig-holsteinischen, wie folgende Gegenüberstellung zeigt: Es sind im wesentlichen inhaltsgleich folgende §§ der Hamburger Gesindeordnung den beigesetzten schleswig-holsteinischen: 2 : 7; 3 : 6; 4 : 12; 5 : 54; 6 : 13—16; 8 : 17; 9 : 18; 10 : 21; 11 : 23; 12 : 24; 13 : 26; 14 : 27; 15 : 29; 16 : 32.

Von den Mecklenburger Gesindeordnungen stimmen fast wörtlich in den meisten §§ die Schweriner vom 1. Februar 1834 und die Parchimer vom 22. Februar 1838 überein.[1])

Die beiden kurhessischen Verordnungen für die Städte vom 15. Mai 1797 und für das platte Land vom 18. Mai 1801 sollen zwar, wie es in der Einleitung zu der letzteren heifst, wegen der „Verschiedenheit, welche die besondere Verfassung und Nahrungsart der Landstädte und des platten Landes in mehreren Punkten hervorbringen müssen", von einander abweichende Bestimmungen enthalten. Die ganze Verschiedenheit besteht aber darin, dafs in der letzteren einmal bei der Aufzählung der Fälle von Untreue einige besondere Vergehungen des ländlichen Gesindes mehr aufgezählt werden und zweitens sich eine ausführlichere Anweisung über das Verfahren in Gesindestreitigkeiten und die Verpflichtung zur Verkündigung der Gesindeordnung von den Kanzeln findet. Diesen beiden inhaltlich gleich, wenn auch etwas kürzer gefafst und mit anderer Reihenfolge der einzelnen Materien, ist die Gesindeordnung für das ehemalige Grofsherzogtum Fulda vom 28. Dezember 1816.

Die civilrechtlichen Bestimmungen des badischen Gesetzes über die Verhältnisse der Dienstboten vom 3. Februar 1868 sind zum Teil in die grofsherzogl. hessische Gesindeordnung vom 28. April 1877 übernommen. Es entsprechen inhaltlich folgende Artikel der hessischen Gesindeordnung den beigesetzten §§ des badischen Gesetzes: 8 : 4;

---

[1]) Wie weit dies bei den übrigen oben angeführten Gesindeordnungen der Fall ist, liefs sich nicht feststellen, da sie im Text nicht vorlagen.

9 : 7; 13 : 6; 17 : 12; 19—22 : 14, 16; 22 : 17; 23 : 15. Art. 3 entspricht dem § 2, jedoch soll nach hessischem Recht das Mietgeld auf den Lohn nicht abgerechnet werden.

Die in den hohenzollernschen Landen geltenden Gesindeordnungen enthalten neben manchen kleinen Verschiedenheiten viele inhaltlich fast oder ganz gleiche Bestimmungen.[1]) Die folgenden §§ der hechingischen Gesindeordnung vom 30. Dezember 1843 stimmen mit den beigefügten der sigmaringischen vom 31. Januar 1843 überein: 2, 3 : 2, 3; 13 : 10; 14 : 11; 17—21 : 14—18; 24—28 : 21—25; 34, 35 : 31, 32; 37 : 34; 40—41 : 37—38; 72 : 66; 74 : 67; 78—79 : 71—73; 82—84 : 75—77.

Aus den folgenden Ausführungen über die einzelnen Institute des Gesinderechts wird sich eine weitergehende inhaltliche Übereinstimmung mancher anderer Gesindeordnung ergeben, ohne dafs auch äufserlich schon der Einflufs der einen oder anderen früheren gesetzgeberischen Arbeit sich erkennen liefse.

3. Der allgemeine Charakter des Gesinderechts.

Wie sich aus der oben gegebenen Übersicht ergiebt, entstammen die Gesindeordnungen sehr verschiedenen Zeiten. Die älteste noch geltende, die für das Herzogtum Lauenburg, entstammt dem Anfange des vorigen Jahrhunderts, während der letzte gesetzgeberische Akt auf dem Gebiete des Gesinderechts 1894 in Mecklenburg erfolgte. Auf die einzelnen Jahrzehnte verteilen sich dieselben nach ihrer Entstehung folgendermafsen:

bis 1800	3	
1801—1810	2	
1811—1820	6	
1821—1830	5	34
1831—1840	9	
1841—1850	12	
1851—1860	7	
1861—1870	7	
1871—1880	2	20
1881—1890	1	
seit 1891	3	
?	2	
zusammen	59	

---

[1]) Nach den bei Suchsland S. 23 f. sich findenden Zitaten scheinen sie fast wörtlich mit einer Reihe württembergischer Statutargesindeordnungen, wie z. B. der für Öhringen, Oberndorf u. s. w., Biberach u. s, w., die im Text nicht vorlagen, übereinzustimmen.

— 124 —

Datum der Gesinde-ordnung	Geltungsgebiet	Gesamtzahl der dem betreffenden Gesetz unterworfenen		Gesamt-bevölkerung
		häuslichen Dienstboten	landwirt-schaftlichen Gesinde-personen	

	Datum der Gesinde-ordnung	Geltungsgebiet	häusl. Dienstboten	landw. Gesindepers.	Gesamtbev.
1.	8. 11. 1810	Ostpreußen	70 707	97 628	1 928 247
		Westpreußen	48 266	46 923	1 374 281
		Schlesien	118 887	146 246	3 998 782
		Posen	52 348	63 051	1 665 617
		Pommern (ohne Regbez. Stralsund)	43 391	44 200	1 304 242
		Sachsen	63 514	61 162	2 344 679
		Brandenburg	124 986	89 800	3 434 972
		Westfalen	66 712	50 484	2 068 872
		Zusammen Alte Provinzen im Gebiet des A.L.R.	588 811	619 494	18 117 693
		Gesetz v. 24. 4. 1854			
2.	19. 8. 1844	Rheinprovinz	107 164	55 838	4 108 503
3.	11. 4. 1845	Neuvorpommern und Rügen (Regbez. Stralsund)	8 957	9 226	213 470
4.	25. 2. 1840	Schleswig-Holstein (ohne Lauenburg): Ges. v. 6. 2. 1878	51 660	56 481	1 074 258
5.	22. 12. 1732	Lauenburg	2 483	?	49 869
		Gesetz vom 21.2. 1872			
6.	15. 8. 1844	Hannover, Hildesheim, Lüneburg, Harzbezirk	46 061	55 741	1 291 687
7.	28. 4. 1838	Osnabrück	9 675	12 986	268 663
8.	12. 4. 1844 u. 16. 2. 1853	Bremen und Verden	11 085	} 24 448	307 865
9.	12. 10. 1853	Land Hadeln	881		17 631
10.	10. 7. 1859	Ostfriesland und Harlinger Land	8 159		209 278
		Zusammen Provinz Hannover	75 863	93 175	2 113 124
		Gesetz v. 27...			
11.	15. 5. 1797	Städte: Kassel, Marburg, Rinteln und Hanau			
12.	18. 5. 1801	Kurhessen V.O. für die Landstädte u. das Land	} 21 131	} 23 011	} 478 847
13.	28. 12. 1816	ehem. Großherzogtum Fulda			
	7. 4. 1857	Großherzogl. hess. V.O.			
14.	9. 10. 1857	ehem. Landgrafsch. Hessen-Homburg			

— 125 —

#	Datum	Staat			
17.	31. 1. 1843	Hohenzollern-Sigmaringen	1 174		46 439
18.	30.12. 1843	„ -Hechingen	432		19 935
		Zusammen Hohenzollern	1 606	2 308	66 374
19.	25. 8. 1894	Zusammen Königreich Preußen	846 245	886 177	27 287 860
		Mecklenburg-Schwerin für das platte Land	23 070	32 626	574 993
		„ „ „ -Strelitz	4 403	6 205	99 167
20.	25. 6. 1862	Lübeck	3 332	1 521	64 391
21.	25. 1. 1868	Bremen	8 815	1 735	160 216
22.	5. 1. 1881	Hamburg	26 442	2 148	466 516
23.	24. 8. 1853	Herzogtum Oldenburg	10 323	14 407	263 426
24.	13. 6. 1861	Fürstentum Birkenfeld	904	954	39 414
25.	11. 1. 1873	„ Lübeck	1 842	1 532	34 587
		Zusammen Großherzogtum Oldenburg	13 069	16 893	337 427
26.	15.10. 1832	Braunschweig	8 797	16 148	349 761
27.	19. 4. 1851	Anhalt	6 846	6 316	236 792
28.	29. 2. 1864	Lippe-Detmold	4 168	6 445	108 957
29.	8. 2. 1848	Schaumburg-Lippe	1 445	1 257	35 716
30.	14. 3. 1850	Waldeck	1 864	2 832	56 685
31.	2. 5. 1892	Königreich Sachsen	66 914	98 310	3 014 822
32.	18. 6. 1823	Sachsen-Weimar	7 701	9 438	307 740
33.	22. 2. 1838	„ -Meiningen	3 307	5 095	206 351
34.	24.12. 1840	„ -Altenburg	3 525	8 561	155 811
35.	11. 3. 1814	Sachsen-Koburg	1 550		56 836
36.	24. 7. 1797	„ -Gotha	3 309		141 275
		Zusammen Herzogtum Koburg-Gotha	4 859	4 381	198 111
37.	7. 6. 1822	Schwarzburg-Rudolstadt	1 680	2 031	81 091
38.	1. 2. 1864	„ -Sondershausen	1 601	1 244	71 500
39.	25. 3. 1828	Reuß ä. L.	1 013	1 217	51 357
40.	11.11. 1893	„ j. L.	2 347	3 402	102 684
41.	28. 4. 1877	Großherzogtum Hessen	24 225	18 028	929 757
		Bayern	95 977	353 132	5 286 761
		Württemberg	53 750	58 109	1 957 469
		Baden	41 440	41 328	1 558 598
42.	3. 2. 1868	Elsaß-Lothringen	28 157	25 320	1 539 580
		Zusammen Deutsches Reich	1 324 924	1 569 957	45 222 113

Während demnach einige Gesindeordnungen noch aus der Zeit des Gesindezwangsdienstes stammen, verdankt der gröfsere Teil derselben ihre Entstehung der bis in die Mitte unseres Jahrhunderts sich hineinziehenden, mit der Regulierung der gutsherrlich-bäuerlichen Verhältnisse Hand in Hand gehenden Aufhebung der Gesindezwangsdienste. Über die Hälfte (34) sind in der ersten Hälfte dieses Jahrhunderts erlassen, aber obwohl ein Drittel (20) in der zweiten Hälfte desselben ihre Entstehung gefunden haben, tragen doch nur wenige den seit der Begründung des norddeutschen Bundes eingeführten Freiheitsrechten Rechnung.

Über das räumliche Geltungsgebiet der einzelnen Gesindeordnungen und die Zahl der den einzelnen Gesetzen unterworfenen Personen vgl. die nebenstehende Karte und die Tabelle auf S. 124 u. 125. Die Bedeutung der durch diese beiden Mittel zur Veranschaulichung gebrachten Zersplitterung Deutschlands in so aufserordentlich verschieden grofse Rechtsgebiete wird im letzten Abschnitt der ganzen Arbeit ausführlich gewürdigt werden. —

Zwei Gesetze nehmen eine Ausnahmsstellung ein; das badische Gesetz enthält nur privatrechtliche Vorschriften, die Hamburger Gesindeordnung für die Marschlande nur polizeiliche Strafbestimmungen; die übrigen enthalten alle sowohl privatrechtliche, als auch polizeiliche Vorschriften. Nach dieser Unterscheidung von Privatrecht und Verwaltungsrecht lassen sich alle Bestimmungen des Gesinderechts in zwei grofse Gruppen scheiden. In das Privatrecht fallen diejenigen Vorschriften, welche sich auf das Verhältnis zwischen Herrschaft und Gesinde, seine Begründung, seinen Bestand und seine Auflösung beziehen und namentlich mit Rücksicht auf das durch die Aufnahme des Gesindes in das Hauswesen der Herrschaft und die Eigenart der häuslichen Dienstleistungen bedingte Gewaltverhältnis Abweichungen von den für die Verträge im allgemeinen und die Dienstmieteverträge im besonderen bestehenden Rechtssätze enthalten. In das Verwaltungsrecht aber sind diejenigen Vorschriften zu rechnen, welche sich auf die über das Privatinteresse der beteiligten Rechtssubjekte hinausgehenden Interessen beziehen und durch die besondere gesellschaftliche und wirtschaftliche Stellung des Gesindes bedingt sind. Zu ihnen gehören insbesondere die Erweiterung oder Beschränkung der Handlungsfähigkeit beim Abschlufs des Gesindevertrages, das Aufsichts- und Erziehungsrecht der Herrschaft, die Bestrafung des Kontraktbruches, die Regelung der Fürsorge für das kranke Gesinde, die Zuständigkeit der Polizei in Gesindestreit-

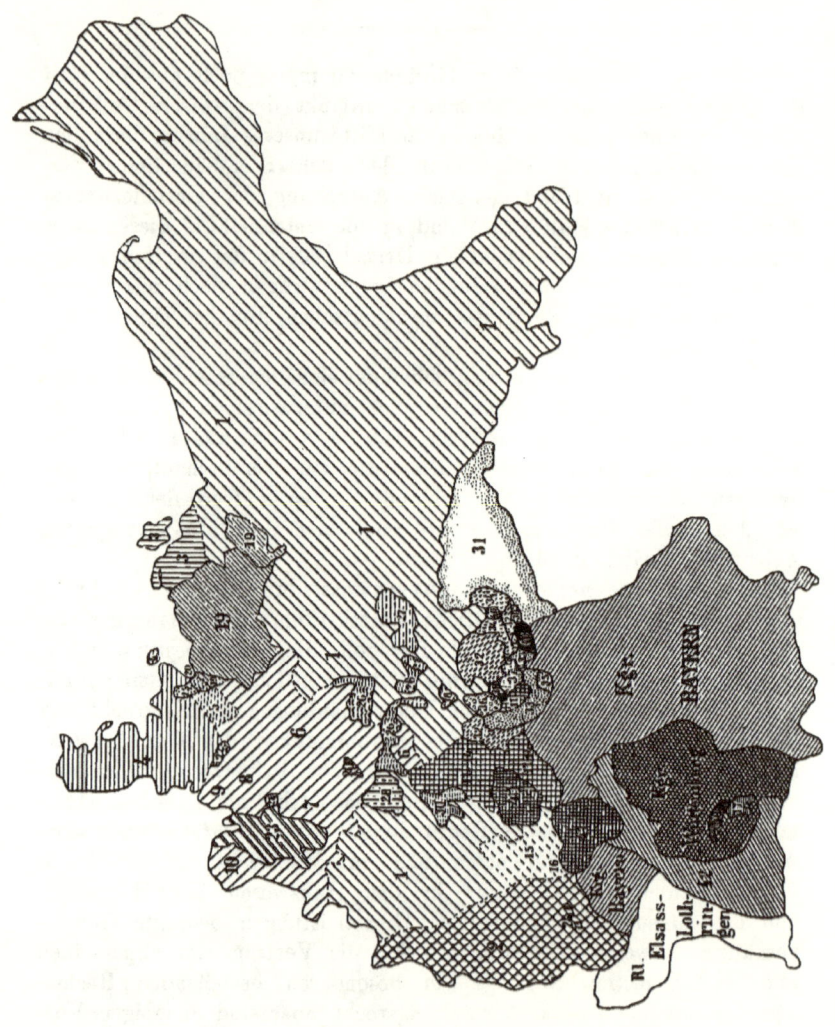

Karte des in Deutschland geltenden Gesinderechtes.

Entworfen von Dr. W. Kähler.

Die Zahlen beziehen sich auf die Übersicht Seite 124 u. 125.

sachen, die Zwangsgewalt der Polizei zur Herbeiführung des vertragsmäfsigen Zustandes, die Erteilung von Zeugnissen seitens der Herrschaft und die Führung der Dienstbücher und Gesinderegister.

Die folgende Darstellung wird die systematische Scheidung in privat- und öffentlichrechtliche Vorschriften nicht durchführen. Denn an bestimmte öffentlichrechtliche Vorschriften knüpfen sich unmittelbar privatrechtliche Bestimmungen an, die sich ohne Zerstörung des inhaltlichen Zusammenhanges nicht trennen lassen, und umgekehrt. Das Gerippe der Darstellung müssen die privatrechtlichen Vorschriften abgeben, während am gegebenen Ort die öffentlichrechtlichen Vorschriften eingefügt werden sollen. Das Reichsrecht hat es bisher abgelehnt, — aufser bei der Sozialgesetzgebung — mit organischen Rechtssätzen in das Gebiet des Gesinderechts einzugreifen, wie wir unten ausführlicher zu zeigen haben. Nur wenige gelegentliche Vorschriften finden sich über das weite Gebiet des öffentlichen und privaten Reichsrechtes zerstreut. Ihre geringe Zahl ermöglicht eine abgesonderte Behandlung, ohne den systematischen Zusammenhang der landesrechtlichen Vorschriften zu zerstören. Daher werden die dem Reichsrecht angehörenden, auf das Gesinde bezüglichen Vorschriften erst nach den landesrechtlichen Normen zur Darstellung gelangen.

4. Der Begriff des Gesindes.

I. Die Theorie des deutschen Privatrechtes hat das Gesindeverhältnis als ein Institut vornehmlich deutschrechtlichen Ursprungs von jeher in den Kreis ihrer Darstellung gezogen und bei der Bearbeitung einen einheitlichen Begriff des Gesindes aus den verschiedenen Partikularrechten zu konstruieren versucht. Als deren Ergebnis kann folgende Begriffsbestimmung gelten: Gesindedienst ist die auf längere, ununterbrochene Zeit vertragsmäfsig bedungene, entgeltliche, unter Aufnahme in das Hauswesen und Unterwerfung unter die hausherrliche Gewalt der Dienstherrschaft erfolgende Leistung ungemessener niederer Dienstleistungen, die durch die wechselnden Bedürfnisse des Hauswesens oder der Erwerbswirtschaft bestimmt werden und eine besondere technische Vorbildung nicht erfordern.

Am nächsten kommt dieser Bestimmung diejenige von Emminghaus[1]:

---

[1] Art. Gesinde in Ersch und Grubers Encyklopädie Bd. 64 (1857) S. 263.

Zum Gesinde gehört jeder, der zufolge eingegangenen Vertrages einem anderen — nämlich der Dienstherrschaft, dem Dienst- oder Brotherrn — mit Unterordnung unter dessen hausherrliche Gewalt eine längere, durch Gesetz, Herkommen oder Übereinkunft festgesetzte, ununterbrochene Zeit hindurch gewisse, nur der Gattung nach bestimmte, im übrigen vom Bedürfnisse des Hauswesens oder der Wirtschaft der Dienstherrschaft abhängige, das Hauswesen oder die Wirtschaft betreffende körperliche oder Aufsichtsdienste gegen Entgelt zu leisten hat.

Andere Schriftsteller heben bestimmte Momente dieser Begriffsbestimmung besonders hervor oder weichen in einigen Punkten von ihr ab.

Im folgenden werden eine Reihe von solchen Meinungen als zur besseren Charakterisierung des Begriffs geeignet angeführt werden. Stobbe[1]) nimmt als besonders charakteristisches Moment beim Entgelt der Gesindedienste den Barlohn an und legt der Gewährung von Wohnung und Kost — und damit zugleich der Aufnahme in die Hausgemeinschaft — nur geringeres Gewicht bei, erkennt jedoch auch eine über die obligatorische Verpflichtung hinausgehende allgemeine Abhängigkeit von dem Willen und den Befehlen der Herrschaft an. Seiner Ansicht, dafs die Dienstleistungen sich nicht als Folge aus dem Sukjektionsverhältnis ergeben, kann man sehr wohl zustimmen; denn begründend wirkt im jetzigen Gesinderecht lediglich der freie Wille der Parteien. Aber dieser ist ebensowohl auf die häuslichen Dienstleistungen, wie auf das Subjektionsverhältnis gerichtet. Das letztere ist also nicht ein sekundäres, sondern ein den zu leistenden Diensten gleich wesentliches Moment für das Gesindeverhältnis. Die auf dem Kontrakt beruhende Verpflichtung zu häuslichen Diensten kann sehr wohl die Grundlage für manchen anderen Dienstvertrag bilden, für den Gesindevertrag genügt sie nicht. Buddeus[2]) will unter Gesinde nur die Hausdienerschaft verstanden wissen, welche sich zu häuslichen oder zur Feld-, Wiesen- und Holzwirtschaft gehörigen Geschäften vermietet hat. Er will den Gesindevertrag in der Hauptsache nach der römisch-rechtlichen locatio conductio operarum beurteilt wissen, sucht aber in deren Schema die über das obligatorische Verhältnis hinausgehenden beiderseitigen Verpflichtungen einzugliedern. Dankwardt[3]) betont den besonderen Charakter der zu leistenden Dienste, welcher den Gesindevertrag von allen anderen Arbeitsverträgen

---

[1]) Deutsches Privatrecht Bd. 3 (1878) S. 268.
[2]) Art. Gesinde in Weiske, Rechtslexikon Bd. 4 (1843) S. 768. 771.
[3]) „Arbeitsvertrag" in Iherings Jahrbüchern für Dogmatik. Bd. 14 (1875) S. 236.

unterscheide. Was den Dienstboten, mag er nun zum produzierenden Hilfspersonal gehören oder nur der Familie oder der Häuslichkeit des Dienstherrn dienen, charakterisiert, ist nach ihm der Umstand, daſs der Dienstbote sogenannte gemeine Dienste leiste, welche nicht als besondere Kunst oder besonderes Gewerbe erlernt zu werden pflegen. Dadurch unterscheide sich z. B. der Hausknecht vom Gehilfen. R. Löning[1]) hebt eine andere Besonderheit der Dienste des Gesindes schärfer hervor: Die Gesindedienste sind in zeitlicher Hinsicht konkreter, individueller Natur. Ihrer wirtschaftlichen Bestimmung nach sind sie an ihre bestimmte Zeit durchaus gebunden, nach deren Verstreichen können sie nicht mehr geleistet werden. Freilich müssen auch nachher noch Leistungen gleicher Art besorgt werden. Aber ihre Erfüllung kann nicht als eine nachträgliche Erfüllung jener ein für allemal durch Nichtleistung versäumten früheren Dienstleistungen angesehen werden. Jolly[2]) betont als unterscheidendes Merkmal des Gesindemietvertrages gegenüber anderen Dienstmietverträgen die Aufnahme in den Hausstand der Herrschaft, durch welche neben rechtlichen Pflichten für beide Teile auch sittliche Pflichten begründet werden, und die Befehlsgewalt der Herrschaften über die Dienstboten, welche durch die im Vertrag nur ganz allgemein erfolgende Feststellung der Pflichten derselben bedingt sei. Es ist klar, daſs die letztgenannten 3 Schriftsteller mit der Hervorhebung dieser besonderen Punkte Unterschiede des Gesindevertrages von anderen Arten von Dienstmietverträgen beibringen, welche für einzelne Gruppen von solchen wirklich bestehen. Andere Dienstmietverträge teilen aber gerade diese Merkmale mit dem Gesindevertrag. Daſs das Gesinde niedere Dienste leistet, hat es z. B. mit allen ungelernten Arbeitern in der Industrie gemein. Die Besonderheit, daſs die Versäumung der Dienstleistung im gegebenen Augenblick durch nachträgliche Leistung nicht nachgeholt werden kann, findet sich noch in vielen anderen Verhältnissen in der Industrie, im Handel und Verkehr. Ebenso kommt z. B. gerade in der Industrie unserer Zeit beim Vertrag zwischen Arbeitgeber und Arbeiter sehr häufig die nur allgemein gehaltene Feststellung der Pflichten vor, welche dann in jedem einzelnen Fall durch speziellen Befehl des Arbeitgebers oder von dessen Organen näher bestimmt werden. Walter[3]) scheidet das Gesinde-

---

[1]) Der Vertragsbruch im deutschen Recht (1876) S. 461.
[2]) Art. Gesindepolizei in v. Stengels Wörterbuch des Verwaltungsrechts Bd. 1 (1890) S. 583.
[3]) System des gemeinen deuschen Privatrechts (1855) S. 111.

verhältnis sogar völlig aus dem Obligationenrecht aus und stellt es mit der Ehe, der väterlichen Gewalt und der Vormundschaft zusammen. Aus der Aufnahme in das Hauswesen und dem Befehlsrecht der Herrschaft leitet er die besondere Stellung des Gesindeverhältnisses als eines „Gewaltverhältnisses" ab. Er definiert das Gesindeverhältnis als eine vertragsmäfsige, durch Gesetze geregelte Unterwerfung einer Person unter die Gewalt eines Brotherrn zur Erfüllung täglicher häuslicher Dienste, und wird dadurch dem eigenartigen Element im Begriff des Gesindes, der vertragsmäfsigen Unterwerfung unter eine fremde Gewalt vollständig gerecht.

II. Diese theoretische Begriffsbestimmung liegt jedoch den einzelnen Gesindeordnungen nicht zu Grunde. In einer Anzahl fehlt überhaupt jede Begriffsbestimmung,

Osnabrück, Schaumburg-Lippe, Meiningen, Lippe-Detmold, Hamburger Marsch, Ritzebüttel, Bergedorf.

während die meisten Gesindeordnungen allerdings eine besondere Bestimmung geben.

Eine Gruppe von Gesindeordnungen[1]) übernimmt die Legaldefinition der preufsischen Gesindeordnung von 1810 § 1:

„Das Verhältnis zwischen Herrschaft und Gesinde gründet sich auf einem Vertrage, wodurch der eine Teil zur Leistung gewisser häuslicher oder wirtschaftlicher Dienste auf eine bestimmte Zeit, sowie der andere zu einer dafür zu gebenden bestimmten Belohnung sich verpflichtet."

Neuvorpommern § 1, Stuttgart § 1, Tübingen § 1, Hall § 1, Schw.-Rudolstadt § 8, Bremen und Verden § 1, Hohenz.-Sigm. § 3, Hohenz.-Hech. § 3, Öhringen § 3, Oberndorf § 3, Biberach § 3, Rhprov. § 1, Birkenfeld Art. 1, Anhalt § 1, Sachsen § 4, Reufs j. L. § 4, Altenburg § 3, Hannover § 1, Waldeck § 1, Ostfriesland § 1.

Andere Gesindeordnungen stellen den Gesichtspunkt der persönlichen Unterwürfigkeit unter die Herrschaft in den Vordergrund, enthalten aber im übrigen dieselben Momente wie die preufs. Gesindeordnung von 1810.

Oldenburg § 1, Frst. Lübeck Art. 1, Braunschweig § 1, Schw.-Sondershausen § 1, Weimar § 1, Schleswig § 3, Lübeck § 3, Reufs ä. L. § 1.

Zum Teil zählen die Gesindeordnungen diejenigen Personenkategorien auf, welche zu dem Gesinde gerechnet werden sollen.

Bremen § 2: Kutscher, Diener, Gärtner. Köche, Kellner, Marqueure, Knechte

---

[1]) Im folgenden ist bezüglich der Behandlung der einzelnen Materien in den verschiedenen Gesindeordnungen möglichste Vollständigkeit der Citate angestrebt. Jedoch brachte es die grosse Fülle des Materials mit sich, dass dieselbe nicht überall erreicht ist.

oder Laufburschen; Wirtschafterinnen, Kellnerinnen, Kammermädchen, Zapfmägde Köchinnen, Ammen, Wärterinnen, Dienstmädchen.

Lübeck § 1: Jäger, Diener, Gärtner, Köche, Kellner, Marqueure, Kutscher, Hirten oder Knechte; Wirtschafterinnen, Kammerjungfern, Köchinnen, Ammen, Dienstmädchen, soweit sie das 14. Lebensjahr vollendet haben.

Hamburg, Stadt § 1: Bediente aller Art, Hausknechte und weibliches Gesinde, Laufburschen, Knechte, Gesellen und Lehrlinge.

Frankfurt a. M. § 2: Kammerjungfern, Haushälterinnen, Beschliefserinnen, Köchinnen, Mägde, Kammerdiener, Bediente, Köche, Jäger, Portiers, Kutscher, Ausläufer, Hausknechte, Gärtner, Kellner und Marqueurs in den Wirts- und Kaffeehäusern, Knechte der Mietkutscher, sowie auch alle männlichen Dienstboten der Handwerker, die nicht als Gesellen oder Lehrlinge eingeschrieben sind.

Gotha § 1. 1) Alle Gattungen von Livreebedienten als Laquaien, Jäger, Heyducken, Läufer, Mohren, Portiers, Kutscher, Vorreiter, Reitknechte u. dergl. 2) Die Gärtner und Friseurs, wenn sie auch keine Livree tragen. 3) Alle Gattungen von Knechten, sie mögen bei dem Anspannvieh, oder sonst in der Hausoder Landwirtschaft angestellt sein. 4) Die bei den Gütern gewöhnlichen Hofmeister oder die sog. Homeier und Schirrmeister. 5) Alle anderen Arten von männlichen Domestiken, die den vorbemeldeten vernünftigerweise gleichzuschätzen sind. 6) Die Kammer-, Garderobe- und Kindermädchen. 7) Die Köchinnen und Küchenmägde. 8) Die Ammen. 9) Alle Gattungen von Mägden und Aufwärterinnen. 10) Alle anderen Arten von weiblichen Domestiken, die den vorbemeldeten vernünftigerweise gleichgeschätzt werden können.

Wesenberg § 21: Gärtner, Küper, Bediente, Kutscher, Köche, Marqueurs und Dienstknechte aller Art; Wirtschafterinnen aus allen Ständen, Kammerjungfern, Köchinnen, Ammen und Dienstmädchen.

Hessen, Städte § 13, Land § 13, Fulda § 10: Alle Hausbedienten, sie mögen Ladendiener, Gesellen, Lehrjungen, Bediente, Knechte oder Mägde sein.

Zum Teil aber fügen sie diese Aufzählung einer allgemeinen Begriffsbestimmung hinzu.

Hohenz.-Sigm. § 2, Hohenz.-Hech. § 2, Öhringen § 2, Oberndorf § 2, Biberach § 2: „Knechte und Mägde aller Art, auch solche Dienstleute, welchen andere Dienstgeschäfte oder eine Art Aufsicht über die Haushaltung und Hauswirtschaft übertragen ist."

Eine negative Abgrenzung des Begriffs wird in einigen Gesindeordnungen dadurch vorgenommen, dafs bestimmte Personen von der Subsumtion unter das Gesinde ausgeschlossen werden,

„Solche Personen, welche nur einzelne bestimmte Geschäfte in der Haushaltung übernehmen oder deren Dienstleistungen eine besondere (höhere oder wissenschaftliche) Vorbildung erfordern." Rhprov. § 1, Birkenfeld Art. 1, Anhalt § 1, Sachsen § 4, Reufs j. L. § 4, Altenburg § 3, Coburg § 1, Schw.-Sondershausen § 1, Weimar § 1.

Gewerbliche Hilfsarbeiter, Fabrikarbeiter, Gesellen, Lehrlinge, Tagelöhner: Gotha § 1, Coburg § 1, Sachsen § 4, Reufs j. L. § 4, Bremen § 2, Weimar § 2, Schw.-Sondershausen § 1.

Hofmeister, Rechnungsführer, Schreiber, Handlungsdiener, Apothekergehülfen: Coburg § 1.

Wirtschaftsverwalter und Haushälterinnen dann, wenn sie kein Mietgeld genommen haben: Hannover § 1, Waldeck § 1, Ostfriesland § 1.

Ammen: Ostfriesland § 1.

oder dafs die Vereinbarung zu Dienstleistungen auf Tage

Rhprov. § 1, Birkenfeld Art. 1, Anhalt § 1, Sachsen § 2, Reufs j. L. § 2, Altenburg § 2.

oder unter einem Monat

Schleswig § 11, Frst. Lübeck Art. 1.

nicht unter den Begriff des Gesindevertrages fällt.

Die Aufnahme in das Hauswesen wird nur ganz selten begriffsmäfsig vorausgesetzt;

Schleswig § 1, Lübeck § 1, 3, das begriffsmässig nur Gesinde „ohne eignen Haushalt" kennt. Schw.-Rudolstadt § 43, Coburg § 34, Braunschweig § 20. Das Gesinde wird beim Eintritt in den Dienst ein Teil der Hausgenossenschaft.

Öfter wird sogar angeordnet, dafs die Aufnahme in das Hauswesen und die Gewährung von Wohnung oder Schlafstelle für die Zugehörigkeit zum Gesindestande gleichgültig sei.

Bremen § 2, Gotha § 1, Kurhessen, Stadt § 13, Land § 13, Fulda § 10. Eine merkwürdige Vorschrift enthält Lübeck § 2, wonach Laufburschen und Aufwärter, Laufmädchen und Aufwärterinnen, welche für die Tageszeit gemietet sind und nicht im Hause ihrer Herrschaft übernachten, nur dann zum Gesinde gerechnet werden, wenn sie im Lübeckischen Staat nicht heimatberechtigt sind.

Die hessische Gesindeordnung Art. 47 spricht ausdrücklich von „Dienstboten, welche nicht bei ihrer Herrschaft wohnen."

Ob für die anderen Gesindeordnungen, für welche eine ausdrückliche Bestimmung über die Aufnahme des Gesindes in das Hauswesen nicht vorliegt, eine solche aus dem geltenden Recht ohne weiteres gefolgert werden kann, erscheint zum mindesten zweifelhaft. Zwar stammen die meisten Gesindeordnungen aus einer Zeit, wo notorisch das Gesinde zur häuslichen Gesellschaft gerechnet wurde, und Fälle, in denen Dienende für häusliche Dienste oder in der Landwirtschaft aufserhalb des Hausstandes der Herrschaft lebten, zu den verschwindenden Ausnahmen gehörten, und man könnte annehmen, dafs der Gesetzgeber diesen Umstand stillschweigend vorausgesetzt habe, zumal fast alle Gesindeordnungen Bestimmungen enthalten, die nur dann einen Sinn ergeben, wenn der betreffende Dienstbote in das Hauswesen der Herrschaft aufgenommen ist, wie z. B. das Verbot, sich ohne Erlaubnis der Herrschaft aus dem Hause zu entfernen, die Verpflichtung, sich den vom Familienhaupte eingeführten häuslichen Einrichtungen zu unterwerfen, besonders sich nach der bestehenden häuslichen Ordnung zur Ruhe zu begeben u. a. m. Allein es ist ja nicht notwendig, dafs alle Bestimmungen der Gesindeordnungen auf alle Dienstboten gleicherweise angewendet werden; es kann ja sehr wohl Gesinde in und aufser dem Hause geben, und nur auf ersteres finden jene Vorschriften sinngemäfse Anwendung.

Weiter aber ist dann, wenn von der Vergütung der Dienstleistungen durch die Herrschaft gesprochen wird, immer nur von Lohn, Kost, Kostgeld und Naturalien, nie aber von der Gewährung von Wohnung die Rede. Es kommt hinzu, dafs bei denjenigen §§ der Gesindeordnungen, welche über die Leistungen der Herrschaft für den Fall handeln, dafs diese nicht im Vertrage besonders festgesetzt sind, nur ausnahmsweise etwas von der Gewährung von Wohnung oder Schlafstelle bestimmt ist.

Bremen § 46: Wenn nichts anderes verabredet, so ist eine den Umständen angemessene Schlafstelle mit Bett und der Raum für die Sachen des Gesindes zu gewähren. Sachsen § 52, Reufs j. L. § 51: Es sind dem Gesinde der Gesundheit nicht nachteilige Wohnungs- und Schlafräume zu gewähren. Coburg: Bei Entlassung ohne Grund hat die Herrschaft dem Gesinde die Kosten der Wohnung auf 14 Tage zu ersetzen. Frankfurt § 19. Ebenso.

Aber gerade aus dem Umstand, dafs auch diese Vorschriften nur mangels anderer Abrede in Kraft treten sollen, geht hervor, dafs durch Verabredung eben auch etwas anderes festgesetzt werden kann, nämlich dafs das Gesinde nicht im Hause der Herrschaft zu wohnen braucht.

Eine andere Frage ist ja die, ob dieser Zustand wünschenswert ist, oder ob nicht eine Abänderung dieser Bestimmungen angestrebt werden mufs. Darüber wird weiter unten gesprochen werden. Hier genügt es, festzustellen, dafs trotz der abweichenden Meinungen der Rechtslehrer, der preufsischen Obergerichte und der Praxis in den meisten Staaten die Aufnahme des Gesindes in das Hauswesen der Herrschaft nicht begrifflich notwendig ist, aufser in den Gebieten der Gesindeordnungen von Schleswig, Lübeck, Schwarzburg-Rudolstadt, Koburg und Braunschweig, wo das Gesetz ausdrücklich eine entsprechende Beschränkung des Begriffs eingeführt hat.

In vielen Gesindeordnungen ist ein Unterschied gemacht zwischen landwirtschaftlichem (ländlichem) und anderem (häuslichem, städtischem) Gesinde.

Preufs. v. 1810 §§ 41, 102, Neuvorpom. §§ 35, 95, Schw.-Rudolstadt § 21, Braunschweig §§ 7, 26, Schaumburg-Lippe § 21, Hamburger Geest § 4 scheidet Gesinde für landwirtschaftliche Verhältnisse und Dienstboten der auf dem Lande wohnenden Städter oder in städtischer Weise wohnenden Landbewohner. Anhalt § 13, Schleswig § 54, Lübeck § 11, Hannover § 44, Ostfriesland § 41, Sachsen §§ 7, 48, 73, 81, Reufs j. L. §§ 7, 47, 71, 79, Schw.-Sondershausen §§ 14, 15, Frst. Lübeck § 45, Weimar § 13, Baden §§ 14, 16, Hessen Art. 19, Mecklemburg Land §§ 34, 36, 38, Bayern Pol. Strafgesetzbuch Art. 106, Abs. 6.

Bezüglich des preussischen Rechts liegt die Sache nicht ganz klar. § 41 bez. 35 scheidet städtisches und Landgesinde, § 102 bez. 95 solches, welches blofs zu häuslichen Verrichtungen bestimmt ist, und solches, welches zur Landwirtschaft gebraucht wird. In einer Entscheidung von 1849 hatte das Obertribunal die Scheidung zwischen städischen und Landgesinde nicht, wie die Beziehung auf § 102 bez. 95 klar ergiebt, nach der Art der Dienstleistung, sondern nach dem Ort der Gesindehaltung vorgenommen, und sich dadurch in Widerspruch mit der Praxis und den Auslegern gesetzt, ohne jedoch für diese Ansicht weitere Anhänger zu gewinnen. Nicht ganz so einfach ist die Frage zu beantworten, ob es nach preufsischem Recht neben diesem häuslichen und landwirtschaftlichen Gesinde auch gewerbliches Gesinde giebt. Erwähnt wird es direkt nie, man könnte es aber vielleicht unter die wirtschaftlichen Dienstleistungen des § 1 oder das städtische Gesinde des § 41 bez. 35 subsumieren. Dem widerspricht aber der Umstand, dafs einmal die § 41 bez. 35 und § 102 bez. 95 mit den verschiedenen Bezeichnungen doch dieselben sachlichen Unterschiede treffen und zweitens, da diese §§ die von ihnen behandelten Materien zweifellos erschöpfend regeln, aber nur jene zwei Arten von Gesinde kennen, ein Grund für die Übergehung dieser dritten Art von Gesinde nicht ersichtlich sein würde. Es ist demnach die von den preufsischen Gerichten befolgte Ansicht, dass Gewerbegehilfen, wie Handlungsdiener, Markthelfer, Kontorboten, Kellner, Kellnerinnen, Krankenwärter, Näherinnen, auch wenn sie in das Hauswesen ihres Brotherrn mit aufgenommen sind, nicht zum Gesinde zu rechnen sind, durchaus zu billigen.

Aus dem Gesagten geht hervor, dafs die oben angeführte allgemeine Begriffsbestimmung, wie sie der Doktrin des deutschen Privatrechtes entstammt, nicht allgemein gilt. Vielmehr sind nur folgende drei Momente wirklich allen Gesindeordnungen gemeinsam, bilden also gemeines deutsches Recht:

1. Die vertragsmäfsige Verpflichtung auf einen längeren ununterbrochenen Zeitraum,
2. die Leistung häuslicher oder landwirtschaftlicher Dienste,
3. die Entgeltlichkeit der Dienstleistungen.

5. Der Abschlufs des Gesindevertrages.

Während eine Reihe von Gesindeordnungen im Anschlufs an die Bestimmung des preufsischen Landrechts II, 5. § 2 die ausdrückliche, aber überflüssige Bestimmung enthält, dafs in der ehelichen Gemeinschaft es dem Manne zukomme, das nötige Gesinde zum Gebrauch der Familie zu mieten,

Pr. G.O. § 2, Stuttgart § 2, Neuvorpommern § 2, Schw.-Rudolstadt § 2, Rhprov. § 2. Anhalt § 2, Sachsen § 6. Reufs j. L. § 6, S.-Altenburg § 6, Osnabrück Art. 2, Schaumburg-Lippe § 2, Bremen und Verden § 2, Oldenburg § 4, Frst. Lübeck § 3, Schw.-Sondershausen § 2.
bestimmen einige, dafs es bezüglich der Befugnis, Gesinde zu mieten, sein Bewenden beim geltenden Recht haben solle.

Mecklenburg Land § 5, Hannover § 3, Ostfriesland § 3, Waldeck § 3.

Andere dagegen machen diese Befugnis davon abhängig, dafs der Mietende über seine Einkünfte oder wenigstens einen Teil derselben frei verfügen könne.

Weimar § 9, Gotha § 2.

Eine sehr wesentliche Einschränkung der Befugnis, Gesinde anzunehmen und zu halten, führt das neue sächsische Recht § 5 und im Anschlufs daran auch die Gesindeordnung für Reufs j. L. § 5 ein. Danach ist es solchen Personen, welche

1. nicht im Genusse der bürgerlichen Ehrenrechte sich befinden, oder
2. unter polizeilicher Aufsicht stehen, oder
3. der im § 361, 6 R.Str.G.B. gedachten sittenpolizeilichen Kontrolle unterstellt sind, oder
4. eine der unter 1. bis 3. genannten Personen in ihrem Hausstande haben, verboten, Minderjährige als Dienstboten anzunehmen oder zu behalten.

Wesentlich ist auch die in den meisten Gesindeordnungen sich findende Erweiterung der Handlungsfähigkeit der Frau beim Abschlufs von Verträgen mit weiblichem Gesinde, sei es für das Hauswesen, sei es für die Landwirtschaft.

Pr. G.O. § 3, Neuvorpommern § 3, Schw.-Rudolstadt § 2, Rhprov. § 2, Anhalt § 2, Sachsen § 7, Reufs j. L. § 7, S.-Altenburg § 8, Braunschweig § 2, Schleswig § 6, Lübeck § 9, Hamburger Geest § 3, Bremen § 10, Osnabrück § 2, Bremen und Verden § 2, Schaumburg-Lippe § 2, Gotha § 2, Waldeck § 3, Nassau § 3, Oldenburg § 4, Frst. Lübeck Art. 3, 4, Mecklenburg Land, § 4 erstreckt diese Befugnis über das weibliche Gesinde auf Hofgänger.

In der Regel steht dabei dem Manne ein Einspruchsrecht gegen die Wahl der Frau nur insofern zu, als er nicht an die vertragsmäfsige Dauer des Verhältnisses gebunden ist, sondern dem Gesinde sofort mit der gesetzlichen Frist aufkündigen kann. An die Genehmigung des Mannes ist die Frau nur einmal gebunden.

Stuttgart § 3.

Da die Mehrzahl der in Gesindediensten befindlichen Personen in jugendlichem Alter steht und daher den Beschränkungen der Geschäftsfähigkeit unterliegen würde, so finden sich in den meisten Gesindeordnungen Abänderungen des bürgerlichen Rechts, die den Zweck verfolgen, den Vertragsschlufs zu erleichtern. Für Frauen behält es dagegen meist bei den bestehenden Beschränkungen sein Bewenden. Minderjährige können ohne Beistand gewöhnliche Dienstverträge, in denen ungewöhnliche Verabredungen sich nicht finden, abschliefsen nach der Schweriner Gesindeordnung § 1, wenn sie konfirmiert sind, nach der Parchimer Gesindeordnung § 1.

Unmündige bis 18 Jahren bedürfen der Einwilligung,

<small>Schleswig § 7, Hamburger Geest § 2, Lübeck § 10,</small>

bis 15 Jahren,

<small>Bremen § 7</small>

überhaupt nicht, wenn sie bei den gesetzlichen Vertretern nicht mehr im Hause sind, sondern mit ihrer ausdrücklichen oder stillschweigenden Einwilligung aufserhalb des elterlichen Hauses sich befinden und sich bereits ihr Fortkommen selbst haben suchen müssen.

<small>Sachsen § 13, Reufs j. L. § 13, S.-Altenburg § 13.</small>

Der Einwilligung bedürfen Kinder unter väterlicher Gewalt und Unmündige prinzipiell,

<small>Rhprqv. § 4, Stuttgart § 5, Hohenz.-Sigmaringen § 4, Anhalt § 46, Coburg § 8, Gotha § 3, Bergedorf § 2, jedoch für nicht konfimierte nur unter der Bedingung, dafs sie zum Schulbesuch angehalten werden; Mecklenburg V.O. vom 22. August 1878, welche die Erteilung des Diensterlaubnisscheines für schulpflichtige Kinder durch die Prediger von vollendetem 11. Lebensjahr und der Nachweisung gewisser Kenntnisse nach regelmäfsigem Schulbesuch abhängig macht; Weimar § 4, Personen im öffentlichen Dienst dürfen sich nicht ohne Einwilligung ihrer Vorgesetzten vermieten.</small>

oder nur zur ersten Vermietung, während angenommen wird, dafs diese zugleich für alle weiteren Vermietungen gelten soll, wenn sie nicht ausdrücklich auf den Einzelfall beschränkt ist.

<small>Preufs. G.O. §§ 6,8, Neuvorpommern §§ 6,8, Schw.-Rudolstadt § 3, Hohenz.-Hechingen § 8, Sachsen § 12, S.-Altenburg § 12. Reufs. j. L. § 12, Osnabrück Art. 3, Bremen und Verden § 3, Hannover § 4, Ostfriesland § 4, Schaumburg-Lippe § 3, Nassau § 4, Oldenburg § 6, Birkenfeld Art. 4, welch beide letztere die Einwilligung stets für schulpflichtige Kinder verlangen.</small>

Wird diese Einwilligung von den dazu berechtigten ohne Grund verweigert, so kann sie durch die Polizei oder das Vormundschaftsgericht ergänzt werden.

<small>Anhalt § 46, Braunschweig § 3, Hohenzollern-Sigmaringen § 4, Sachsen § 11, S.-Altenburg § 11, Reufs j. L. § 11, für die drei letztgenannten, wenn die Untersuchung ergiebt,
1) dafs es den Eltern an den nötigen erlaubten Mitteln zum Unterhalt gebricht, oder</small>

2) dafs sie die Kinder schlecht halten, oder
3) dafs diese um ihrer eignen besseren Ausbildung willen in Dienst gehen wollen.

Beim Antritt des Dienstes wird mehrfach verlangt, dafs das Gesinde die rechtmäfsige Verlassung des vorigen Dienstes oder seine Befugnis zur erstmaligen Vermietung nachweist. Meist wird dies durch einen Kündigungs- oder Losschein oder durch ein polizeiliches Zeugnis geschehen. Die Durchführung dieser Vorschrift wird teils dadurch gesichert, dafs der Vertragsabschlufs ohne solchen Schein für ungültig erklärt wird, teils dadurch, dafs Herrschaften und Gesinde bestraft werden, wenn sie ein Dienstverhältnis ohne solchen Schein eingehen.

Preufs. G.O. §§ 9, 10. Neuvorpommern § 10, Rhprov. § 4, Kurhessen Städte § 3, Land § 3, Fulda § 1, Oldenburg § 9, Gotha § 43, Oldenburg § 12, Birkenfeld Art. 11, 53, Schwerin § 2, Parchim § 2, Mecklemburg Land § 7, Lauenburg § 4, Koburg § 9, Reufs ü. L. § 9.

6. Die Form des Gesindevertrages, insbesondere das Mietsgeld.

Über die Form des Vertragsabschlusses treffen die meisten Gesindeordnungen, teils in Übereinstimmung mit dem geltenden bürgerlichen Recht, teils abweichend von diesem, besondere Bestimmungen.

Die einen behandeln ihn als formlosen Konsensualvertrag,

Bayern S. 15, Baden § 1, Bremen § 11, Mecklemburg Land § 2, Rhprov. § 8, Anhalt § 8, Stuttgart § 7, Schw.-Rudolstadt § 8, Weimar § 9, Neuvorpommern § 23,

indem sie zum Teil noch ausdrücklich hinzufügen, dafs das Geben und Nehmen des Mietsgeldes nicht notwendig sei,

Oldenburg § 18, Frst. Lübeck 8, Bremen § 11, Stuttgart § 7, Mecklemburg Land § 2, Schwerin § 5, Parchim § 4.

Andere stellen den mündlichen oder schriftlichen Abschlufs in das Belieben der Parteien und legen das entscheidende Gewicht auf die Willenseinigung über die Art der Dienste und die Gegenleistung der Herrschaft im allgemeinen,

Sachsen § 17, Reufs j. L. § 17, S.-Altenburg § 17, Hessen Art. 2, Hohenz.-Hechingen § 4, Lippe-Detmold § 4,

vermuten jedoch den Abschlufs, wenn der Dienst angetreten, ins Dienstbuch eingetragen oder Mietsgeld gegeben und angenommen ist,

Sachsen § 17, Reufs j. L. § 17, S.-Altenburg § 17,

oder allein, wenn letzteres geschehen ist.

Stuttgart § 7, Hohenz.-Hechingen § 4, Lippe-Detmold § 4.

Die Wahl zwischen dem Geben und Nehmen des Mietsgeldes und dem schriftlichen Vertragsschlufs findet sich zweimal.

Hamburger Geest § 1, Gotha 5.

Öfter kann der Abschlufs durch thatsächlichen Antritt, schriftlichen Vertrag oder Geben und Annehmen des Mietsgeldes erfolgen.

Schw.-Sondershausen § 11, Hohenz.-Sigmaringen § 4, Hannover § 6, Waldeck § 7, Ostfriesland § 7.

Mündliche Übereinkunft, verbunden mit Geben und Nehmen des Mietsgeldes, ist in folgenden Gesindeordnungen vorgeschrieben:

Braunschweig § 5, Koburg § 16, S.-Meiningen, Art. 1, 5, Frankfurt § 3: „Die Gültigkeit eines verabredeten oder schriftlichen Gesindevertrages beginnt mit der Annahme und Hingabe des Mietgeldes". Nassau § 5, Schleswig § 8, Lübeck § 12, Osnabrück Art. 19, Bremen und Verden § 13, Birkenfeld Art. 16, Schaumburg-Lippe § 12, Schw.-Sondershausen § 11, Weimar § 9, hier hängt jedoch nur in dem Fall, wo Mietgeld ausdrücklich verabredet ist, die Gültigkeit des Vertrages von der Zahlung ab. Ebenso Schw.-Rudolstadt § 10, wo es auch bei stillschweigender Verlängerung des Vertrages vom Gesinde gefordert werden darf.

Für den Geltungsbereich des A.L.R. und der preufsischen Gesindeordnung von 1810 stellt sich der Rechtszustand so dar, dafs, wenn die dem Gesinde versprochene Vergütung an Lohn, Kost, Wohnung und sonstigen Bezügen in Geld gerechnet, 150 Mark nicht übersteigt, mündliche Form genügt, andernfalls der Vertrag entweder schriftlich abgeschlossen oder Mietgeld gegeben und angenommen werden mufs.

Preufs. G.O. § 22, 23, § 131, 137, I. 5 A.L.R., vgl. auch Zürn, Handbuch S. 22.

Über die Bedeutung des Mietsgeldes[1]) finden sich in der Regel eingehende Vorschriften, zumal das Gesinderecht die eigentliche sedes materiae für das Institut der arrha im modernen Recht geworden ist.

Im preufs. Recht: Mietgeld; andere Bezeichnungen: Osnabrück, Schaumburg-Lippe: Weinkauf, Handgold, Handschilling, Winnegeld; Hohenz.-Hechingen u. Sigmaringen, Stuttgart, Tübingen: Haftgeld; Schw.-Rudolstadt: Mietgeld, Haftgeld, Leihkauf; Schw.-Sondershausen: Leihkauf, Handgeld; Koburg: Dinggeld; Lübeck: Gottesgeld; Braunschweig: Mietpfennig; Gotha: Leihkauf; Bremen: Handgeld; Lippe-Detmold: Weinkauf; Bayern: Hand-, Ding-, Häftl-, Drangeld.

---

[1]) Vgl. darüber im allgemeinen von Jagemann, die Draufgabe (arrha) (Berlin 1873) bes. S. 127 ff., dessen Ansichten, obwohl das geltende Gesinderecht nur wenig benutzt worden ist, im wesentlichen beigestimmt werden kann. Abweichungen sind in zwei Punkten festzustellen. S. 131 „Nur der dingende Teil giebt eine arrha" ist durch den Hinweis auf das hohenzollersche Recht hinfällig geworden. S. 132 Die Bestimmung eines Maximum hinsichtlich der Höhe des Mietsgeldes findet sich im geltenden Recht nicht mehr.

In einer Reihe von Gesindeordnungen ist es notwendige Form des Gesindevertrages, in anderen ist es neben anderen Formen als solche zugelassen.

Vgl. oben.

Es wirkt aber bei der mehrfachen Vermietung eines Dienstboten für die gleiche Zeit an mehrere Herrschaften nur gegenüber der ersten Herrschaft, von welcher es gegeben und angenommen wurde.

Vgl. darüber weiter unten unter „Doppelvermietung".

Lediglich als ein Beweis des abgeschlossenen Mietvertrages gilt es in einer Reihe von Gesindeordnungen, auch ohne dafs diese ihm für das Zustandekommen des Vertrages eine besondere Bedeutung beilegen.

Rhprov. § 9, Anhalt § 9, Stuttgart § 7, Sachsen § 17, Reufs j. L. § 17, Lippe-Detmold § 4, Hohenz.-Hechingen § 5, Oldenburg § 18, Baden § 2, Hessen Art. 3, Bayern S. 19.

Bei einer Verlängerung des Dienstvertrages zwischen denselben Parteien ist eine erneute Hingabe und Annahme von Mietgeld nicht nötig.

Gotha § 34, Schw.-Sondershausen § 12, Lübeck § 12, Oldenburg § 19, Frst. Lübeck § 8, Birkenfeld § 18, Koburg § 17, Braunschweig § 5.

Die Rückgabe des Mietsgeldes seitens des Gesindes oder der Verzicht auf dasselbe von seiten der Herrschaft hebt aber den Vertrag nicht auf.

Rhprov. § 9, Anhalt § 9, Schw.-Rudolstadt § 16, Sachsen § 20, Reufs j. L. § 20, S.-Altenburg § 20, S.-Meiningen Art. 3, Oldenburg § 25, Frst. Lübeck § 10, Lippe-Detmold § 4, Mecklemburg Land § 3, Schwerin § 5, Parchim § 4, Baden § 2, Hohenz.-Hechingen § 5, Gotha § 11, wo jedoch freiwillige Rückgabe und Annahme ohne Widerspruch seitens der anderen Partei als Beweis der geschehenen Aufhebung gelten soll.

Nur einmal findet sich mit Beziehung auf das Mietsgeld ein Rücktrittsrecht vom Vertrage.

Stuttgart §§ 17, 18. 6 Wochen vor dem Antritt und 3 Tage nach Abschlufs des Vertrages steht es beiden Teilen frei, gegen Drangabe des doppelten Mietsgeldes vom Vertrage zurückzutreten.

In der Regel giebt die Herrschaft dem Gesinde das Mietsgeld; nur im hohenzollernschen Recht findet sich der Fall erwähnt, dafs das Gesinde der Herrschaft Mietsgeld giebt. Jedoch nähern sich auch diese Sonderbestimmungen dem sonst geltenden Recht insofern, als das vom Gesinde der Herrschaft gegebene Mietsgeld sich nach Ablauf einiger Zeit in ein Mietsgeld der Herrschaft an das Gesinde umwandelt.

Hohenz.-Sigmaringen § 5. Die Herrschaft, welche von Dienstboten Mietgeld angenommen hat, mufs es diesem nach vierwöchentlicher Dienstzeit doppelt, — wenn der Dienstbote ohne eigne Schuld nicht antreten kann, einfach, — wenn er schuldhaft oder ohne genügenden Grund nicht antritt, garnicht zurückgeben. Hohenz.-Hechingen § 6. Hat der Dienstbote Mietsgeld gegeben, so muss die Herrschaft es ihm nach 30 Tagen doppelt zurückgeben, wenn er den Dienst nicht inzwischen ohne Grund verlassen hat.

Die Höhe des Mietsgeldes hängt in der Regel von dem Übereinkommen der Parteien (häufiger wohl noch von dem Ortsgebrauch) ab,

Preufs. G.O. § 24, Neuvorpommern § 24, Braunschweig § 5, Gotha § 5, Osnabrück Art. 10, Schaumburg-Lippe § 13, Bremen und Verden § 14, Oldenburg § 18, Frst. Lübeck § 8, S.-Meiningen Art. 2, Sachsen § 17, Reufs j. L. § 17, S.-Altenburg § 17,

oder wird dem Ermessen der Herrschaft überlassen.

Lübeck § 12, Frankfurt § 3, Koburg § 17.

Eine Beziehung seiner Höhe zum Lohne oder zur Vertragszeit findet sich nur ausnahmsweise.

Koburg § 17. Bei Verträgen auf ein Jahr kann der Dienstbote 1 fl. rh. als Mietsgeld verlangen. Braunschweig § 5. Im Zweifel beträgt das Mietsgeld den 24. Teil des Jahreslohnes.

In der Regel darf das Mietsgeld auf den Lohn nicht angerechnet werden.

Schw.-Rudolstadt § 11, Osnabrück Art. 10, Schaumburg-Lippe § 13, Bremen und Verden § 14, Hannover § 6, Waldeck § 7, S.-Meiningen Art. 2, Lübeck § 12, Bremen § 11, Weimar § 8, Frankfurt § 3, Hessen Art. 3.

Eine Ausnahme von dieser Regel wird jedoch gemacht, wenn das Gesinde die vertragsmäfsige Zeit nicht aushält,

Stuttgart § 8, Schw.-Rudolstadt § 11, Hohenz.-Hechingen § 5, Oldenburg § 18, Birkenfeld Art. 17, Frst. Lübeck § 8, Braunschweig § 5, Mecklemburg Land §§ 3, 11. Lippe-Detmold § 8, Fulda § 5: In den Fällen, wo das Gesinde ohne Schuld den Dienstvertrag nicht aushält, muss auch das Mietgeld nach Verhältnis der Dienstzeit gerechnet werden.

oder wenn etwas anderes ausdrücklich verabredet ist.

Rhprov. § 9, Anhalt § 9, Birkenfeld § 17, Reufs j. L. § 17, Schw.-Rudolstadt § 11, Schw.-Sonderhausen § 12, Gotha § 5.

Nur einige Gesindeordnungen bestimmen, dafs das Mietsgeld stets vom Lohn abgezogen werden soll.

Ostfriesland § 8, Baden § 2, Sachsen § 17, preufs. G.O. § 25, Neuvorpommern § 25. wenn nichts anderes verabredet worden ist. Nach § 26 der letztgenannten beiden Gesetze kann die Herrschaft, auch wenn sie sich der Abrechnung durch ausdrückliche Verabredung begeben hat, das Mietsgeld doch vom Lohn abrechnen, wenn das Gesinde aus eigener Schuld die verabredete Dienstzeit nicht aushält. Schw.-Rudolstadt § 11 läfst aufserdem dann stets das Mietsgeld auf den Lohn abrechnen bei Mietsverträgen auf einen Monat.

Übereinstimmend wird jedoch aus Nord- und Süddeutschland berichtet, dafs die Volkssitte sich dieser Bestimmung widersetze, sodafs in der Praxis diese Vorschriften nicht beachtet würden.

Zur Rückgabe des Mietsgeldes ist das Gesinde verpflichtet, wenn es durch eigene Schuld den Dienst nicht antreten kann,

Rhprov. § 16, Anhalt § 16, Birkenfeld Art. 26, Schw.-Rudolstadt § 18, Sachsen § 22, Reufs j. L. § 22, S.-Altenburg § 22, Stuttgart § 22, Gotha § 14 u. a. m.

speziell wenn es durch Doppelvermietung daran verhindert ist.

Preufs. G.O. § 28, Neuvorpommern § 28, Stuttgart § 10, Rhprov. § 11, Anhalt § 11, Birkenfeld Art. 19, Sachsen § 27, Reufs j. L. § 27, S.-Altenburg § 29, Waldeck § 8, Schw.-Rudolstadt § 7, Schw.-Sondershausen § 13, Gotha § 6, Hessen Art. 4.

Weitere Folgen der Doppelvermietung siehe unten unter 11.

Aber auch, wenn es ohne eigene Schuld den Dienst nicht antreten kann, mufs es das Mietsgeld zurückgeben.

Schw.-Rudolstadt § 19, Hohenz.-Sigmaringen § 6, Kurhessen Städte § 8, Land § 8, Fulda § 6, Mecklemburg Land § 3, Stuttgart § 24, Koburg § 28.

Andrerseits ist die Herrschaft, welche die Annahme des Gesindes verweigert, in der Regel verpflichtet, dem Gesinde das Mietsgeld zu belassen.

Rhprov. § 15, Sachsen § 21, Reufs j. L. § 21, Koburg § 28, Gotha § 12, Stuttgart § 19, Schw.-Rudolstadt § 17, Schw.-Sondershausen § 16.

Doppelte Rückgabe des Mietsgeldes an die Herrschaft oder an das Gesinde findet sich im hohenzollerschen Rechte, wenn das Gesinde mit eigener Schuld den Antritt oder die Herrschaft die Annahme weigert.

Hohenz.-Sigmaringen § 6, Hohenzollern-Hechingen § 5, 6.

7. Die Dauer des Gesindeverhältnisses. Die Kündigung.

Die Dauer des Gesindeverhältnisses hängt in erster Linie von der freien Vereinbarung der Parteien ab. Doch tragen verschiedene Gesindeordnungen dem Charakter des Gesindeverhältnisses als einem Gewaltverhältnis Rechnung, indem sie schon begriffsmäfsig festsetzen, dafs dasselbe „nicht tageweise, sondern auf einen bestimmten längeren Zeitraum unausgesetzt" abgeschlossen werden solle.

Sachsen § 2, Reufs j. L. § 2, S.-Altenburg § 2, Rhprov. § 1, Birkenfeld Art. 1, Anhalt § 1.

Eine Minimalgrenze findet sich auch festgesetzt,

Schleswig § 11, Frst. Lübeck Art. 1 nicht unter einen Monat, ebenso eine Maximalgrenze.

Osnabrück Art. 17, Schaumb.-Lippe § 20: 1 Jahr, Birkenfeld Art. 21, wonach ein Vertrag über 3 Jahre ohne Kündigung von selbst aufhört.

Die Zeitdauer soll im Vertrage bestimmt sein. Mangels Abrede über diesen Punkt stellen die Gesindeordnungen teils für das gesamte Gesinde dieselben, teils für einzelne Arten verschiedene gesetzliche Vermutungen über die Vertragsdauer auf.

1 Jahr: Lippe-Detmold § 10, Waldeck § 40, Reufs ä. L. § 12, S.-Meiningen Art. 24, Hessen Art. 8, Oldenburg § 70, Lauenburg § 3.

$^1/_2$ Jahr: Bremen und Verden § 19.

$^1/_4$ Jahr: Bremen § 61.

Für verschiedene Arten finden sich verschiedene Zeitmafse: für

weibliches Gesinde: $^1/_4$ Jahr, männliches: 1 Monat: Stuttgart § 65; Livreebediente: 1 Jahr: Braunschweig § 8. Gotha § 9,

landwirtschaftliches Gesinde: 1 Jahr: Preufs. G.O. v. 1810 § 41, Neuvorpommern § 35, Sachsen § 19, Reufs j. L. § 19, S.-Altenburg § 19, Hohenz.-Sigmaringen § 11, Hohenz.-Hechingen § 14, Schw.-Rudolstadt § 21, Schw.-Sondershausen § 14, S.-Weimar § 13, Gotha § 9, Hamburg-Bergedorf § 3, Lübeck § 14, Hannover § 44, Ostfriesland § 44, Anhalt § 13. Braunschweig § 8, Nassau § 11, Baden § 3, Hessen Art. 8,

städtisches Gesinde: $^1/_2$ Jahr: Hamburg-Bergedorf § 3, Lübeck § 14, Braunschweig § 8,

städtisches Gesinde: $^1/_4$ Jahr: Preufs. G.O. v. 1810 § 41. Neuvorpommern § 35, Sachsen § 19, Reufs j. L. § 19. Anhalt § 13, Weimar § 13, Baden § 3, Nassau § 11, Schw.-Rudolstadt § 21, Schw.-Sondershausen § 14, Hannover § 44.

bei monatlicher Lohnzahlung soll eine monatliche Dauer angenommen werden: Sachsen § 19. Reufs j. L. § 19, Anhalt § 13, Baden § 3, Hessen Art. 8.

Ist eine bestimmte Dauer nicht verabredet, so endigt das Dienstverhältnis aber nicht ohne weiteres mit dem Ablauf der gesetzmäfsigen Dienstzeit. Ebensowenig endet es mit dem Ablauf der vertragsmäfsigen Dienstzeit. Vielmehr mufs in beiden Fällen die Beendigung durch Aufkündigung des Vertrages durch eine der beiden Parteien herbeigeführt werden. Geschieht dies nicht, so gilt der Vertrag als stillschweigend verlängert.

Preufs. G.O. v. 1810 § 111, Neuvorpommern § 105, Rhprov. § 14, Anhalt § 13, Birkenfeld Art. 22, Schleswig § 22, Hamburg-Bergedorf § 3, Stuttgart § 67, Osnabrück § 52, Schaumb.-Lippe § 58, Lippe-Detmold § 23, Hannover § 45, Ostfriesland § 42, Lübeck § 25, Kurhessen Städte § 7, Land § 7, Fulda § 4, Hohenz.-Hechingen § 59, Gotha § 35 (A.L.R. § 111, II. 5), Schw.-Sondershausen § 74, Schw.-Rudolstadt § 60, Koburg § 56, Braunschweig § 8, Lauenburg § 3, Frankfurt §§ 17, 18. Nassau § 15. Baden § 4, Hessen Art. 8, Sachsen § 68, Reufs j. L. § 66: jedoch nur für häusliches Gesinde, mangels anderer Abrede.

Diese Verlängerung tritt ein entweder auf dieselbe Zeit, wie der abgelaufene Vertrag,

Rhprov. § 14, Schleswig § 22, Kurhessen Städte § 7, Land § 7, Fulda § 4, Lippe-Detmold § 23, Gotha § 35, Koburg § 56, Osnabrück Art. 52, Schaumburg-Lippe § 58, Hannover § 45, Ostfriesland § 42, Lauenburg § 3, Baden § 4, Nassau § 15, Schw.-Rudolstadt § 61,

oder auf eine bestimmte Zeit,

½ Jahr: Oldenburg § 71 bei längerer als halbjähriger Vertragsdauer; Bremen und Verden § 58 ebenso;

bei häuslichem Gesinde 1 Monat: Sachsen § 68, Reufs j. L. § 67,

auf die gesetzliche Zeit: Bremen § 57, Hamburg-Bergedorf § 3, Schw.-Sondershausen § 14, Preufs. G.O. v. 1810 § 115, Neuvorpommern § 109 (bei beiden letztgenannten § 116 u. 110 aufserdem bei monatsweise gemieteten Gesinde auf einen Monat.)

doch findet sich in einigen Gesindeordnungen auch im Gegenteil eine besondere Bestimmung dahin, dafs eine stillschweigende Verlängerung des Gesindeverhältnisses nicht statthabe.

Hohenz.-Sigmaringen § 55, Waldeck § 41, Frst. Lübeck § 39, S.-Weimar § 13, Reufs ä. L. § 38,

für das landwirtschaftliche Gesinde allein: Sachsen § 67, Reufs j. L. § 65,

nur bei kürzeren als halbjährigen Verträgen: Oldenburg § 74, Bremen und Verden § 58.

Für die Aufkündigung finden sich in den verschiedenen Gesindeordnungen mancherlei Fristen festgesetzt, zum Teil für alle Arten von Gesinde und für alle Verträge gemeinsam,

½ Jahr: Lauenburg § 3.

¼ Jahr: Fulda § 4, Hamburger Geest § 11, Hannover § 46, Lippe-Detmold § 23, Schleswig § 22, Schwerin § 6, Parchim § 5, Neuvorpommern § 106,

6 Wochen: Birkenfeld Art. 21, Nassau § 11,

teils verschieden nach den Arten des Gesindes,

bei landwirtschaftlichem Gesinde ½ Jahr: Mecklenburg Land § 36; ¼ Jahr: Preufs. G.O. v. 1810 § 112, Hohenz.-Hechingen § 59, Schw.-Sondershausen § 14, Lübeck § 25, Anhalt § 13,

bei städtischem Gesinde: 6 Wochen: Preufs. G.O. v. 1810 § 112, Lübeck § 25; 4 Wochen: Hohenz.-Hechingen § 59, Schw.-Sondershausen § 14; 14 Tage: Frankfurt §§ 17, 18.

Bei monatsweise gemietetem Gesinde: 1 Monat: Anhalt § 13; 14 Tage: Schw.-Sondershausen § 14; 15 Tage: Preufs. G.O. v. 1810 § 113, Neuvorpommern § 107.

oder nach der Dauer der Verträge.

bei einjähriger Dauer ¼ Jahr bis 6 Wochen, bei ½ jähriger Dauer 2 Monate, bei ¼ jähriger Dauer 6 bis 4 Wochen, bei einmonatlicher Dauer 4 bis 2 Wochen: Stuttgart § 67; Schw.-Rudolstadt § 61, Braunschweig § 8; Koburg § 56; Baden § 4, letzteres je mit den kürzesten Fristen.

Wie sich die Vorschrift der stillschweigenden Verlängerung mangels Kündigung auch bei bestimmter Vertragsdauer auf die familiäre Natur des Gesindevertrages stützt, der in der Absicht geschlossen wird, dafs er recht lange in Wirksamkeit bleiben solle[1]), so ist auf diesen Gedankengang auch eine Bestimmung zurückzuführen, welche im Bremer Recht die allgemeinen Vorschriften über Willenserklärungen einschränken soll. Nach § 66 der Bremer Gesindeordnung soll eine bei einem Wortwechsel in der Leidenschaft geschehene Erklärung über die Auflösung des Verhältnisses zur gültigen Aufkündigung desselben nicht hinreichend sein.

Die Aufhebung des Gesindeverhältnisses kann also nur ausnahmsweise durch Ablauf der gesetzlichen oder vertragsmäfsigen Zeit, regelmäfsig nur durch Kündigung, Tod des Gesindes oder der Herrschaft und durch Konkurs der letzteren erfolgen. Über die letztgenannten Auflösungsarten enthält das Gesinderecht keine Bestimmungen, die in bemerkenswerter Weise von dem geltenden bürgerlichen Recht abweichen. In einigen Gesindeordnungen finden sich jedoch auch noch Bestimmungen über die Beendigung des landwirtschaftlichen Gesindeverhältnisses bei Besitzveränderungen des landwirtschaftlichen Besitztumes, zu dessen Bewirtschaftung das Gesinde in erster Linie gemietet war. Nach sächsischem Recht bleiben die neue Herrschaft und das Gesinde an den alten Mietvertrag gebunden, wenn nicht eine Vereinbarung über die sofortige Aufhebung zu stande kommt.

Sachsen §§ 81, 82, Reufs j. L. §§ 79, 80. Ebenso Lippe-Detmold § 8.

Nach schleswigschem Recht ist dagegen keine Partei an den alten Vertrag gebunden, doch mufs dem Gesinde, wenn die Herrschaft es fortschickt, die gesetzliche Entschädigung gezahlt werden.

Schleswig § 24, Hamburger Geest § 12.

Aus der Eigenart des Gesindeverhältnisses entspringen aber noch eine Reihe von Gründen, welche den einen oder anderen Teil vor Ablauf der vertragsmäfsigen oder gesetzlichen Zeit entweder sofort oder nach vorhergegangener Kündigung zur Aufhebung des Gesindeverhältnisses berechtigen. Da sie aber auf den aus dem Gesindeverhältnis entspringenden Rechten und Pflichten der Herrschaft und

---

[1]) Posseldt-Lindenberg S. 81.

des Gesindes beruhen, so kann ihre Erörterung erst noch einer Darstellung dieser erfolgen.

8. Die auf dem Vertrage beruhenden Rechte und Pflichten.

Zunächst entspringen aus dem Vertrage das Recht und die Pflicht beider Parteien zur Leistung und Gegenleistung des im Vertrage versprochenen. Dem Recht der Herrschaft auf die Leistung häuslicher und landwirtschaftlicher Dienste entspricht die Verpflichtung des Gesindes zu deren Leistung, dem Rechte des Gesindes auf die dafür zu gebende Vergütung entspricht die Verpflichtung der Herrschaft zur Gewährung derselben. Allein das Gesinderecht begnügt sich nicht mit dieser allgemeinen Feststellung, welche an sich keine Abweichung vom gewöhnlichen Civilrecht darstellen würde, sondern legt dem Vertrage eine über das obligatorische Moment hinausgehende Bedeutung bei, welche in einer reicheren Ausgestaltung der gegenseitigen Rechte und Pflichten ihren Ausdruck findet. Diese Pflichten der beiden Parteien formuliert es teils positiv, zumal durch eine reichhaltige Aufzählung der Pflichten des Gesindes gegen die Herrschaft, es führt sie aber auch in ihrer Kehrseite auf, indem es das Recht der Herrschaft auf ein diesen Pflichten gemäfses Verhalten des Gesindes dadurch festsetzt, dafs das entsprechende pflichtwidrige Verhalten des Gesindes für die Herrschaft einen Grund zur sofortigen Entlassung des Gesindes oder einen Anspruch auf Bestrafung des Gesindes durch die Obrigkeit, oder beides zugleich, abgeben soll. Die Pflichten der Herrschaft werden auch, freilich weniger ausführlich, aufgezählt. Das Recht des Gesindes auf ein pflichtmäfsiges Verhalten der Herrschaft aber wird in der Regel nur dadurch gesichert, dafs dem Gesinde wegen pflichtwidrigen Verhaltens der Herrschaft ein Recht auf sofortige Aufhebung des Vertragsverhältnisses zugesprochen wird. Im folgenden werden zunächst die positiv aufgezählten Pflichten des Gesindes zusammengestellt werden.

I. Die vertragsmäfsigen Dienstleistungen des Gesindes können entweder in gewissen bestimmten Geschäften ausschliefslich oder in allen häuslichen Verrichtungen bestehen. Aber für beide Arten von Gesinde besteht eine unbedingte Arbeitspflicht nach dem Willen und den Anordnungen der Herrschaft, indem das gemeine Gesinde stets, Gesinde, welches in erster Linie nur zu gewissen Arbeiten oder Diensten angenommen ist, aber dann, wenn das dazu bestimmte Nebengesinde erkrankt oder sonst verhindert ist, jede Arbeit nach Anordnung der Herrschaft verrichten mufs.

Preufs. G.O. v. 1810 §§ 57, 60, Neuvorpommern §§ 51, 54, Stuttgart § 26, Rhprov. § 18, Anhalt § 18, Birkenfeld Art. 29, Lippe-Detmold § 12, Sachsen §§ 33, 34, Reufs j. L. §§ 33, 34, S.-Altenburg §§ 37, 38, Reufs ä. L. § 18, Osnabrück § 31, Bremen und Verden §§ 29, 30, Schaumb.-Lippe § 34, Hannover §§ 24—26, Ostfriesland §§ 22—24, Waldeck §§ 20—23, Mecklemburg Land §§ 20—23, Schwerin § 8, Parchim § 7, Lauenburg § 21, Weimar § 19, Hohenz.-Sigmaringen §§ 24, 25, Hohenz.-Hechingen §§ 27, 28, Bremen §§ 36, 37, Oldenburg §§ 37—39, Frst. Lübeck § 20, S.-Meiningen Art. 10, Schw.-Rudolstadt §§ 30, 31, Schw.-Sondershausen § 24, Kurhessen Städte § 11, Land § 11, Fulda § 8. Als besondere Fälle, auf die sich diese Arbeitspflicht namentlich erstreckt, sind öfters Erntearbeiten, welche wegen Gefahr im Verzuge eilig beendet werden müssen, angeführt: Sachsen § 35, Reufs j. L. § 35, S.-Altenburg § 38, Hannover § 27, Ostfriesland § 25, Waldeck § 25, Baden § 6, Hessen Art. 13.

Aber nicht nur mufs das Gesinde so alle Arbeiten auf Erfordern der Herrschaft übernehmen, in einigen Gesindeordnungen ist auch ausdrücklich festgestellt, dafs es seine ganze Zeit und Thätigkeit dem Dienst der Herrschaft zu widmen habe.

Sachsen § 32, Reufs j. L. § 32, S.-Altenburg § 25, Bremen § 42.

Diese Dienstleistungen müssen persönlich durch das Gesinde erfolgen, ohne Erlaubnis der Herrschaft ist es nicht berechtigt, sich in den aufgetragenen Geschäften durch andere vertreten zu lassen.

Preufs. G.O. v. 1810 §§ 62, 63, Rhprov. § 19, Anhalt § 19, Birkenfeld Art. 30, Sachsen § 37, Reufs j. L. § 37, S.-Altenburg § 40, Schw.-Rudolstadt § 33, Schw.-Sondershausen § 24, Gotha § 18, (A.L.R. §§ 62, 63), Waldeck § 21, Bremen und Verden § 28, Mecklemburg Land § 26, Braunschweig § 15, Weimar § 19, Bremen § 40, Oldenburg § 41, Frst. Lübeck § 22, Baden § 6, Hessen Art. 13.

Das Gesinde mufs seine Dienste nicht nur der Herrschaft, sondern nach deren Anordnung auch deren Familiengliedern oder auch allen in das Hauswesen als Gäste oder sonst aufgenommenen Personen leisten.

Preufs. G.O. v. 1810 § 58, Sachsen § 33, Reufs j. L. § 33, S.-Altenburg § 36, Mecklemburg Land § 23, Braunschweig § 15, Bremen § 29, Oldenburg §§ 37—39, Frst. Lübeck § 20, S.-Meiningen § 10, Schw.-Sondershausen § 24, Gotha §§ 17 (A.L.R. §§ 58, 59).

Auch über diese speziellen Dienstleistungen hinaus untersteht das Gesinde der Aufsicht der Herrschaft. Es hat sich allen häuslichen Einrichtungen der Herrschaft zu unterwerfen und deren hierauf bezüglichen Anordnungen Folge zu leisten.

Preufs. G.O. v. 1810 §§ 59, 73, Neuvorpommern §§ 53, 67, Rhprov. § 20, Anhalt § 20, Osnabrück Art. 29, Bremen und Verden § 32, Schaumb.-Lippe § 32, Braunschweig §§ 15, 18, Oldenburg § 35, Frst. Lübeck § 20, Sachsen § 38, Reufs

j. L. § 38, S.-Altenburg § 41, S.-Meiningen § 12, Gotha § 21 (A.L.R. § 73), Weimar § 17, Koburg § 44, Reufs ä. L. § 16, Schw.-Rudolstadt § 23, Schw.-Sonderhausen § 23, Bremen § 28, Mecklenburg Land § 28, Frankfurt § 6, Hohenz.-Sigmaringen § 26, Baden § 6, Hessen Art. 13.

Insbesondere darf es ohne Erlaubnis der Herrschaft nicht ausgehen, bez. die von der Herrschaft dazu gegebene Erlaubnis nicht überschreiten.

Preufs. G.O. v. 1810 §§ 74, 75, Lippe-Detmold § 15, Neuvorpommern §§ 68, 69, Rhprov. § 23, Anhalt § 23, Birkenfeld Art. 34, Osnabrück Art. 37, Bremen und Verden § 33, Schaumburg-Lippe § 40, Hannover § 29, Ostfriesland § 27, Waldeck § 27, Sachsen § 39, Reufs j. L. § 39, S.-Meiningen § 13, Gotha § 22 (A.L.R. §§ 74, 75), Weimar § 17, Schw.-Rudolstadt § 39, Reufs ä. L. § 16, Mecklenburg Land § 27, Schwerin § 8, Parchim § 7, Braunschweig § 15, Bremen § 41, Oldenburg § 49, Frst. Lübeck § 24, Kurhessen Städte § 11, Land § 11, Hohenz.-Sigmaringen § 23, Hohenz.-Hechingen § 26.

Seine Dienste soll es treu, fleifsig und aufmerksam verrichten.

Preufs. G.O. v. 1810 § 64, Rhprov. § 20, Anhalt § 20, Birkenfeld Art. 20, Lippe-Detmold § 13, Osnabrück Art. 30, Bremen und Verden § 28, Schaumb.-Lippe § 33, Mecklenburg Land § 18, Lauenburg § 1, Frankfurt § 6, Hohenz.-Sigmaringen § 21, Hohenz.-Hechingen § 21, S.-Meiningen § 8, Schw.-Rudolstadt § 23, Schw.-Sondershausen § 23, Gotha § 19 (A.L.R. § 64), Kurhessen Städte § 11, Land § 11, Fulda § 8.

Es soll sich gesittet und anständig,

Bremen § 32, Hohenz.-Sigmaringen § 23, Hohenz.-Hechingen § 26, Frankfurt § 6, Weimar § 24, Koburg § 44.

reinlich und anständig,

Osnabrück Art. 30, Bremen und Verden § 27, Schaumb.-Lippe § 33, Sachsen § 30, Reufs j. L. § 30, Schw.-Sondershausen § 23, Bremen § 32, Oldenburg § 36, Frst. Lübeck § 20.

nüchtern,

Mecklenburg Land § 18, Lauenburg § 1,

gottesfürchtig und sittlich

Sachsen § 30, Reufs j. L. § 30, S.-Altenburg § 34,

benehmen und dem Nebengesinde gegenüber verträglich sein.

Sachsen § 30, Reufs j. L. § 30, S.-Altenburg § 34, S.-Meiningen § 8, Koburg § 44, Lippe-Detmold § 16, Osnabrück Art. 30, Bremen und Verden § 27, Schaumb.-Lippe § 33, Mecklenburg Land § 18, Bremen §§ 33, 39, Oldenburg § 36, Frst. Lübeck § 20, Frankfurt § 6.

Es soll keinen übermäfsigen Aufwand treiben.

Sachsen § 44, Bremen § 32, Schw.-Sondershausen § 27.

Es ist der Herrschaft zu Treue, Ehrerbietung und Gehorsam, ihren Angehörigen zu Achtung verpflichtet.

Sachsen § 30, Reufs j. L. § 30, Osnabrück Art. 30, Bremen und Verden § 27, Schaumb.-Lippe § 33, Oldenburg § 36. Frst. Lübeck § 20, Bremen § 30 Koburg §§ 44, 46, S.-Meiningen § 8, Schw.-Rudolstadt § 23, Schw.-Sondershausen § 23, Frankfurt § 6, Kurhessen Städte § 11, Land § 11, Fulda § 8, Hessen Art. 13.

Diese Pflicht der **Treue** wird dahin näher bestimmt, dafs das Gesinde verpflichtet ist, auch aufser seinen Diensten der Herrschaft bestes zu fördern, Schaden und Nachteil aber abzuwenden.

Preufs. G.O. v. 1810 § 70, Neuvorpommern § 64, Rhprov. § 22, Anhalt § 22, Birkenfeld Art. 33. Lippe-Detmold § 14, Osnabrück Art. 36, Bremen und Verden § 35, Schaumb.-Lippe § 39, Hannover § 30. Ostfriesland § 28, Waldeck § 28. Braunschw. § 18, Oldenburg § 48, Frst. Lübeck § 24, Bremen § 31, Sachsen § 30. Reufs j. L. § 30, Schw.-Rudolstadt § 36, Schw.-Sondershausen § 23. Koburg § 44. Reufs ä. L. § 19, Weimar § 20, Gotha § 21 (A.J.R. §§ 70—72), Mecklemburg Land § 18. Hohenz.-Sigmaringen § 21, Hohenz.-Hechingen § 24, Kurhessen Städte § 11, Land § 11.

Eine spezielle Folge dieser Treupflicht ist das Verbot des Plauderns über die häuslichen Verhältnisse der Herrschaft, dessen Überschreitung zum Ersatz des daraus entspringenden Schadens an die Herrschaft verpflichtet. Über alle Vorgänge in der Familie soll das Gesinde Schweigen beobachten. Doch erstreckt sich dies Gebot natürlich nicht auf strafbare Handlungen, zu deren Anzeige jedermann verpflichtet ist.

Sachsen § 46, Reufs j. L. § 45, S.-Altenburg § 54, Reufs ä. L. § 20. S.-Meiningen § 8, Schw.-Sondershausen § 23, Lippe-Detmold § 16, Oldenburg § 48, Frst. Lübeck § 24, Hohenz.-Sigmaringen § 24, Hohenz.-Hechingen § 24.

Auch findet sich ein besonderes Verbot des Naschens.

Schw.-Rudolstadt § 24, Reufs ä. L. § 21, Hohenz.-Sigmaringen § 31, Hohenz.-Hechingen § 34.

Eine weitere Konsequenz aus der Pflicht der Treue ziehen einige Gesindeordnungen, indem sie Vorkehrungen treffen, um Veruntreuungen des Gesindes möglichst hintanzuhalten oder möglichst bald zu entdecken.

Zu diesem Behuf sollen die Dienstboten alle ihre Koffer, Laden und sonstigen Effekten sofort nach Vertragsschluss in die Behausung der Herrschaft schaffen. Schw.-Rudolstadt § 28. Oder es wird den Dienstboten ausdrücklich verboten, aufserhalb der Wohnung der Herrschaft sich Wohnräume zu mieten, Hessen-Homburg § 10, oder Kisten und andere Behältnisse ohne Wissen der Herrschaft in fremde Häuser zu stellen, Stuttgart § 42. Oder endlich mufs sich das Gesinde es gefallen lassen, dafs die Herrschaft in Gegenwart eines Zeugen die Habseligkeiten des Gesindes durchsucht, Sachsen § 42, Reufs j. L. § 42, S.-Meiningen Art. 9, Schw.-Rudolstadt § 26, Reufs ä. L. § 21, Hohenz.-Sigmaringen § 34, Hohenz.-Hechingen § 37, oder vor dem Abzug in Augenschein nimmt, Sachsen § 99, Reufs j. L. § 99.

Nicht nur selbst soll das Gesinde der Herrschaft treu sein, sondern auch jede bemerkte Untreue des Nebengesindes der Herrschaft anzeigen, widrigenfalls es für den entstandenen Schaden selbstschuldnerisch mit verhaftet ist.

Preufs. G.O. v. 1810 §§ 71, 72. Neuvorpommern §§ 65, 66, Bremen § 34, Gotha § 21 (A.L.R. §§ 70—72), Schw.-Rudolstadt § 38.

Die allgemeine Pflicht des Gehorsams findet ihre eigene Auslegung dahin, dafs es die Befehle und Verweise der Herrschaft mit Ehrerbietung und Bescheidenheit

Preufs. G.O. v. 1810 § 76, Neuvorpommern § 70, Rhprov. § 20. Anhalt § 20, Osnabrück Art. 38. Bremen und Verden § 34, Schaumb.-Lippe § 41, Braunschweig § 15. „stille Unterwürfigkeit unter die Hauszucht, die Einrichtungen des Hauswesens und die Anordnungen der Herrschaft", Sachsen § 30, Reufs j. L. § 30, S.-Altenburg § 48. S.-Meiningen § 15, Schw.-Rudolstadt § 40. Schw.-Sondershausen § 25. Reufs ä. L. § 16. Bremen § 30. Hohenz.-Sigmaringen § 26, Mecklemburg Land § 8. Schwerin § 8. Parchim § 7. Frankfurt § 10.

oder sogar ohne Widerrede annehmen mufs.

Weimar § 17, Kurhessen Städte § 11, Land § 11.

Die Gehorsamspflicht erstreckt sich nicht nur auf die Herrschaft selbst, sondern auch auf deren Vertreter, die zur Aufsicht über das Gesinde bestellt sind.

Preufs. Gesetz v. 24. April 1854 § 1. Osnabrück Art. 38, Schaumb.-Lippe § 41, Koburg § 44, Sachsen § 95, Reufs ä. L. § 16.

Diese Zusammenstellung der Pflichten des Gesindes, wie sie sich in dem gröfseren Teil der Gesindeordnungen finden, liefse sich noch erweitern und namentlich ins einzelne und einzelnste ausführen, wenn man dazu diejenigen Vorschriften heranzöge, welche die Pflichtwidrigkeiten aufzählen, die die Herrschaft zur sofortigen Auflösung des Verhältnisses oder zum Antrag auf Bestrafung berechtigen. Doch mag es hier genügen, auf diese später in anderem Zusammenhang zu erörternden Bestimmungen hingewiesen zu haben.

Das Bild des Gesinderechts würde aber unvollständig sein, wenn nicht auch festgestellt würde, dafs nicht alle Gesindeordnungen in dieser kleinlichen Breite die Pflichten des Gesindes aufzählen, sondern einige sich kürzer fassen, wenn freilich auch bei ihnen die negative Abgrenzung in üblicher Weise erfolgt.

Schleswig § 3, Lübeck § 5: Das Gesinde hat aufser den speziell ihm obliegenden Leistungen auf jede Weise nach Vermögen zur Erreichung der häuslichen Zwecke mitzuwirken, den Anordnungen der Dienstherrschaft in dieser Beziehung Folge zu leisten und sich der Hausordnung gemäfs zu verhalten.

Hamburg-Geest § 13: Das Gesinde soll treu, fleifsig, unverdrossen, ehrerbietig und folgsam gegen die Herrschaft sein.

II. Auch die Pflichten der Herrschaft werden in der Regel über die blofs vertragsmäfsigen Leistungen hinaus ausgedehnt.

Namentlich die älteren Gesindeordnungen pflegen den Abschnitt über diese Pflichten der Herrschaft mit einer allgemein gehaltenen Ermahnung an diese einzuleiten. Folgende Beispiele seien als charakteristisch angeführt:

Lauenburg § 22 verlangt von den Herrschaften, „dafs sie gegen ihre Dienstboten solchergestalt sich bezeigen, wie es christlich, Recht und gleich ist, und sie es vor Gott und ihrer Obrigkeit zu verantworten sich getrauen, von denselbigen keine übermäfsige Arbeit fordern, ihnen genugsam, an jedem Ort übliche und gargekochte Speisen reichen, versprochenen Lohn und Kleidung richtig geben und sie ohne erhebliche Ursache vor der Zeit nicht abschaffen."

Hamburg-Bergedorf § 15, Geest § 14: Die Herrschaften haben sich christlich und milde gegen das Gesinde zu erweisen und sich ehrenrühriger Schimpfreden und thätlicher Mifshandlungen zu enthalten, nicht jeden geringen Schaden sogleich vom Lohn abzuziehen.

Kurhessen Städte § 20, Land § 20, Fulda § 18: Die Herrschaften haben sich so zu betragen, wie es recht und christlich ist und sie es vor Gott und Obrigkeit verantworten können ... und ihm überhaupt mit einem musterhaften Leben und Wandel in allen Stücken vorzugehen und dasselbe zu allem Guten anzuführen.

Gotha § 26: Die Herrschaft ist schuldig, nicht nur das Gesinde auf eine christliche, leutselige und menschenfreundliche Art zu behandeln, sondern auch ihm seine vertragsmäfsigen Gebührnisse zu geben.

Kurz und gut sagen Schleswig § 4, Lübeck § 6: Es liegt auch ohne besondere Übereinkunft der Dienstherrschaft die Verpflichtung ob, nach bester Einsicht wie für das leibliche, so auch für das sittliche Wohl des ihr untergebenen Gesindes Sorge zu tragen.

Die Herrschaft hat dem Gesinde in erster Linie den versprochenen Lohn und Kost oder Kostgeld zu verabreichen. Die Höhe dieser Leistungen ist zunächst von der gegenseitigen Verabredung abhängig, sie haben aber rechtzeitig

Lippe-Detmold § 2, Schw.-Rudolstadt § 44, Schw.-Sondershausen § 21, Hamburger Geest § 14.

oder gehörig zu erfolgen.

Kurhessen Städte § 20, Land § 20, Fulda § 18, Lauenburg § 22, Bremen § 46.

Die Gebührnisse müssen im Zweifel oder mangels Verabredung in ortsüblicher Weise gegeben werden.

Preufs. G.O. v. 1810 § 33, Gotha § 26 (A.L.R. § 85), Lippe-Detmold § 20, Hohenz.-Hechingen § 44, Sachsen § 48, Reufs j. L. § 47, Weimar § 30, Koburg § 24, Schw.-Rudolstadt § 12, Baden § 7, Hessen Art. 8. Nach Hohenz.-Sigmaringen § 41 soll im Zweifel ein Dienstbote, der im Hause wohnt, auch Kost erhalten.

Die Speisen dürfen der Gesundheit nicht nachteilig sein und müssen bis zur Sättigung gereicht werden.

Preufs. G.O. v. 1810 § 83, Neuvorpommern § 76, Sachsen § 52, Reufs j. L. § 51, Schw.-Rudolstadt § 44, Schw.-Sondershausen § 21, Weimar § 30, Lauenburg § 22,

Hamburger Geest § 14, Lippe-Detmold § 20, Hohenz.-Sigmaringen § 41, Bremen § 46, Osnabrück Art. 24, Schaumb.-Lippe § 28, Hannover § 41, Bremen und Verden § 48, Ostfriesland § 38, Oldenburg § 57.

Für die Art der Kost sollen die besonderen häuslichen Verhältnisse der Herrschaft den Mafsstab abgeben,

Nassau §§ 2, 12,

und die Beschwerden des Gesindes über Kost sich erledigen, wenn die Herrschaft dieselbe Kost geniefst.

Sachsen § 53, Reufs j. L. § 52, S.-Altenburg § 66.

Die Leistung eines „angemessenen Unterhaltes" setzt voraus Baden § 1.

Ist über die Lohnzahlung nichts verabredet, so werden verschiedene Termine festgesetzt.

halbjährlich: Bremen § 45,

vierteljährlich und bei monatlicher Mietung monatlich: Schw.-Rudolstadt § 13.

Auch ist die Herrschaft berechtigt, bestimmte Teile des Lohnes erst später auszuzahlen, als sie verdient sind, um so einem Vertragsbruch des Gesindes vorzubeugen.

Hohenz.-Sigmaringen § 39, Hohenz.-Hechingen § 42: Die Herrschaft kann immer $1/_6$ des Geldlohnes zurückbehalten.

Baden § 7: Wenn nach Ablauf der Dienstzeit der Vertrag fortgesetzt wird, so darf die Zahlung der Hälfte des verfallenen Lohnes um vier Wochen verschoben werden. Bei einjährigem Kontrakt ist nach vier Monaten $1/_4$, nach 8 Monaten ein weiteres Viertel, der Rest am Ende der Dienstzeit fällig.

Hessen Art. 8: Bei Jahreskontrakten ist nach 5 Monaten $1/_4$, nach 8 Monaten ein weiteres Viertel, am Ende der Dienstzeit der ganze Lohn fällig.

S.-Meiningen Art. 16: Vor Ablauf der Dienstzeit braucht die Herrschaft nur die Hälfte des bereits verdienten Lohnes auszuzahlen.

Braunschweig Ges. v. 5. August 1867: Mangels anderer Abrede kann beim Landgesinde der Lohn von der Herrschaft so zurückbehalten werden, dafs für die beiden ersten Quartale je $1/_6$, für die beiden letzten je $1/_3$ ausbezahlt werden.

Bei dem landwirtschaftlichen Gesinde ist mangels anderer Abrede für das letzte Sommervierteljahr, in das die Erntezeit fällt, eine besondere Lohnberechnung vorgesehen. Mecklemburg Land § 9 bestimmt für dasselbe die Hälfte des Jahreslohnes. Schleswig § 54, Lübeck § 11, Hamburger Geest § 5, Frst. Lübeck § 45 bestimmen bei Jahreskontrakten für das Winterhalbjahr $1/_3$, für das Sommerhalbjahr $2/_3$ des Jahreslohnes, bei halbjährlichem Kontrakt für die ersten drei Monate des Sommers $1/_3$, für die letzten drei Monate $2/_3$ des Halbjahrlohnes.

Eine beachtenswerte singuläre Vorschrift findet sich im Oldenburger Recht. Hier ist die Herrschaft berechtigt, immer den dritten Teil des Barlohnes in der Sparkasse verzinslich anzulegen und dem Gesinde nur die Quittung darüber zu geben.

Oldenburg § 56.

Die sonst beim Gesinde ortsüblichen Geldgeschenke bilden keinen Bestandteil des Lohnes. Nur wenn sie im Vertrage ausdrücklich ausbedungen sind, können sie vom Gesinde gefordert werden.

Die einzige Ausnahme von dieser Regel bildet die Vorschrift des S.-Meiningischen Art. 17, wonach als Weihnachtsgeschenk der Betrag des Dinggeldes gefordert werden kann.

Statt der Kost können Kostgeld gegeben oder Naturalien geliefert werden. Darüber, ob dem Gesinde auch Wohnung oder Schlafstelle gebührt, und wie diese beschaffen sein soll, findet sich nur ausnahmsweise eine Bestimmung.

Bremen § 46: Wenn nichts anderes verabredet ist, gebührt dem Gesinde eine den Umständen angemessene Schlafstelle mit Bett und der Raum für seine Sachen.

Sachsen § 52, Reufs j. L. § 51: „Es sind dem Gesinde der Gesundheit nicht nachteilige Wohnungs- und Schlafräume zu gewähren."

Neben diesen auf dem Vertrage beruhenden direkten Gegenleistungen werden der Herrschaft aber noch weitere Verpflichtungen durch die Gesetze auferlegt:

Die Herrschaft soll das Gesinde nicht mit Härte,

Sachsen § 46, Reufs j. L. § 47, Hamburger Geest § 14, Kurhessen Städte § 20, Land § 20, Fulda § 18.

sondern human behandeln.

Lippe-Detmold § 19, Schw.-Sondershausen § 21, Koburg § 36, Weimar § 32.

Sie darf es vor allem nicht im Dienste überanstrengen, sondern soll auf seine Körperbeschaffenheit und Kräfte Rücksicht nehmen,

Preufs. G.O. v. 1810 § 85, Neuvorpommern § 78, Lippe-Detmold § 21, Gotha § 26, Sachsen § 46, Reufs j. L. § 47, S.-Meiningen Art. 18, Schw.-Rudolstadt § 45, Schw.-Sondershausen § 21, Koburg § 35, Weimar § 32, Kurhessen Städte § 20, Land § 20, Fulda § 18, Hohenz.-Sigmaringen § 37, Hohenz.-Hechingen § 40, Lauenburg § 22, Bremen § 48, Osnabrück Art. 41, Schaumb.-Lippe § 45, Hannover § 36, Waldeck § 34, Bremen und Verden § 43, Ostfriesland § 33, Oldenburg § 60, Frst. Lübeck § 30, Schwerin § 9, Parchim § 8.

und ihm auch freie Zeit zur Besorgung seiner eigenen Angelegenheiten gewähren.

Gotha § 26, Koburg § 36, Hannover § 37, Waldeck § 35, Bremen und Verden § 44, Schw.-Rudolstadt § 45, S.-Meiningen Art. 20: 3 Stunden wöchentlich; Sachsen § 59, Reufs j. L. § 58: Zur Instandhaltung seiner Sachen und zum Aufsuchen eines neuen Dienstes; Sachsen § 61: Zum Besuch der Jahrmärkte für Landgesinde.

9. Fortsetzung. Im besonderen das Erziehungsrecht der Herrschaft.

Wie dem Gesinde die Pflicht der persönlichen Unterwürfigkeit und des allgemeinen Gehorsams auferlegt wird (vgl. oben S. 147, 150), so steht der Herrschaft eine allgemeine Befehlsgewalt über das Gesinde zu. Dieses Gewaltverhältnis wird aber von der Rechtsordnung nur zu sittlichen Zwecken geschaffen, und so stellen denn eine Reihe von Gesindeordnungen neben das Befehlsrecht der Herrschaft ein Erziehungsrecht gegenüber dem Gesinde.

Eine negative Anerkennung dieses Erziehungsrechts liegt in der oben S. 136 mitgeteilten Beschränkung der Befugnis zum Halten von minderjährigem Gesinde nach sächsischem Recht. Wer selbst unter der erziehlichen Aufsicht des Staates steht, weil er sich grobe Verstöfse gegen die Rechtsordnung und die öffentliche Moral hat zu schulden kommen lassen, ist nicht fähig, einen erziehlichen Einflufs auf andere auszuüben. Ebenso aber würde der Aufenthalt einer solchen Person in demselben Haushalt mit einem minderjährigen Dienstboten diesen einer gefährlichen Beeinflussung aussetzen, welche jede Erziehung wieder aufheben würde.

Hierher dürfte auch Schw.-Sondershausen § 29 zu zählen sein, in welchem bestimmt wird: Herrschaften, welche hinsichtlich der Aufsicht über ihr Gesinde, wie der Behandlung desselben während des Dienstes ihre Pflichten vernachlässigen, sind von der Polizei zur Erfüllung anzuhalten und nach Befinden zu bestrafen.

Die Herrschaft soll das Gesinde zu sittlichem Betragen und allen bürgerlichen Tugenden anhalten, ihr steht das Recht der Aufsicht auch über die sittliche Führung des Gesindes zu.

Sachsen § 43, Reufs j. L. § 43, S.-Altenburg § 49, S.-Meiningen Art. 15, Schw. Sondershausen § 21, Koburg § 34, Reufs ä. L.§ 32, Weimar § 24, Hohenz.-Sigmaringen § 38, Hohenz.-Hechingen § 41, Lippe-Detmold § 19, Oldenburg § 55, Frst. Lübeck § 28, Osnabrück Art. 40, Schaumb.-Lippe § 44, Hannover § 36, Waldeck § 33, Bremen und Verden § 42, Ostfriesland § 32, Hamburger Geest § 14. Frankfurt § 15 (von dem durch das Gesetz vom 9. April 1873 wohl nicht diese allgemeine Bestimmung, sondern nur die Strafbestimmung für Unterlassung der Anzeige bei Schwangerschaft des Gesindes aufgehoben ist).

In einem Punkte ist diese Pflicht fast allgemein anerkannt und durchgeführt: die Herrschaft soll dem Gesinde nicht nur die nötige Zeit zum Besuch des öffentlichen Gottesdienstes belassen, sondern es meist auch zum fleifsigen Besuch desselben anhalten.

Preufs. G.O. v. 1810 § 84, Neuvorpommern § 77, Rhprov. § 24, Lippe-Detmold § 19, Sachsen § 59, Reufs j. L. § 58, Koburg § 34, Reufs ä. L. § 32, Schw.-Sondershausen § 21, Kurhessen Städte § 20, Land § 20, Fulda § 18, Hohenz.-Sigmaringen § 38, Hohenz.-Hechingen § 41, Bremen § 47, Osnabrück Art. 40, Schaumb.-Lippe § 44, Hannover § 35, Ostfriesland § 32, Waldeck § 33, Schleswig § 5. Oldenburg § 55, Frst. Lübeck § 28, Hamburger Geest § 14.

Übermäfsigen Aufwand darf die Herrschaft dem Gesinde untersagen.

Sachsen § 44, Braunschweig § 18. Oldenburg § 55.

Die Mittel zu dieser Erziehung bestehen in Befehlen und Verweisen, denen das Gesinde zu folgen verpflichtet ist (vgl. oben S. 150).

Koburg § 37 bestimmt darüber: Das der Herrschaft zustehende Recht häuslicher Zurechtweisung gegen fehlende und ungehorsame Dienstboten begreift ernstere Abmahnungen.

Verweise,

das Verbot auszugehen und was sonst von dieser Art nach den Umständen der Haushaltung, dem Alter, Geschlecht und der Eigenschaft des Dienstboten angemessen sein möchte,

endlich die gleichbaldige Verabschiedung in besonders genannten Fällen.

In einigen Gesindeordnungen wird der Herrschaft aufserdem ein Züchtigungsrecht über das Gesinde zugesprochen.

Braunschweig § 20: Bei minderjährigem Gesinde steht der Herrschaft das Recht zu, dasselbe nach vergeblich gebliebenen öfteren ernstlichen Aufforderungen durch mäfsige körperliche Züchtigung zur Ordnung und zum Gehorsam anzuhalten.

Neuvorpommern § 58: Das Gesinde ist der häuslichen Zucht der Herrschaft unterworfen.

Sachsen § 43, Reufs j. L. § 43: Die Dienstboten bis zum vollendeten 17. Lebensjahre sind der elterlichen Zucht der Dienstherrschaft unterworfen.

S.-Meiningen Art. 19: giebt mit dem Worten: „Bestrafungen (sc. des Gesindes durch die Herrschaft) dürfen eine mäfsige Züchtigung nicht überschreiten" der Herrschaft gleichfalls ein Recht zur mäfsigen körperlichen Züchtigung.

Verschieden von diesem der Herrschaft gesetzlich zustehenden Züchtigungsrecht sind die in Theorie und Praxis lebhaft umstrittenen Bestimmungen über die Beschränkung des Klagerechts des Gesindes wegen Beleidigung und Mifshandlung durch die Herrschaft und des Rechtes der Notwehr.

I. Preufs. G.O. v. 1810 § 77, Lippe-Detmold § 17, Schw.-Rudolstadt § 40, Gotha §§ 23, 24 (A.L.R. § 77—79), Oldenburg §§ 51, Frst. Lübeck § 25: Reizt das Gesinde die Herrschaft durch ungebührliches Betragen zum Zorn und wird in selbigem von ihr mit Scheltworten oder geringen Thätlichkeiten behandelt, so kann es dafür keine gerichtliche Genugthuung fordern.

Neuvorpommern § 71: Giebt das Gesinde durch ein ungebührliches Betragen der Herrschaft zu Scheltworten, Rügen oder geringen Thätlichkeiten Veranlassung, so kann es deshalb keine gerichtliche Genugthuung fordern.

Schw.-Sondershausen § 25: Sollte die Herrschaft durch das Verhalten des Dienstboten gereizt, bei Zurechtweisung desselben sich zu Scheltworten oder einer sonstigen leichten Züchtigung hinreifsen lassen, so findet . . . . Antrag auf kriminelle Bestrafung nicht statt. Eine polizeiliche Erörterung, Verwarnung und Ahndung ist jedoch nicht ausgeschlossen.

Koburg § 32. Reufs ü. L. § 30: Mäfsige häusliche Züchtigung und Scheltworte, durch unschickliches Benehmen des Gesindes der Herrschaft abgenötigt, sind nicht als Injurien zu betrachten und geben dem Gesinde kein Klagerecht.

S.-Altenburg § 50, (Sachsen v. 1835 § 51): Scheltworte ... und geringe thätliche Ahndungen, wozu das Gesinde der Herrschaft durch ungebührliches Betragen Veranlassung gegeben, begründen kein Strafverfahren und keinen Anspruch auf gerichtliche Genugthuung.

II. Preufs. G.O. v. 1810 § 78, Gotha §§ 23—24 (A.L.R. §§ 77—79), Schw.-Rudolstadt § 40. Auch solche Ausdrücke oder Handlungen, die zwischen anderen Personen als Zeichen der Geringschätzung anerkannt sind, begründen gegen die Herrschaft noch nicht die Vermutung, dafs sie die Ehre des Gesindes habe dadurch kränken wollen.

In anderen Gesindeordnungen ist entweder positiv bestimmt, dafs bei Zurechtweisungen des Gesindes Scheltworte, sofern sie nicht den ehrlichen Namen des Gesindes angreifen, nicht die Vermutung der Ehrkränkung begründen sollen. Birkenfeld Art. 31, Schw.-Rudolstadt § 40, Schw.-Sondershausen § 25, Braunschweig § 16, Hohenz.-Sigmaringen § 21, Hohenz.-Hechingen § 25.

oder es wird dadurch, dafs nur solche Scheltworte, Schimpfreden oder üblen Nachreden, durch die der ehrliche Name des Gesindes angegriffen, oder sein Fortkommen erschwert wird, für strafbar erklärt werden, die Straflosigkeit anderer beleidigender Äufserungen festgesetzt,

Oldenburg § 52, Koburg § 32, S.-Meiningen Art. 19, Lippe-Detmold § 22, Schwerin § 8, Parchim § 7.

oder endlich finden sich in einem Gesetz beide Bestimmungen nebeneinander.

S.-Altenburg § 50.

III. Preufs. G.O. v. 1810 § 79, Neuvorpommern § 72, Gotha § 24 (A.L.R. § 79), Lippe-Detmold § 17, Oldenburg § 53, Frst. Lübeck § 26, Schw.-Rudolstadt § 41. Aufer dem Falle, wo das Leben oder die Gesundheit des Dienstboten durch Mifshandlungen der Herrschaft in gegenwärtige und unvermeidliche Gefahr gerät, darf er sich der Herrschaft nicht thätlich widersetzen.

Während die Vorschriften über das Züchtigungsrecht zweifellos die Kompetenz der Landesgesetzgebung nicht überschreiten und daher noch heut zu Recht bestehen, lassen sich gegen die Rechtsgültigkeit der Bestimmungen über die Beschränkungen des Klagerechts wegen Mifshandlungen und Beleidigungen und des Notwehrrechts die schwerwiegendsten Bedenken geltend machen. Zwar nehmen bezüglich der Vorschriften zu I. — in Entscheidungen, welche die preufs. G.O. von 1810 § 77 betreffen — die obersten Gerichtshöfe in Preufsen und im Reich[1]) die fortdauernde Gültigkeit an, indem sie davon aus-

---

[1]) Pr. Obertribunal in Oppenhof I. S. 415, in Koch Anm. zu § 77 G.O.,

gehen, dafs, wenn die Voraussetzungen des § 77 vorliegen, die zu einer strafbaren Beleidigung oder Mifshandlung erforderliche Widerrechtlichkeit fehle. Dem gegenüber ist aber daran festzuhalten, dafs § 77 und die ihm nachgebildeten anderen Vorschriften in die vom Reichsstrafgesetzbuch geregelten Materien des Strafantrages, der Strafausschliefsungsgründe, sowie der Körperverletzung und der Beleidigung eingreifen und daher durch § 2 des E.G. zum R.Str.G.B. aufser Kraft gesetzt sind.[1]) Bezüglich der unter II. angeführten Vorschriften findet sich dieselbe Teilung der Ansichten, an der Fortdauer der Gültigkeit hält die Praxis[2]) fest, während die Theorie dieselbe bestreitet. Bezüglich des preufsischen Rechts ist darauf hinzuweisen, dafs § 78 lediglich eine Abweichung von dem Grundsatz des preufsischen Strafrechts A.L.R. II, 20 § 545 enthält, wonach derjenige, welcher sich gegen einen anderen solcher Ausdrücke und Handlungen bedient, die als Zeichen der Geringschätzung und Verachtung im gemeinen Leben anerkannt sind, die Vermutung gegen sich habe, dafs er dessen Ehre habe kränken wollen. Mit Aufhebung dieses Rechtssatzes ist auch die Ausnahmebestimmung des § 78 hinfällig geworden.[3]) Doch ist auch gegen alle gleichartigen Vorschriften der Grund mafsgebend, dafs das Reichsstrafgesetzbuch auch die Materie der Beleidigung erschöpfend und das Landesstrafrecht ausschliefsend regelt, und für den Thatbestand der Beleidigung das Bewufstsein des beleidigenden Charakters der Äufserung genügt.[4]) Die unter III. angeführten Bestimmungen sind unbestritten aufgehoben durch § 53 R.Str.G.B.[5])

Diese Ausnahmebestimmungen strafrechtlicher Natur sind auch um deswillen überflüssig, weil auch das Reichsstrafrecht dem Bedürfnis, aus dem sie entsprungen sind, Rechnung getragen hat. Denn auch

---

Kammergericht in Selbstverwaltung 1887 S. 237, Reichsgericht Entsch. in Strafsachen 2. S. 7, Posseldt-Lindenberg, Anm. zu § 77 S. 50.

[1]) Diese Ansicht teilt im allgemeinen die Theorie: Zürn, Handbuch S. 63. Hubrich, Das Züchtigungsrecht in seiner strafrechtlichen Bedeutung, Gerichtssaal Bd. 46. S. 229, hebt hervor, dass durch § 77 dem Verletzten das Recht auf Strafverfolgung entzogen werden solle, und § 77 daher als prozessrechtliche Vorschrift durch Einführung der Reichsstrafprozessordnung aufgehoben sei.. Vgl. ausserdem: Olshausen (IV. Aufl.) S. 809, Löning, Verwaltungsrecht S. 533, Note 2.

[2]) Obertribunal bei Dernburg, Preufs. Privatrecht (IV. Aufl.) § 196 Note 14, Posseldt-Lindenberg Anm. zu § 78 S. 53.

[3]) Bornhak in Selbstverwaltung 1886 S. 57.

[4]) Zürn, Handbuch S. 64.

[5]) Ebenda.

Vorhaltungen und Rügen, welche die Herrschaft dem Gesinde macht, stehen, selbst wenn sie einen beleidigenden Charakter haben, unter dem Schutz des § 193 R.Str.G.B., wenn nicht das Vorhandensein einer Beleidigung, d. h. die Absicht, zu beleidigen, aus der Form der Äußerung oder aus den Umständen, unter welchen sie geschah, hervorgeht.

10. Fortsetzung. Die Fürsorge für krankes Gesinde.[1])

Die lange Dauer des Gesindeverhältnisses, welche begriffsmäfsig für jedes Gewaltverhältnis vorausgesetzt werden mufs, und deren Einfluſs wir schon an mehreren Punkten bei der Aufzählung der aus dem Gesindevertrage entspringenden Rechte und Pflichten bemerken konnten, erfordert naturgemäſs besondere Mafsnahmen für den Fall der Erkrankung des Gesindes während der Vertragszeit. Die thatsächlich eintretende Unmöglichkeit der Leistung der versprochenen Dienste würde nach dem einfachen Obligationenrecht zur Aufhebung des Vertrages führen müssen. Aber nur wenige Gesindeordnungen enthalten diese Vorschrift für den Krankheitsfall; vielmehr überwiegt in anderen Gesetzen die Auffassung, daſs dem engen Verhältnis zwischen Herrschaft und Gesinde, das in der Gehorsamspflicht des Gesindes und dem Erziehungsrecht der Herrschaft seinen prägnantesten Ausdruck gefunden hat, eine andere Regelung dieses Falles dahin zu erfolgen habe, daſs die Herrschaft in mehr oder weniger weitem Umfange für das Gesinde Vorsorge zu treffen habe.

Freilich finden sich auch hier Bestimmungen, welche um so weniger in ein Gesetz hineingehören, weil sie nur eine moralische, aber keine rechtliche Verpflichtung der Herrschaft begründen.

---

[1]) Eine Zusammenstellung des bezüglichen Rechts findet sich auch in dem Aufsatz von Fuld, Das Gesinde und die Sozialgesetzgebung, Jahrbücher für Nationalökonomie und Statistik III. F. Bd. 10 (1895) S. 64, dessen Ausführungen jedoch in einigen Punkten materiell nicht richtig sind. Er führt S. 65 als Gebiete an, in denen Vorschriften über die Krankenfürsorge nicht bestehen, Mecklenburg-Schwerin, wo für das ganze platte Land § 15 eine Verpflichtung zu 14 tägiger Pflege kennt, sowie den grössten Teil von Hessen-Nassau, wo für Frankfurt und das ehemalige Herzogtum Nassau einschlägige Bestimmungen bestehen, während die von ihm S. 67 citierte Bestimmung für das Grofsherzogtum Hessen ebenso wie die für das Königreich Bayern in Wirklichkeit keine irgend nennenswerte „Verpflichtung der Herrschaft zur Krankenfürsorge" enthalten. Der Rechtszustand in Reuſs j. L. S. 68, der auf der Gesindeordnung von 1895, nicht von 1845 beruht, ist nicht dem in S.-Meiningen, sondern dem im Königreich Sachsen geltenden analog.

Hierher gehören preufs. G.O. v. 1810 § 92, Neuvorpommern § 85, Gotha § 29, welche gleichmäfsig von dem „Aufhören einer äufseren Verbindlichkeit der Herrschaft, für Kur und Pflege des erkrankten Dienstboten zu sorgen," sprechen und damit das Fortbestehen einer moralischen Verbindlichkeit andeuten wollen.

Oldenburg § 61: Bei den Krankheiten des Gesindes wird jede wohldenkende Herrschaft die Pflichten der Menschenliebe nicht aus den Augen lassen. Im einzelnen folgen dann die unten wiedergegebenen Vorschriften.

Braunschweig § 22: Es steht zu erwarten, dafs die Herrschaft schon durch die allgemeine Menschenliebe bewogen sich des Gesindes annimmt und für seine Genesung thunlichst Sorge trägt, wenn ein Dienstbote ohne sein oder der Herrschaft Verschulden erkrankt. Sollte die Herrschaft dazu sich nicht im stande halten, so sind die Polizei bez. die Angehörigen verpflichtet, einzutreten.

Schw.-Rudolstadt § 46: Wird ein Dienstbote während der Dienstzeit krank, so erfordert es die allgemeine Menschenliebe so wohl, als auch die Billigkeit, für denselben Sorge zu tragen und es ihm an der zu seiner Wiederherstellung nötigen Hülfe nicht fehlen zu lassen. Es kommt jedoch hierbei vorzüglich darauf an, wie der Dienstbote sich die Krankheit zugezogen hat . . .

In erster Linie und ganz allgemein trifft die Herrschaft die Verpflichtung der Fürsorge für das Gesinde während der Dienstzeit und darüber hinaus, wenn die Krankheit des Gesindes durch die Schuld der Herrschaft entstanden ist, besonders durch Überanstrengung oder Mifshandlung seitens der Herrschaft, wobei weitergehende Schadensersatzansprüche nach den allgemeinen Grundsätzen des bürgerlichen Rechtes vorbehalten bleiben.

Preufs. G.O. v. 1810 § 96, Neuvorpommern § 89, Gotha § 30, welche jedoch hinzufügen „durch Mifshandlung der Herrschaft ohne grobes Verschulden des Gesindes", Rhprov. § 25, Anhalt § 25, Birkenfeld Art. 36, Sachsen §§ 62, 63. Reufs j. L. § 60, 61. Weimar § 33, Schw.-Rudolstadt §§ 50, 51, Schw.-Sondershausen § 22, Koburg § 40. Braunschweig § 22, Osnabrück § 42, Waldeck §§ 54, 55, Schaumburg-Lippe § 46, Lippe-Detmold § 22, Oldenburg § 62, Frst. Lübeck Art. 31, Bremen § 49, Hohenz.-Sigmaringen § 47, Hohenz.-Hechingen § 50.

Aufserdem aber hat die Herrschaft die Pflege und den Unterhalt für erkranktes Gesinde auf die Dauer der Dienstzeit zu leisten, wenn die Krankheit durch den Dienst oder bei Gelegenheit desselben entstanden ist.

Preufs. G.O. §§ 86, 92, Neuvorpommern §§ 79, 85, Gotha §§ 27, 29, S.-Meiningen Art. 21, Koburg § 39, Stuttgart §§ 56, 57, Hamburger Geest § 17, Bergedorf § 17, Sachsen §§ 62, 63, Reufs j. L. §§ 60, 61, bei welchen beiden die Herrschaft jedoch Ersatz der baren Auslagen verlangen kann.

Liegt keiner dieser beiden Fälle vor, so findet eine verschiedene Regelung statt. Entweder es wird angeordnet, dafs die Herrschaft zur **vorläufigen** Pflege und Unterhaltung des erkrankten Gesindes verpflichtet ist, bis die Verwandten des Gesindes oder die Obrigkeit

Mafsnahmen zu seiner Aufnahme getroffen haben, dafs sie den Ersatz der Kosten aber von dem Gesinde oder dessen alimentationspflichtigen Verwandten verlangen kann.

Preufs. G.O. v. 1810 §§ 88, 89, Neuvorpommern §§ 81, 82, Gotha § 28, Osnabrück §§ 43, 45, Schaumburg-Lippe §§ 47, 49. Hannover §§ 58, 60, Ostfriesland §§ 53. 55. Waldeck §§ 51, 53, Bremen und Verden §§ 51, 52, Oldenburg §§ 63, 64, Frst. Lübeck Art. 31, 32, Birkenfeld Art. 34, 37, Lippe-Detmold § 22, — bei diesen zur hannoverschen Gruppe gehörenden Gesindeordnungen kann die Herrschaft sich für die baren Auslagen durch Abzüge vom Lohn bezahlt machen. — Weimar § 33, Bremen §§ 50, 51, Lübeck § 32, Koburg § 38, Hohenz.-Hechingen § 52, Stuttgart § 54, Frankfurt § 14. — Hessen Art. 10 bestimmt für Krankheitsfälle, dafs die Herrschaft bei Meidung einer Geldstrafe dem Gesinde die erste Hilfeleistung zu gewähren, und wenn sie die weitere Fürsorge nicht freiwillig übernehmen will, bei der Behörde Anzeige zu machen hat.

Oder die Herrschaft wird für den Fall, dafs das Gesinde „aus natürlichen Ursachen" ohne eigenes Verschulden erkrankt, zur Kur und Pflege bis zum Ablauf des Vertrages verpflichtet, darf aber ihre baren Auslagen am Lohne in Abrechnung bringen.

Sachsen §§ 62, 63, Reufs j. L. §§ 60, 61, S.-Altenburg §§ 74, 75.

Endlich aber findet sich eine Maximaldauer festgesetzt, bis zu welcher die Herrschaft erkranktes Gesinde bei sich verpflegen mufs, nach deren Ablauf aber in der Regel jede Verbindlichkeit der Herrschaft fortfällt.

8 Tage: Baden § 8, Hohenz.-Sigmaringen § 48, Hohenz.-Hechingen § 52, Schw.-Rudolstadt § 47, Schwerin § 8, Parchim § 9.
14 Tage: Mecklemburg Land § 15.
4 Wochen: Rhprov. § 26, Anhalt § 26, S.-Meiningen Art. 22, Schleswig § 58.
6 Wochen: Nassau § 12, 3.

Erkrankt das Gesinde durch eigene Schuld, so fällt die Pflicht der Herrsshaft zur unentgeltlichen Kur und Pflege fort, und das Gesinde wird teilweise sogar zum Schadensersatz an die Herrschaft verpflichtet.

Lippe-Detmold § 22.

Ekelhafte und ansteckende Krankheiten, besonders venerische Krankheiten bilden in der Regel einen Grund für die sofortige Aufhebung des Gesindeverhältnisses seitens der Herrschaft. (Vgl. darüber unten S. 170, 176.)

Aufserdem ist aber jede Erkrankung des Gesindes vor Antritt oder während der Dauer des Gesindeverhältnisses für einen oder den anderen Teil ein Grund zur sofortigen Aufhebung des Vertrages.

Wenn das Gesinde vor Antritt des Dienstes erkrankt, so ist die Herrschaft ihrerseits berechtigt, vom Vertrage zurückzutreten,

Nassau § 9, Weimar § 16. Reufs ä. L. § 26,

ebenso das Gesinde.

Schleswig § 17, Lübeck § 20, Hamburger Geest § 8, Bergedorf § 7, Osnabrück § 23, Hannover § 19, Ostfriesland § 18, Bremen und Verden § 26, Schaumb.-Lippe § 26, Waldeck § 14, Birkenfeld Art. 27, Schw.-Sondershausen § 18, Gotha § 18, Koburg § 30, Weimar § 16, Lauenburg § 7, Hohenz.-Sigmaringen § 15, Hohenz.-Hechingen § 18.

Schwere eigene Erkrankung während des Dienstes berechtigt das Gesinde, vom Vertrage abzugehen.

Preufs. G.O. v. 1810 § 142. Neuvorpommern § 136, Braunschweig § 32, 7. Gotha § 38, 9, Lippe-Detmold § 24 e, Rhprov. § 33, Anhalt § 33, Birkenfeld Art. 43, Schleswig § 27, Lübeck § 29. Hamburg-Bergedorf § 7, Bremen § 73, Oldenburg § 29, 2, Frst. Lübeck Art. 13, 2, Mecklemburg Land § 37, 2, Schwerin § 16, 1, Parchim § 15, 1, Bremen und Verden § 62, 6, Schw.-Rudolstadt § 62, 7, Schw.-Sondershausen § 35, Meiningen Art. 27 e, Weimar § 44, 6, Reufs ä. L. § 42, 8, Nassau § 9, Frankfurt § 20, Hohenz.-Sigmaringen § 59, Hohenz.-Hechingen § 65, Bayern S. 57. Baden § 11.

Die über die Krankenversicherung und den Unterstützungswohnsitz des Gesindes bestehenden Vorschriften, welche die Pflege des erkrankten Gesindes betreffen, soweit diese nicht durch die Herrschaft zu erfolgen hat, sind erst im Zusammenhang der reichsrechtlichen Vorschriften des Gesinderechts zu erörtern.

11. Das vertragswidrige Verhalten.

1. Eine Verletzung der Vertragspflichten kann durch das Gesinde zunächst dadurch entstehen, dafs dasselbe sich bei mehreren Herrschaften zugleich verdingt. In diesem Falle verdient diejenige Herrschaft, mit welcher der Dienstbote zuerst den Vertrag abgeschlossen, von welcher er im besonderen zuerst Mietsgeld genommen hat, den Vorzug. Den Herrschaften, in deren Dienst er nicht eintritt, mufs er den Schaden, besonders denjenigen, der durch Mietung eines anderen Dienstboten an seiner Stelle um höheren Lohn entstanden ist, ersetzen,

Preufs. G.O. v. 1810 § 29; Stuttgart § 11, Gotha § 6, Rhprov. § 11, Anhalt § 11, Braunschweig § 6, Oldenburg § 11, Frst. Lübeck § 9, Birkenfeld § 19, Waldeck § 8, Sachsen § 27, Reufs j. L. § 27, Koburg § 20, Reufs ä. L. § 10, Weimar § 11, Schw.-Rudolstadt § 7, Schw.-Sondershausen § 13, Hessen Art. 4, Mecklemburg Land § 8, Bremen §§ 15, 16, Hohenz.-Sigmaringen § 13, Hohenz.-Hechingen

§ 15. Hamburg-Bergedorf § 4. welches diesen Schadensersatz bei ländlichem Gesinde auf die Hälfte, bei städtischem auf ein Viertel des Jahreslohnes festsetzt. und das Mietsgeld zurückzahlen.

Preufs. G.O. v. 1810 § 28, Neuvorpommern § 28, Stuttgart § 11, Gotha § 6, Rhprov. § 11, Anhalt § 11, Birkenfeld § 19, Hessen Art. 4, Sachsen § 27, Reufs j. L. § 27, Schw.-Rudolstadt § 7, Schw.-Sondershausen § 13.

Die Verpflichtung, an seiner Stelle einen anderen tauglichen Dienstboten zu stellen, findet sich nur singulär,

Koburg § 20,

öfter dagegen die Verpflichtung, dafs diejenige Herrschaft, deren Dienst er wirklich antritt, den den anderen Herrschaften geschuldeten Betrag an seinem Lohne in Abzug zu bringen und den anderen Herrschaften auszuhändigen hat.

Preufs. G.O. v. 1810 § 30, Gotha § 6, Reufs ä. L. § 10, Rhprov. § 11, Anhalt § 11, Weimar § 11, Schw.-Rudolstadt § 7, Hohenz.-Hechingen § 15.

Fast allgemein wird aber die mehrfache Vermietung für strafbar erklärt.

Als Strafe wird die Zahlung des zu Unrecht empfangenen Mietsgeldes an die Armen festgesetzt: Preufs. G.O. v. 1810 § 31, Neuvorpommern § 28, Stuttgart § 11, Fulda § 5, Waldeck § 8 und Gesetz vom 22. Dezember 1860.

Die Strafe soll dem Betrag des Mietsgeldes gleichkommen: Rhprov. § 12, Anhalt § 12.

Ohne Beziehung zum Mietsgeld wird die Strafe festgesetzt: Sachsen § 27, Reufs j. L. § 27, Schw.-Rudolstadt § 6, Schw.-Sondershausen § 13, Koburg § 20, Reufs ä. L. § 10, Weimar § 11, Braunschweig § 6, Bremen § 85, Oldenburg § 11. Frst. Lübeck § 51, Birkenfeld Art. 19, Mecklemburg Land § 9, Hessen Art. 4, Nassau § 8, Kurhessen Städte § 8, Land § 8, Fulda § 5, Lippe-Detmold § 9, Hamburg Marsch § 1, Bergedorf § 4. Schaumb.-Lippe §§ 15—19, hannöversches Pol.-Strafgesetzbuch § 297, bayerisches Pol.-Strafgesetzbuch Art. 106, 2, Hohenz.-Sigmaringen § 13, Hohenz.-Hechingen § 15.

Aufserdem wird die Herrschaft bestraft, welche einen Dienstboten mietet, obwohl sie weifs, dafs dieser sich bereits bei einer anderen Herrschaft für die gleiche Zeit vermietet hat.

Stuttgart § 13, Oldenburg § 11, Birkenfeld Art. 20, Frst. Lübeck Art. 52, Weimar § 11, Kurhessen Städte § 8, Land § 8, Fulda § 5, hannöversches Pol.-Strafgesetzbuch § 296, bayerisches Pol.-Strafgesetzbuch Art. 106, 2, Hohenz.-Sigmaringen § 13. Hohenz.-Hechingen § 15, Hessen Art. 4 verpflichtet sie aufserdem zum Schadensersatz.

II. Eine weitere Verletzung der vertragsmäfsigen Verpflichtungen kann dadurch entstehen, dafs die Herrschaft sich ohne Grund weigert, den Dienstboten zur verabredeten Zeit in Dienst zu nehmen. Auch für diesen Fall finden sich eine Reihe von Abweichungen vom gewöhnlichen Vertragsrecht.

Singulär findet sich die Bestimmung, dafs die Obrigkeit die Herrschaft auch in diesem Fall zur Pflichterfüllung anhalten soll.

Schw.-Sondershausen § 29.

Im allgemeinen verliert die Herrschaft das Mietsgeld und ist dem Gesinde zum Schadensersatz verpflichtet.

Preufs. G.O. v. 1810 § 47, Neuvorpommern § 41, Gotha § 2 (A.L.R. § 47), Hohenz.-Hechingen § 6 u. a.

Die Höhe des Schadensersatzes wird mit Beziehung auf den Lohn verschieden normiert.

Den vollen Lohn für die ganze Dienstzeit mufs sie zahlen nach Hamburg-Bergedorf § 8, dazu noch auf $^1/_4$ Jahr Kostgeld: Meiningen Art. 4; Lohn auf $^1/_4$ Jahr: Kurhessen Städte § 10, Land § 10, Fulda § 7; Lohn und Kost für die Kündigungsfrist: Rhprov. § 41, Birkenfeld § 51, Weimar § 27, Schw.-Sondershausen § 16.

Der Schadensersatzanspruch wird gesetzlich vermutet in Höhe eines halben Vierteljahreslohnes. Derselbe erhöht sich jedoch auf den ganzen Vierteljahreslohn, wenn bei landwirtschaftlichem Gesinde die Nichtannahme in der Zeit zwischen Oktober und Februar erfolgt. Baden §§ 14, 16, Hessen Art. 19.

III. Weigert sich das Gesinde, den Dienst rechtzeitig anzutreten, so finden sich — abgesehen von dem Fall der Doppelvermietung (vgl. oben unter I.) — verschiedene Folgen. Das Gesinde mufs der Herrschaft das empfangene Mietsgeld zurückgeben, und falls die Herrschaft durch den Nichtantritt einen Schaden erleidet, diesen Schaden ersetzen.

Die Höhe dieses Schadensersatzes wird gesetzlich festgesetzt auf $^1/_2$ Vierteljahreslohn, bei landwirtschaftlichem Gesinde steigert er sich auf den ganzen Vierteljahreslohn, wenn der Vertragsbruch in der Zeit zwischen Juni und Oktober erfolgt. Baden § 14, Hessen Art. 19.

Aufserdem findet gegen das säumige Gesinde ein polizeilicher Zwang zur Herbeiführung des Dienstantrittes statt.

Preufs. G.O. v. 1810 § 51. Neuvorpommern § 45, Braunschweig § 14. Osnabrück § 22, Bremen und Verden § 25, Hannover § 18, Ostfriesland § 16. Schaumburg-Lippe § 25, Lippe-Detmold § 8, Sachsen § 22, Reufs j. L. § 22, S.-Altenburg § 23, Reufs ä. L. § 14, S.-Meiningen Art. 5, Schw.-Rudolstadt § 18, Schw.-Sondershausen § 18, Oldenburg § 28, Bremen §§ 26, 85, Hamburger Geest § 6, Lauenburg § 11, Weimar § 15, Gotha § 14, Waldeck § 13, Hohenz.-Sigmaringen § 14, Hohenz.-Hechingen § 17, Bayern Pol.-Strafgesetzbuch Art. 106, 3. Unter Strafandrohung aufgefordert oder durch Strafandrohung angehalten werden soll das Gesinde nach Rhprov. § 16, Anhalt § 16, Frst. Lübeck Art. 12.

Aufser diesen Zwangsmafsregeln findet auf Antrag der Herrschaft die Bestrafung des Gesindes statt,

Neuvorpommern § 45, Lippe-Detmold § 8; an Stelle von Osnabrück § 22,

Bremen und Verden § 25, Hannover § 18. Ostfriesland § 16. gilt hannöversches Pol.-Strafgesetzbuch § 300; Schw.-Rudolstadt § 18. Lauenburg § 11. Hohenz.-Sigmaringen § 14, Hohenz..Hechingen § 17, württembergisches Pol.-Strafgesetzbuch v. 27. Dezember 1871 Art. 16, Bayerisches Pol.-Strafgesetzbuch Art. 106, 3.

häufig jedoch nur, wenn sie erfolglos geblieben sind, oder die Herrschaft auf ihre Anwendung verzichtet.

Preufs. G.O. v. 1810 § 51. Braunschweig § 14, Bremen §§ 26, 85, Hamburger Geest § 6. Oldenburg § 28. Sachsen § 22, Reufs j. L. § 22, S.-Altenburg § 23, S.-Meiningen Art. 5, Schw.-Sondershausen § 18, Reufs ä. L. § 14.

Nach einigen Gesindeordnungen findet nur eine Bestrafung des Gesindes statt, während Zwangsmafsregeln ausgeschlossen sind.

Schleswig § 14. Lübeck § 17, Kurhessen Städte § 8, Land § 7, Fulda § 4, Mecklenburg V.O. v. 3. August 1892 für das ganze Land § 1.

Seltener findet sich die Bestimmung, dafs Strafe nur dann eintreten soll, wenn das Gesinde den schuldigen Schadensersatz nicht zu leisten vermag.

Reufs ä. L. § 14, Hohenz.-Sigmaringen § 14, Hohenz.-Hechingen § 17.

IV. Entläfst die Herrschaft das Gesinde ohne Grund vor Ablauf der vertragsmäfsigen Dienstzeit, so soll sie zunächst durch die Obrigkeit angehalten werden — jedoch nicht durch Zwangsmittel —, das Gesinde wieder anzunehmen.

Preufs. G.O. v. 1810 § 160, Neuvorpommern § 154, Rhprov. § 41, Anhalt § 41, Birkenfeld § 51. Lippe-Detmold § 31, Gotha § 40 (A.L.R. § 160), Oldenburg § 87, Frst. Lübeck Art. 47, Osnabrück Art. 64, Schaumb.-Lippe § 68, Hohenz.-Sigmaringen § 66. Hohenz.-Hechingen § 72.

Weigert sich die Herrschaft, das Gesinde wieder anzunehmen, so ist sie ihm zur Leistung des Schadensersatzes verpflichtet. Über die Höhe desselben finden sich verschiedene Feststellungen.

Lohn und Kost für die ganze noch übrige Dienstzeit: Preufs. G.O. v. 1810 § 161, Neuvorpommern § 155, Lippe-Detmold § 31, Gotha § 40, Osnabrück Art. 64, Schaumb.-Lippe § 68, Oldenburg § 87, Frst. Lübeck Art. 47, S.-Meiningen §§ 32, 33, Hohenz.-Sigmaringen § 66, Hohenz.-Hechingen § 72. — Von vornherein „ohne Anhalten" Sachsen § 90, Reufs j. L. § 90.

Lohn und Kost für die gesetzliche Kündigungsfrist: Rhprov. § 41, Anhalt § 41, Birkenfeld Art. 51, — auch „ohne Anhalten" von vornherein: Bremen und Verden §§ 66, 67, Ostfriesland § 16, Hannover § 49, Waldeck § 42, Braunschweig § 35, Schw.-Sondershausen § 37.

Baden §§ 14, 16, Hessen Art. 19 enthalten für die Entlassung ohne Grund dieselben gesetzlichen Vermutungen über die Höhe des Schadensersatzes wie bei der Verweigerung der Aufnahme, vgl. oben unter II. S. 163.

V. Gesinde, welches den Dienst ohne gesetzmäfsige Ursache vor Ablauf der Vertragszeit verläfst, soll von der Obrigkeit durch Zwangsmittel zu dessen Fortsetzung angehalten werden.

Preufs. G.O. v. 1810 § 167, Neuvorpommern § 162, Gotha § 41 (A.L.R. § 167), Rhprov. § 42, Anhalt § 42, Birkenfeld Art. 52, Braunschweig § 33, Stuttgart §§ 97, 99, S.-Meiningen Art. 36, 37, Oldenburg § 89, Osnabrück Art. 66, Bremen und Verden § 64, Hannover § 52. Ostfriesland § 48, Waldeck § 46, Schaumb.-Lippe § 70, Sachsen § 96, Reufs j. L. § 96, S.-Altenburg §§ 111, 112, Lippe-Detmold § 8, Weimar § 25, Koburg § 58. Reufs ä. L. § 23, Gotha § 41, Schw.-Rudolstadt § 73, Schw.-Sondershausen § 18, Schleswig § 32. Hamburger Geest § 16, Lübeck § 35, Lauenburg § 11, Hohenz.-Sigmaringen § 67, Hohenz.-Hechingen §§ 74, 75, bayerisches Pol.-Strafgesetzbuch Art. 106, 4; durch Strafandrohung soll das Gesinde zum Wiederantritt angehalten werden: Frst. Lübeck Art. 48.

Neben diesen Zwangsmafsregeln findet entweder ohne weiteres auf Antrag der Herrschaft Bestrafung des Gesindes statt,

Weimar § 25, Koburg § 58, Reufs j. L. § 23, Oldenburg § 89, Lippe-Detmold § 8, Schaumb.-Lippe § 70, Waldeck § 46, Lübeck § 35; an Stelle von Osnabrück Art. 66, Bremen und Verden § 64, Hannover § 52, Ostfriesland § 48 gilt hannöversches Pol.-Strafgesetzbuch v. 25. Mai 1847 § 300; bayerisches Pol.-Strafgesetzbuch Art. 106, 4. der für landwirtschaftliches Gesinde zur Ernte-, Saat- und Anbauzeit ein höheres Strafmafs festsetzt; an Stelle von Neuvorpommern § 162 gilt Ges. v. 24. April 1854 § 1; von Schleswig § 32, Lauenburg § 11 gilt Ges. v. 6. Februar 1871 § 1, an Stelle von Stuttgart §§ 97, 99 tritt württembergisches Pol.-Strafgesetzbuch v. 27. Dezember 1871 Art. 16.

oder die Bestrafung findet nur statt, wenn die Zwangsmittel vergebens angewandt sind oder die Herrschaft auf ihre Anwendung verzichtet und nur auf Bestrafung anträgt.

Sachsen § 96, Reufs j. L. § 96, S.-Altenburg §§ 111, 112, S.-Meiningen Art. 36, 37, Schw.-Rudolstadt § 73, Schw.-Sondershausen § 18, Hamburger Geest § 16, Anhalt § 42, Birkenfeld Art. 52, Braunschweig § 33, an Stelle von Preufs. G.O. v. 1810 §§ 167, 168 und Rhprov. § 42 gilt Ges. v. 24. April 1854 § 1; württembergisches Pol.-Strafgesetzbuch v. 27. Dezember 1871 Art. 16.

Einige Gesindeordnungen stellen das vorzeitige Verlassen des Dienstes nur unter Strafe.

Hamburg-Bergedorf § 6, Marsch § 2, an Stelle von Kurhessen Städte § 8, Land § 7, Fulda § 4 gilt das Gesetz v. 27. Juni 1886 § 1, Hessen Art. 19, Bremen § 85, Mecklemburg Verord. v. 3. August 1892 für das ganze Land § 1.

In allen Fällen kann das Gesinde nur den bis zu dem Tage der Verlassung fälligen Lohn beanspruchen und mufs aufserdem den durch sein vertragswidriges Verhalten entstandenen Schaden der Herrschaft ersetzen.

Für die Höhe dieses Schadensersatzes gelten nach Baden § 14, Hessen Art. 19 dieselben gesetzlichen Vermutungen, die oben unter III. S. 163 aufgeführt wurden.

VI. Abgesehen von diesen besonderen Fällen des vertragswidrigen Verhaltens von Herrschaft und Gesinde, welche sich an die Eingehung und Beendigung des Gesindeverhältnisses anknüpfen, findet sich vielfach noch eine Bestrafung entweder des allgemeinen Ungehorsams des

Gesindes oder einzelner Pflichtverletzungen der Herrschaft oder des Gesindes.

Der Thatbestand des allgemeinen Ungehorsams des Gesindes gegen die Herrschaft findet sich verschieden festgestellt.

Preufs. Gesetz v. 24. April 1854 und gleichlautend damit Gesetz für Schleswig-Holstein v. 6. Februar 1878 und für Hessen-Nassau von 27. Juni 1886: Hartnäckiger Ungehorsam oder Widerspenstigkeit gegen die Befehle der Herrschaft oder der zur Aufsicht bestellten Personen.

Sachsen § 45, Reufs j. L. § 46: beharrlicher Ungehorsam und Widerspenstigkeit gegen rechtmäfsige Befehle der Dienstherrschaft oder deren Stellvertreter.

Hannöversches Pol.-Strafgesetzbuch v. 25. Mai 1847: Verletzung der Pflichten der Treue, Ehrerbietung oder des Gehorsams gegen die Herrschaft oder ihre Vertreter, sowie unzüchtiges oder sonst unsittliches, ungebührliches oder unfleifsiges Verhalten.

Bayerisches Strafgesetzbuch Art. 106, 7: Hartnäckiger Ungehorsam oder Widerspenstigkeit gegen die Befehle der Dienstherrschaft oder deren Stellvertreter; gröbliche Verletzung der Pflicht der schuldigen Achtung.

Mecklemburg Verord. v. 3. August 1892 für das ganze Land: Dienstboten, die den schuldigen Gehorsam verweigern, sich einer groben Ungebühr schuldig machen oder die Hausordnung in grober Weise verletzen.

Waldeck § 30 (früher auch Hannover § 32): Der Dienstbote, der die Pflichten der Treue, der Ehrerbietung oder des Gehorsams gegen die Herrschaft oder die, welche in ihrem Namen handeln, verletzt, oder sich unzüchtig oder sonst unsittlich, ungebührlich und unfleifsig verhält.

Hamburger Marsch § 3: Verdrossenheit und Widersetzlichkeit.

Schaumburg-Lippe §§ 42—43 (früher auch Osnabrück Art. 39): Vergehungen des Dienstboten gegen die Herrschaft,

Oldenburg § 80, Frst. Lübeck Art. 43: beharrlicher Ungehorsam gegen die Herrschaft oder Aufseher.

Schw.-Sondershausen § 28: Gröbliche Pflichtverletzung.

Weimar § 20: Alle pflichtwidrigen Reden und Handlungen des Gesindes.

Aufserdem werden — abgesehen von den bereits oben angeführten Fällen der Bestrafung mehrfacher Vermietung, verweigerten Dienstantrittes und vorzeitigen Verlassens des Dienstes — an einzelnen pflichtwidrigen Handlungen des Gesindes mit Strafe bedroht:

1. Schmähworte und Mifshandlungen der Herrschaft: Koburg § 44, Lauenburg § 1, Hohenz.-Hechingen § 35, jedoch durch Einführung des R.Str.G.B. § 185 f., 223 f. veraltet.

2. Verletzungen der Treupflicht gegen die Herrschaft: Frst. Lübeck Art. 52, Lauenburg § 20, Reufs ä. L. § 20.

3. Unterlassene Anzeige von Untreue des Nebengesindes: Sachsen § 31.

4. Näscherei: Weimar § 22, Reufs ä. L. § 21, Hohenz.-Sigmaringen § 31, Hohenz.-Hechingen § 34; jetzt veraltet durch die §§ 370, 5, 242 f. des R.Str.G.B.

5. Futterdiebstahl: Weimar § 22, Reufs ä. L. § 21, hannöversches Pol.-Straf-

gesetzbuch § 299, Hohenz.-Sigmaringen § 31, Hohenz.-Hechingen § 34, jetzt gleichfalls nicht mehr gültig wegen § 370, 6 R.Str.G.B.

6. Unterschlagung von Trinkgeld, das dem Nebengesinde zum Teil zukommt: Weimar § 22, Hohenz.-Sigmaringen § 31, Hohenz.-Hechingen § 34, jetzt veraltet durch § 246 R.Str.G.B.

7. Bruch des Stillschweigens über Vorgänge im Hause der Dienstherrschaft: Sachsen § 46, Reufs j. L. § 45, Hohenz.-Sigmaringen § 32, Hohenz.-Hechingen § 35.

8. Aufwiegelung des Nebengesindes oder Verabredung der Arbeitseinstellung: Preufs. Gesetz v. 24. April 1854 § 3: Gesinde ..., welches die Arbeitgeber oder die Obrigkeit zu gewissen Handlungen oder Zugeständnissen dadurch zu bestimmen sucht, dafs es die Einstellung der Arbeit oder die Verhinderung derselben bei einzelnen oder mehreren Arbeitgebern verabredet oder zu einer solchen Verabredung andere auffordert; Sachsen § 45, Reufs j. L. § 44, Hamburger Marsch § 6: Verlassen der Arbeit in Gemeinschaft und Nötigung anderer, gleiches zu thun, unter Drohungen, „um in der häuslichen Einrichtung ihrer Herrschaft etwas vorzuschreiben", Lauenburg §§ 14, 15, Frankfurt § 19, 3 f.

9. Verleitung der Kinder zur Unzucht oder zum Bösen: Reufs ä. L. § 20, Hohenz.-Sigmaringen § 32, Hohenz.-Hechingen § 35.

10. Unvorsichtigkeit mit Feuer und Licht: Koburg § 43, Lauenburg § 17.

11. Unerlaubte Entfernung aus dem Hause, besonders zur Nachtzeit: Koburg § 54, Hamburger Marsch § 4, Oldenburg § 80, Frst. Lübeck Art. 43, bayerisches Pol.-Strafgesetzbuch Art. 106, 8.

12. Beherbergen fremder Personen: Koburg § 54 (Frankfurt § 11 aufgehoben durch Gesetz v. 9. April 1873), bayerisches Pol.-Strafgesetzbuch § 106, 8.

Mehr als Ausflufs einer allgemeinen Gesindepolizei erscheinen folgende Bestimmungen:

13. Dienstboten, die in einem Jahr öfters und in kurzen Zwischenräumen ihre Herrschaften aus wahrscheinlich eigenem Verschulden gewechselt haben, sollten nach Frankfurt § 25 bestraft werden. (Diese Bestimmung ist jedoch aufgehoben durch Gesetz v. 9. April 1873.)

14. Leichtsinniges Eingehen eines Mietvertrages ohne die Möglichkeit, den Dienst wirklich anzutreten und unterlassene Anzeige der Verhinderung des Dienstantrittes sollen nach Koburg § 31 strafbar sein.

15. Nach Hohenz.-Hechingen § 38 soll endlich ein Dienstbote, der seine Herrschaft durch boshafte Handlungen oder vorsätzliche Beschädigungen zur Aufkündigung veranlafst, auf Antrag der Herrschaft bestraft werden.

VII. Eine Bestrafung der Herrschaft findet sich singulär wegen allgemeiner Pflichtverletzung

Schw.-Sondershausen § 29: Herrschaften, welche hinsichtlich der Aufsicht über ihr Gesinde, wie der Behandlung desselben während des Dienstes ihre Pflichten vernachlässigen, sind von der Polizei zur Erfüllung anzuhalten und nach Befinden zu strafen.

Die Bestrafung derjenigen Herrschaften, welche Gesinde trotz der Kenntnis, dafs es bereits durch einen anderweitigen Dienstvertrag gebunden ist, mieten, ist bereits oben S. 162 unter I. angeführt worden.

Nach sächsischem Recht machen sich solche Personen, welchen

die Befugnis, minderjähriges Gesinde zu halten, entzogen ist — vgl. oben S. 136 —, strafbar, wenn sie trotzdem derartiges Gesinde in Dienst nehmen.

Sachsen § 5, Reufs j. L. § 5.

Öfter findet sich auch eine Bestrafung solcher Herrschaften, welche Gesinde gemietet haben, ohne sich von dessen Befugnis, in Dienst zu treten, überzeugt zu haben.

Z. B. Schw.-Rudolstadt § 6, Gotha 4, Hamburg-Bergedorf § 5.

Wie schon in der Erklärung zum 10. Gebot der Lutherische Katechismus verlangt, dafs „wir unserem Nächsten nicht sein Gesinde abspannen, abdringen oder abwendig machen, sondern dieselben anhalten, dafs sie bleiben und thun, was sie schuldig sind", so stellen eine Reihe von Gesindeordnungen das Abspannen des Gesindes unter Strafe.

Sachsen § 28, Reufs j. L. § 28, S.-Altenburg § 32: Wer einen Dienstboten zum Rücktritt von dem eingegangenen Gesindevertrage oder zum Verlassen eines von ihm bereits angetretenen Dienstes, ohne dafs für eines oder das andere eine gesetzmäfsige Ursache besteht, zu bewegen sucht. Weimar § 6, Schw.-Sondershausen §§ 10, Koburg § 15, 19: Jede Herrschaft, die sich beigehen lassen wollte, eine andere in Ansehung des Dinggeldes zu überbieten, um einen schon vermieteten Dienstboten zu dingen oder zur Rückgabe des Dinggeldes zu verleiten. Schaumb.-Lippe § 11, Lippe-Detmold § 36, Hamburg-Bergedorf § 5. Lauenburg §§ 12, 13. (Frankfurt § 26 ist aufgehoben durch Gesetz v. 9. April 1873), Kurhessen Städte § 8, Land § 8, Fulda § 5, hannöversches Pol.-Strafgesetzbuch § 239, der an Stelle von Osnabrück Art. 8, Hannover § 9 getreten ist. Besondere Strafen finden sich auch gegen die Gesindemakler festgesetzt, welche Gesinde zur Aufgabe des bisherigen Dienstes zu verleiten suchen: Bremen und Verden §§ 10, 11, Hessen Art. 45, Schw.-Sondershausen § 10.

Nach sächsischem Recht ist aber auch eine Herrschaft dann schon strafbar, wenn sie wissentlich kontraktbrüchiges Gesinde in Dienst nimmt,

Sachsen § 97, Reufs j. L. § 97: Wer einen Dienstboten, von dem er weifs, oder bezüglich dessen er den Umständen nach annehmen mufste, dafs er den Dienst ohne gesetzmäfsige Ursache eigenmächtig verlassen habe, bevor sich der Antrag der (früheren) Dienstherrschaft auf Zurückführung erledigt hat, in Dienst oder Arbeit nimmt,

und haftet zugleich für den der früheren Dienstherrschaft entstandenen Schaden.

Baden § 19, das überhaupt im Gesinderecht keine besonderen Strafvorschriften kennt, enthält für diesen Fall nur die Haftung für den Schaden.

Eine singuläre Strafbestimmung findet sich noch in Anknüpfung an die Vorschriften über die Fürsorge für erkranktes Gesinde in der

Gesindeordnung für das Fürstentum Lübeck Art. 52, indem die Herrschaft, welche einen erkrankten Dienstboten ohne die gesetzlich vorgeschriebene ärztliche Genehmigung aus ihrem Hause transportieren läfst, für strafbar erklärt wird.

12. Die einseitige Aufhebung des Gesindeverhältnisses vor Ablauf der vertragsmäfsigen Zeit.

Aufser den schon oben S. 145 erwähnten Arten der Endigung des Gesindeverhältnisses: Ablauf der gesetzlichen oder vertragsmäfsigen Zeit, Kündigung, Tod des Gesindes oder der Herrschaft, Konkurs der letzteren, Besitzwechsel des landwirtschaftlichen Betriebsobjektes, finden sich in den Gesindeordnungen noch eine Reihe von Gründen angeführt, welche einem der beiden Teile das Recht zur Aufhebung des Gesindeverhältnisses vor Ablauf der vertragsmäfsigen — oder in deren Ermangelung der gesetzlichen — Zeit entweder nach vorhergegangener Kündigung oder sofort geben, weil durch das eigene Verhalten des anderen Teiles die Erreichung der durch das Gesindeverhältnis erstrebten Zwecke unmöglich gemacht oder doch in Frage gestellt ist, oder weil in den sonstigen Verhältnissen des einen Teiles eine solche Veränderung eingetreten ist, dafs der Beginn oder die Fortsetzung des Gesindeverhältnisses nicht wünschenswert erscheint.

I. **Vor Antritt des Dienstes** können sowohl die Herrschaft als das Gesinde ohne besondere Kündigung aus verschiedenen Gründen vom Vertrage zurücktreten.

Bei dem Rücktritt vom Vertrage vor dem thatsächlichen Beginn des Dienstes verlangt nur Weimar § 16 Kündigung in den Fällen, wo das Gesinde berechtigt ist, zurückzutreten.

Stets kann nach einigen Gesindeordnungen die Herrschaft vom Vertrage zurücktreten, wenn sie dem Gesinde eine entsprechende Entschädigung bezahlt.

Lohn und Kost auf $\frac{1}{4}$ Jahr: Schleswig § 21, Hamburger Geest § 10; auf 6 Wochen: Hohenz.-Sigmaringen § 16, Hohenz.-Hechingen § 19; auf 2 Wochen: Frankfurt § 19.

In einer Reihe von Gesindeordnungen finden sich aber die Gründe aufserdem einzeln aufgezählt, welche der Herrschaft auch ohne Entschädigung ein Rücktrittsrecht geben.

Die Herrschaft kann ihrerseits vom Vertrage zurücktreten,
1. wenn das Gesinde sie über seine persönlichen Verhältnisse getäuscht hat,

Frankfurt § 19, Schw.-Sondershausen § 17, Koburg § 29, Reufs ä. L. § 26, Weimar § 16, Osnabrück Art. 21, Schaumb.-Lippe § 24, Hannover § 16, Waldeck § 11, Ostfriesland § 14, Bremen und Verden § 21.

besonders wenn es der Herrschaft falsche Zeugnisse vorgelegt

Gotha § 13, Reufs ä. L. § 26, Weimar § 16, Osnabrück Art. 21, Schaumb.-Lippe § 24, Hannover § 16, Waldeck § 11, Ostfriesland § 14, Bremen und Verden § 21, Bremen § 19, Schleswig § 18, Hamburger Geest § 9, Birkenfeld Art. 24, Hohenz.-Sigmaringen § 18, Hohenz.-Hechingen § 21.

oder Vergehungen verschwiegen hat, welche es während des letzten Dienstes begangen hat, auf Grund deren die Herrschaft zum Rücktritt berechtigt ist,

Gotha § 13, Weimar § 16, Reufs ä. L. § 26.

2. wenn die Herrschaft begründete Bedenken gegen die Treue des Gesindes hat,

Schw.-Sondershausen § 17, Koburg § 29, Braunschweig § 11, Frankfurt § 19.

namentlich wenn es bei seiner letzten Herrschaft sich Veruntreuungen hat zu schulden kommen lassen,

Osnabrück Art. 21, Schaumb.-Lippe § 24, Hannover § 17, Ostfriesland § 15. Waldeck § 12, Bremen und Verden § 21.

Jedoch hebt noch Hannover § 17, Ostfriesland § 15 ein Zeugnis über dreijährige ehrliche Führung dieses Recht der Herrschaft zur Entlassung auf.

3. wenn dem Gesinde entweder die von ihm vorgegebene besondere Geschicklichkeit oder überhaupt jede Fähigkeit zum Gesindedienst mangelt,

Lauenburg § 2, Bremen § 19, Lippe-Detmold § 5, Frankfurt § 19, Gotha § 13, Koburg § 29.

4. wenn das Gesinde eine ansteckende oder ekelhafte Krankheit beim Abschlufs verheimlicht oder inzwischen sich zugezogen hat, oder an einem körperlichen Übel leidet, das es zur ordnungsmäfsigen Leistung des Dienstes untauglich macht, besonders wenn es epileptisch ist, oder weibliches Gesinde sich in schwangerem Zustande befindet.

Schleswig § 18, Hamburger Geest § 9, Lübeck § 21, Braunschweig § 11, Osnabrück Art. 21, Schaumb.-Lippe § 24, Hannover § 16, Waldeck § 11, Ostfriesland § 14, Bremen und Verden § 21, Weimar 16, Koburg § 29, Reufs ä. L. § 26, Gotha § 13, Frankfurt § 19, Birkenfeld Art. 24, Hohenz.-Sigmaringen § 18, Hohenz.-Hechingen § 21.

5. wenn das Gesinde überhaupt groben Lastern ergeben ist,

Schleswig § 18, Hamburger Geest § 9, Lübeck § 21, Bremen § 19.

6. wenn das Gesinde den Dienst nicht rechtzeitig antritt,

Preufs. G.O. von 1810 § 49, Neuvorpommern § 43, Schw.-Rudolstadt § 17, Gotha § 13, Braunschweig § 11, Sachsen § 21, Reufs j. L. § 21, Schleswig § 15,

Hamburger Geest § 6, Osnabrück Art. 21, Schaumb.-Lippe § 24, Hannover § 17, Waldeck § 12, Ostfriesland § 19, Bremen und Verden § 21, Bremen § 19, Nassau § 9, Hohenz.-Sigmaringen § 18, Hohenz.-Hechingen § 21.

7. wenn die Vermögensverhältnisse der Herrschaft sich so verändern, dafs das Halten von Gesinde ihnen nicht mehr entspricht,

Nassau § 9, Gotha § 13, Reufs ä. L. § 26, Weimar § 16, Hohenz.-Sigmaringen § 18, Hohenz.-Hechingen § 21.

oder wenn das Gesinde sich verheiratet,

Braunschweig § 11, Bremen und Verden § 21,

oder die heimischen Verhältnisse desselben sich so verändert haben, dafs seine Anwesenheit dort dringend nötig geworden ist.

Gotha § 13.

Andere Gesindeordnungen enthalten dagegen nur einen kurzen Hinweis auf die Gründe, welche aufgezählt sind als solche, die die Herrschaft auch während der Dauer des Gesindeverhältnisses zur sofortigen Entlassung des Gesindes berechtigen.

Preufs. G.O. v. 1810 § 48, Neuvorpommern § 42, Schw.-Rudolstadt § 17, Sachsen § 21, Reufs j. L. § 21.

Das Gesinde ist auch aus bestimmten Gründen berechtigt, vor Beginn des Gesindeverhältnisses vom Vertrage zurückzutreten. Auch hier scheiden sich die Gesindeordnungen in zwei Teile. Die einen zählen die Gründe einzeln auf, die anderen verweisen lediglich auf andere Bestimmungen.

Ein dem absoluten Rücktrittsrecht der Herrschaft analoges Rücktrittsrecht des Gesindes findet sich nicht. Vielmehr mufs nach einigen Gesindeordnungen Gesinde, das ohne besonderen Grund den Dienst nicht antreten will, der Herrschaft nicht nur den halbjährigen Lohn als Entschädigung zahlen, sondern auch 4 Wochen vorher seinen Rücktritt ankündigen. Schleswig § 17, Hamburger Geest § 8, Lübeck § 11.

Das Gesinde kann dann sofort vom Vertrage zurücktreten,

1. wenn sich seine eigenen Verhältnisse so verändert haben, dafs der Eintritt in den Gesindedienst ihm eine schwere Schädigung seiner eigenen Interessen beibringen würde, besonders wenn es durch denselben die Gelegenheit zur Gründung eines eigenen Hausstandes durch Verheiratung oder sonst verlieren würde,

Rhprov. § 17, Anhalt § 17, Birkenfeld §§ 26, 27, Weimar § 16, Koburg § 30, Gotha § 13, Lauenburg § 7, Hamburg-Bergedorf § 7, Nassau § 9; nur gegen Gestellung eines Stellvertreters: Kurhessen Städte § 7, Land § 7, Braunschweig § 11, S.-Meiningen Art. 7, Osnabrück Art. 23, Schaumb.-Lippe § 26, Bremen und Verden § 26, Hohenz.-Sigmaringen § 15, Hohenz.-Hechingen § 18; nur bei weiblichen Dienstboten: Schleswig § 17, Hamburger Geest § 8; und bei diesen nur gegen

Gestellung eines Stellvertreters oder vierteljährige Kündigung: Lippe-Detmold § 6 oder nur gegen Zahlung des der Herrschaft entstehenden Schadens: Sachsen § 26. Reufs j. L. § 26.

oder wenn seine Anwesenheit in der heimischen Wirtschaft dringend notwendig wird,

Schleswig § 17, Hamburger Geest § 8, Bergedorf § 7, Gotha § 14, Koburg § 30, Weimar § 16, Hohenz.-Sigmaringen § 15, Hohenz.Hechingen § 18, die beiden letztgenannten jedoch nur gegen Stellung eines Stellvertreters; Sachsen § 26, Reufs j. L. § 26, welche beiden als solche Fälle aufzählen: Pflege der Eltern im Alter oder in Krankheit, Eintritt in die elterliche Landwirtschaft als Knecht oder Magd, oder Unterstützung im Gewerbebetrieb, jedoch nur gegen Zahlung des der Herrschaft entstehenden Schadens.

oder wenn ein Kind des Dienstboten dessen persönliche Abwartung nicht entbehren kann,

Sachsen § 26, Reufs j. L. § 26, jedoch nur unter der oben angeführten Bedingung (Zahlung des Schadens).

2. wenn es sonst ohne eigene Schuld am Antritt des Dienstes verhindert ist,

Rheinprov. § 17, Anhalt § 17, Birkenfeld Art. 26, Sachsen § 25, Reufs j. L. § 25, Braunschweig § 12, Lippe-Detmold § 6, Osnabrück Art. 23, Schaumb.-Lippe § 26, Hannover § 19, Waldeck § 14, Ostfriesland § 18, Bremen und Verden § 26.

3. wenn es in eigenen Angelegenheiten eine längere Reise antreten mufs,

Gotha § 14, Birkenfeld Art. 27.

4. wenn die Herrschaft ihren Wohnsitz in eine andere Gegend oder ins Ausland verlegen will.

Schleswig § 17, Hamburger Geest § 8, Braunschweig § 12, Osnabrück Art. 23, Schaumb.-Lippe § 26, Hannover § 20, Waldeck § 15, Ostfriesland § 20, Bremen und Verden § 26, Birkenfeld Art. 27, Schw.-Sondershausen § 18, Koburg § 30, Gotha § 14, Weimar § 16, Hohenz.-Sigmaringen § 15, Hohenz.-Hechingen § 18.

II. Während der Dauer des Gesindeverhältnisses steht es beiden Teilen frei, aus besonderen Gründen vor der vertrags- oder gesetzmäfsigen Zeit nach erfolgter Kündigung vom Vertrage abzugehen.

Die Herrschaft kann dem Gesinde vor Ablauf der Zeit kündigen aus Gründen, die entweder in den Verhältnissen der Herrschaft oder in der Person des Gesindes liegen. Zu ersteren sind zu zählen:

1. der Vermögensverfall der Herrschaft nach Abschlufs des Gesindevertrages,

Preufs. G.-O. v. 1810 § 144, Neuvorpommern § 138, Rhprov. § 34, Anhalt

§ 34, Birkenfeld Art. 44, Stuttgart § 71, Gotha § 37, Reufs ä. L. § 41, Schw.-Rudolstadt § 64, Schw.-Sondershausen § 36, Weimar § 43, S.-Meiningen § 26 ($1^1/_4$ Jahr¹), Reufs j. L. § 84, Nassau § 16 (4 Wochen).

2. die beabsichtigte Verlegung des Wohnorts durch die Herrschaft.
Nassau § 16 (4 Wochen).

Von den in der Person des Gesindes liegenden Gründen sind zu nennen:

1. Mangel der besonderen, vom Gesinde beim Vertragsschlufs behaupteten oder überhaupt jeder Geschicklichkeit des Gesindes,
Preufs. G.-O. v. 1810 § 143, Neuvorpommern § 137, Rhprov. § 34, Anhalt § 34, Birkenfeld Art. 44, Stuttgart § 71, Lippe-Detmold § 26, Gotha § 37, Reufs ä. L. § 41, Schw.-Rudolstadt § 64, Schw.-Sondershausen § 36, Osnabrück Art. 57, Weimar § 43, Kurhessen Städte § 12, Land § 12, Fulda § 9, Hohenz.-Sigmaringen § 57, Hohenz.-Hechingen § 63 (4 Wochen).

2. Nachlässigkeit in der Verrichtung des Dienstes,
Gotha § 37, Weimar § 43, Reufs j. L. § 84, Hohenz.-Sigmaringen § 57, Hohenz.-Hechingen § 63.

3. Unverträglichkeit mit dem Nebengesinde und Störung des Hausfriedens,
Dieselben wie bei 2, Reufs ä. L. § 41.

4. Unerlaubtes Ausgehen bei Nacht und Ausbleiben über die erlaubte Zeit,
Dieselben wie bei 3, jedoch ohne Reufs j. L.

5. fortgesetzter Verkehr mit übelberüchtigten Personen trotz Verbotes der Herrschaft,
Reufs j. L. § 84.

6. Hang zu Trunk und Spiel,
Gotha § 37.

7. Verschweigung von Untreue des Nebengesindes.
Weimar § 43, Reufs j. L. § 84, Reufs ä. L. § 41.

Das Gesinde kann seinerseits der Herrschaft vor Ablauf der vertrags- oder gesetzmäfsigen Zeit den Vertrag aufkündigen aus Gründen, die in den Verhältnissen der Herrschaft liegen, so

1. Vermögensverfall der Herrschaft,
Nassau § 19 (4 Wochen).

2. Verlegung des Wohnorts,
Dasselbe wie bei 1.

oder solchen, die auf eine Veränderung der Verhältnisse des Gesindes beruhen, so

---

¹) Die Zahl in Klammern bedeutet die Kündigungsfrist.

1. Gelegenheit zur Heirat oder zu sonstiger Begründung einer selbständigen Existenz,

Preufs. G.O. v. 1810 § 147, Neuvorpommern § 141, Gotha § 39, Reufs ä. L. § 43 (St.[1]), Lippe-Detmold § 37, Stuttgart § 72, Schw.-Rudolstadt § 65, Schw.-Sondershausen § 36, Rhprov. § 35, Anhalt § 35, Birkenfeld Art. 45, Osnabrück Art. 58 (St.), Schaumb.-Lippe § 63 (St.), Sachsen § 84, Reufs j. L. § 86, Weimar § 45 (St.), Meiningen § 28, Nassau § 19 (4 Wochen), Hohenz.-Sigmaringen § 56, Hohenz.-Hechingen § 62 (4 Wochen).

2. oder wenn die Anwesenheit des Gesindes in der heimischen Wirtschaft dringend nötig ist,

Preufs. G.O. v. 1810 § 149 (St.), Neuvorpommern § 143 (St.), Lippe-Detmold § 39, Stuttgart § 72, Rhprov. § 37 (St.), Anhalt § 37 (St.), Birkenfeld Art. 47 (St.), Osnabrück Art. 58 (St.), Schaumb.-Lippe § 62 (St.), Sachsen § 84, Reufs j. L. § 86, Schw.-Sondershausen § 36, Meiningen § 28 (St.), Hohenz.-Sigmaringen § 56, Hohenz.-Hechingen § 62 (4 Wochen).

wobei als Spezialfall die Einstellung eines Bruders ins Heer angeführt wird,

Rhprov. § 35, Anhalt § 35, Birkenfeld Art. 45.

3. oder es in eigenen Angelegenheiten eine weite Reise unternehmen mufs,

Preufs. G.O. v. 1810 § 149 (St.), Neuvorpommern § 143 (St.), Lippe-Detmold § 39, Stuttgart § 72, Rhprov. § 37 (St.), Anhalt § 37 (St.) Birkenfeld Art. 47 (St.), Meiningen § 28 (St.), Osnabrück Art. 58 (St.), Schaumb.-Lippe § 63 (St.), Sachsen § 87, Reufs j. L. § 87.

endlich aus Gründen, welche ein pflichtwidriges Verhalten der Herrschaft darstellen, besonders

1. wenn die Herrschaft das Gesinde öffentlicher Beschimpfung aussetzt,

Preufs. G.O. v. 1810 § 146, Neuvorpommern § 140, Rhprov. § 35, Birkenfeld Art. 45, Stuttgart § 72, Gotha § 39, Lippe-Detmold § 27, Schw.-Rudolstadt § 65, Hohenz.-Sigmaringen § 56, Hohenz.-Hechingen § 62.

2. wenn sie den Lohn nicht zu den regelmäfsigen Terminen richtig auszahlt

Preufs. GO. v. 1810 § 145, Neuvorpommern § 139, Reufs ä. L. § 43, Stuttgart § 72, Lippe-Detmold § 27, Gotha § 39, Schw.-Rudolstadt § 65, Rhprov. § 35, Anhalt § 35, Birkenfeld Art. 45, Weimar § 45, Meiningen § 28 ($1/_4$ Jahr), Hohenz.-Sigmaringen § 56, Hohenz.-Hechingen § 62.

oder ungenügende Kost liefert.

Weimar § 45, Reufs ä. L. § 43, Hohenz.-Sigmaringen § 56, Hohenz.-Hechingen § 62.

---

[1]) St. bedeutet: jedoch nur gegen Gestellung eines geeigneten Stellvertreters oder mangels eines solchen unter Verbleiben während des laufenden Vierteljahres oder bei monatlich gemietetem Gesinde des laufenden Monats.

III. Zur sofortigen Aufhebung des Vertrages ohne vorherige Kündigung sind beide Teile dann berechtigt, wenn durch ein pflichtwidriges Verhalten des anderen Teiles die Erreichung der Zwecke des Gesindeverhältnisses in Frage gestellt oder unmöglich gemacht wird. Während hierbei im allgemeinen die Gesindeordnungen sich in einer bis ins einzelnste gehenden Aufzählung dieser Vergehungen gefallen, finden sich in einigen Gesindeordnungen solche Aufzählungen doch nur als Beispiele angesehen für eine allgemeine Regel, auf Grund deren die Aufhebung des Vertrages event. nach richterlichem Ermessen erfolgen soll.

Die Herrschaft ist berechtigt zur sofortigen Auflösung des Vertrages:

Rhprov. § 32, Anhalt § 32, Birkenfeld Art. 43: überhaupt wegen solcher Handlungen, welche mit dem nach der Natur des Dienstverhältnisses in das Gesinde zu setzenden Vertrauen und mit einer geregelten Hausordnung unvereinbar sind.

Baden § 10, Hessen Art. 15: überhaupt wegen solcher Handlungen, welche nach ihrem Wesen mit den für das Dienstbotenverhältnis erforderlichen Vertrauen oder mit der häuslichen Ordnung unvereinbar sind.

Schleswig § 26, Lübeck § 28, Hamburger Geest § 13: nach dem Ermessen des Gerichts wegen solcher Handlungen, welche die Ruhe und Sicherheit des Hauswesens stören oder den Zweck des Dienstverhältnisses vereiteln.

Kurhessen Städte § 7, Land § 7 nennt als Grund zur sofortigen Entlassung lediglich Vergehen gegen die Pflichten des Gesindes ohne weitere Aufzählung, Nassau § 14 dasselbe mit genauerer Aufzählung.

Hannover § 50, Ostfriesland § 46, Bremen und Verden § 60, Waldeck § 44, Schaumb.-Lippe § 60, führen im allgemeinen gröbliche Verletzung der Dienstpflichten als Grund zur sofortigen Entlassung an, zählen aber im einzelnen noch eine Reihe solcher Verletzungen auf.

Das Gesinde ist zu sofortiger Lösung des Verhältnisses berechtigt:

Rhprov. § 33, Anhalt § 33, Birkenfeld Art. 43: wegen solcher Handlungen der Herrschaft, welche mit den von seiten des Gesindes an die Herrschaft nach der Natur des Dienstverhältnisses zu machenden Anforderungen unvereinbar sind.

Baden § 11, Hessen Art. 15: wegen Handlungen der Dienstherrschaft, welche mit den dem Gesinde gegenüber der Herrschaft nach dem Dienstbotenverhältnisse zustehenden Anforderungen unvereinbar sind.

Die Gründe, welche einzeln aufgezählt werden und die Herrschaft zur sofortigen Entlassung des Gesindes berechtigen, lassen sich in folgende Gruppen zusammenfassen:

1. Verstöfse gegen die Sittlichkeit im allgemeinen, insbesondere geschlechtliche Ausschweifungen und lasterhafter Wandel,

Frankfurt § 19, 3a, Koburg § 52, Reufs ä. L. § 40, 4, Baden § 10, 5, Hessen Art. 15, 1, Bayern S. 57, Schleswig § 26, Lübeck § 28, 14. Schw.-Sondershausen § 34, 4.

durch liederliche Aufführung zugezogene ansteckende oder ekelhafte Krankheiten,¹)

Preufs. G. O. v. 1810 § 128, Neuvorpommern § 122, Stuttgart § 82, 13, Gotha § 36, 16, Braunschweig § 31. 11, Lippe-Detmold § 24 k, Hohenz.-Sigmaringen § 66, Hohenz.-Hechingen § 60, 6, Sachsen § 84, 13, Reufs j. L. § 82, Reufs ä. L. § 40, 6, Meiningen Art. 25 k, Weimar § 42, 6, Schw.-Rudolstadt § 62, 13, Schw.-Sondershausen § 34, 8, Nassau § 14, 2, Lübeck § 28, 15, Schleswig § 26. Mecklenburg Land § 37, 5, Schwerin § 15. 4, Parchim § 14, 3, Bremen § 73 o, Oldenburg § 40, 2, Frst. Lübeck Art. 43, 2.

Schwangerschaft des weiblichen Gesindes,

Preufs. G. O. v. 1810 § 133, Neuvorpommern § 127, Gotha § 36, 13, Reufs ä. L. § 40. 14, Stuttgart § 82. 16, Lippe-Detmold § 24 i, Braunschweig § 31, 16, Fulda § 16, Hohenz.-Sigmaringen § 60, Hohenz.-Hechingen § 66, 13, Meiningen Art. 25 p, Weimar § 42. 14, Schw.-Rudolstadt § 62. 18, Lübeck § 28, 16, Mecklenburg Land § 37, 4, Schwerin § 15, 3, Parchim § 14, 3, Hessen Art. 15, 8, Oldenburg § 80, 4, Frst. Lübeck Art. 43, 4.

Verführung der Kinder, Angehörigen oder des Nebengesindes zu Unsittlichkeiten.

Preufs, G. O. v. 1810 § 120, Neuvorpommern § 114, Stuttgart § 82, 3, Gotha § 36, 4, Braunschweig § 31, 4, Lippe-Detmold § 24 d, Hohenz.-Sigmaringen § 60, Hohenz.-Hechingen § 66, 5, Sachsen § 84, 5, Reufs j. L. § 82, 5, Meiningen Art. 25 d, Weimar § 42, 5, Koburg § 52, Reufs ä. L. § 40, 5, Schw.-Rudolstadt § 62, 4, Schw.-Sondershausen § 34, 5, Schleswig § 26 f, Hamburger Geest § 13, 3, Lübeck § 28. 5, Bremen § 73 h, Schwerin § 15, 13, Parchim § 15, 13, Oldenburg § 80, 7, Frst. Lübeck § 43, 7, Bremen und Verden § 60, 3, Hessen Art. 15, 5.

2. Vernachlässigung der allgemeinen Dienstpflichten, Unfleifs in der Verrichtung der Dienstleistungen und Anrichtung von Vermögensschaden im allgemeinen,

Preufs. G. O. v. 1810 § 129, Neuvorpommern § 123, Stuttgart § 82, 9, Braunschweig § 32, 12, Sachsen § 84, 14, Reufs j. L. § 82, 14, Meiningen Art. 25 m, Koburg § 61 a, Reufs ä. L. § 40, 1, Schw.-Rudolstadt § 62, 14, 20, Schw.-Sondershausen § 34, 6, Nassau § 14, 3, Lübeck § 28, 10, Schleswig § 26, Bremen § 73 b, Hamburg-Bergedorf § 9, Bayern S. 57.

im besonderen Vernachlässigung oder Mifshandlung des dem Gesinde anvertrauten Viehes, speziell das Nichtreinausmelken der Kühe.

Schleswig § 26 k, Hamburger Geest § 13, 6, Lübeck § 28, 9, Mecklenburg Land § 37, 17, Hessen Art. 15, 3, Weimar § 42, 20, Reufs ä. L. § 40, 20.

3. Beharrlicher Ungehorsam und Widersetzlichkeit gegen die Befehls- und Erziehungsgewalt der Herrschaft

Preufs. G. O. v. 1810 § 118, Neuvorpommern § 112, Stuttgart § 82, 2, Braunschweig § 31, 2, Weimar § 42, 2, Hohenz.-Sigmaringen § 66, Hohenz.-Hechingen § 60, Rhprov. § 32, Anhalt § 32, Birkenfeld Art. 42, Lippe-Detmold

---

¹) Zu denen häufig noch Epilepsie (fallende Sucht) hinzugezählt wird.

§ 24 a, das beharrlichen Ungehorsam dann als vorhanden annimmt, wenn „der Dienstbote einem einzelnen aber wiederholt erteilten Befehle Folge zu leisten sich weigert", Sachsen § 84, 2, Reuſs j. L. § 82, 2, Gotha § 36, 2, Reuſs ä. L. § 40. 2, Meiningen Art. 25 c, Schw.-Rudolstadt § 62, 2, Schw.-Sondershausen § 34, 2, Mecklenburg Land § 37, 10, Schwerin § 15, 14, Parchim § 14, 14, Schleswig § 26 d, Hamburg-Bergedorf § 9, Geest § 13, 2, Bremen § 73 c, Lübeck § 28, 4, Hannover § 50, Ostfriesland § 46, Bremen und Verden § 60, 2, Waldeck § 44, Schaumb.-Lippe § 60, Oldenburg § 80, 6. Frst. Lübeck Art. 43, 6, Frankfurt § 19, 3 l. Nassau § 14. 2, Bayern S. 57, Baden § 10, 4, Hessen Art. 15, 2.

oder gegen die Befehle der Stellvertreter der Herrschaft,

Preuſs. G. O. v. 1810 § 119, Neuvorpommern § 113, Braunschweig § 31, 3, Gotha § 36, 3, Reuſs ä. L. § 40, 3, Hohenz.-Sigmaringen § 60, Schleswig § 26, Lübeck § 28, 3, Sachsen § 84, 4, Reuſs j. L. § 82, 4, Weimar § 42, 3, Schw.-Rudolstadt § 62, 3, Schw.-Sondershausen § 34, 2, Mcklemburg Land § 37, 12, Schwerin § 15, 14. Parchim § 15, 14, Oldenburg § 80, 6, Lübeck § 43, 6.

Beleidigung und Mifshandlung der Herrschaft oder von deren Angehörigen.

Preuſs. G. O. v. 1810 § 117, Neuvorpommern § 111, Stuttgart § 82, 1, Gotha § 36, 1, Reuſs ä. L. § 40, Braunschweig § 31, 1, Lippe-Detmold § 24, 2, Hohenz.-Sigmaringen § 60. Hohenz.-Hechingen § 66, 1, Sachsen § 84, 1, Reuſs j. L. § 82, 1, Weimar § 42, 1, Meiningen Art. 25 b, Schw.-Rudolstadt § 62, 1, Mecklemburg Land § 37, 12, Schwerin § 25. 14, Parchim § 15, 14, Schleswig § 25 d, Hamburger Geest § 13, 2, Oldenburg § 80. 5, Frst. Lübeck Art. 43, 5, Bremen § 73 d, Lübeck § 28, 3, Hannover § 50, Ostfriesland § 46, Bremen und Verden § 60, 1. Waldeck § 44. Schaumb.-Lippe § 60, Nassau § 14, 3, Frankfurt § 19, 3 m, Hessen Art. 15, 4.

4. Verstöfse gegen die Hausordnung im allgemeinen:

Rhprov. § 32, Anhalt § 32, Birkenfeld Art. 42. Baden § 10, Hessen Art. 15, Schleswig § 26, Lübeck § 28, Hamburger Geest § 13.

im besonderen Neigung zu Spiel und Trunk, Zank, Schlägerei und Unverträglichkeit mit dem Nebengesinde,

Preuſs. G. O. v. 1810 § 130, Neuvorpommern § 124, Stuttgart § 82, 10, Braunschweig § 31, 13, Lippe-Detmold § 26 c, Schleswig § 26 g, m, Lübeck § 28, Hamburger Geest § 13, 4, 8, Bergedorf § 9. Oldenburg § 80, 16, Frst. Lübeck Art. 43, 16, Sachsen § 84. 15, 16, Reuſs j. L. § 82, Weimar § 42, 4, Schw.-Rudolstadt § 62, 15, Hannover § 50, Ostfriesland § 46. Bremen und Verden § 60, 8, Waldeck § 44, Schaumb.-Lippe § 60, Nassau § 14, 3, Frankfurt § 19, 3 k.

Ausbleiben aus dem Haus ohne oder über Erlaubnis,

Preuſs. G. O. v. 1810 § 129, Neuvorpommern § 123, Stuttgart § 82, 9, Braunschweig § 32, 12, Sachsen § 84, 14, Reuſs j. L. § 82, Meiningen Art. 25 m, Schw.-Rudolstadt § 62, 14, Schw.-Sondershausen § 34, 6, Koburg § 54, Hamburg-Bergedorf § 9, Bremen § 73 d, Frankfurt § 19,3 c, d.

namentlich in der Nacht,

Preuſs. G. O. v. 1810 § 125, Neuvorpommern § 119, Stuttgart § 82, 7, Braunschweig § 31. 8, Gotha § 39, 9, Lippe-Detmold § 24 g. Sachsen § 84, 9, Reufs § 82. Meiningen Art. 25 h, Weimar § 42, 16, Schw.-Rudolstadt § 62, 9, Schw.-Sondershausen § 34, 7, Koburg § 54, Reufs ä. L, § 40, 15, Mecklemburg Land § 37, 14, Schwerin § 15, 9, Parchim § 14, 9, Schleswig § 26 e, Lübeck § 28, 10, Hamburger Geest § 13, 7, Bergedorf § 9, Oldenburg § 80, 9, Frst. Lübeck Art. 43, 9. Bremen § 73 d, Hannover § 50, Ostfriesland § 46, Waldeck § 44, Schaumb.-Lippe § 60, Bremen und Verden § 60, 5. Nassau § 14, 3, Hessen Art. 15, 9.

Unvorsichtigkeit im Gebrauch von Feuer und Licht,

Preufs. G. O. v. 1810 §§ 126, 127, Neuvorpommern §§ 120, 121, Stuttgart § 82, 11, 12. Braunschweig § 31, 9, 10, Gotha § 35, 10, 11, Reufs ä. L. § 40, 12, 13, Lippe-Detmold § 24 h, Weimar § 42, 12, 13, Hohenz.-Sigmaringen § 60, Hohenz.-Hechingen § 66, 11. 12. Sachsen § 84, 10, Reufs j. L. § 82. Meiningen Art. 25 i, Schw.-Rudolstadt § 62. 11, 12, Schw.-Sondershausen § 34, 7. Mecklemburg Land § 37, 9. Schwerin § 15, 12, Parchim § 14, 12, Schleswig § 26 i, Lübeck § 28, 8, Hamburger Geest § 13, 5, Bremen § 73 e, Oldenburg § 80, 10, Frst. Lübeck Art. 43, 10, Hannover § 50, Ostfriesland § 46, Waldeck § 44, Schaumb.-Lippe § 60. Bremen und Verden § 60, 5, Nassau § 14, 3, Hessen Art. 15, 3,

Beherbergen fremder Personen ohne Genehmigung der Herrschaft.

Schleswig § 26 l, Hamburger Geest § 13, 7, Bremen § 73 l, Mecklemburg Land § 37, 14, Schwerin § 15, 10, Parchim § 14. 10. Hannover § 50, Ostfriesland § 46, Waldeck § 44, Lippe-Detmold § 24 g, Weimar § 42, 17, Schaumb.-Lippe § 60, Bremen und Verden § 60, 5, Schw.-Rudolstadt § 62. 10, Schw.-Sondershausen § 34. 7, Koburg § 54, Reufs ä. L. § 40, 17, Frankfurt § 19, 3 c, Hessen Art. 15, 9.

5. Verletzungen der Treupflicht gegen die Herrschaft, namentlich Diebstahl und Veruntreuungen,

Preufs. G. O. von 1810 § 121, Neuvorpommern § 116, Stuttgart § 82, 4, Braunschweig § 31, 5, Lippe-Detmold § 24 e, Rhprov. § 32. Anhalt § 32, Birkenfeld Art. 42, Sachsen § 84, 7, Reufs j. L. § 82, Weimar § 42, 10, 21, Reufs ä. L. § 40. 10, 21, Meiningen Art. 25 e, Gotha § 36, 5, Schw.-Rudolstadt § 62, 5, Schw.-Sondershausen § 34, 1, 3, Schleswig § 26 a, c, Hamburg-Bergedorf § 9, Hamburger Geest § 13, 1, Lübeck § 28, 1, Bremen § 73, i, Mecklemburg Land § 37. 12, Schwerin § 15, 16, Parchim § 14, 16. Oldenburg § 80, 8. Frst. Lübeck Art. 43, 8, Hannover § 50, Ostfriesland § 46, Bremen und Verden § 60, 4, Waldeck § 44, Schaumb.-Lippe § 60. Hohenz.-Sigmaringen § 60, Hohenz.-Hechingen § 66, welche letztgenannten beiden G. O. in § 32 und § 35 noch den Futterdiebstahl als Spezialfall anführen; Nassau § 14, 1, Baden § 10, 3, Hessen Art. 15, 1, Bayern S. 57.

Verleitung des Nebengesindes dazu,

Preufs. G. O. v. 1810 § 122, Neuvorpommern § 116, Stuttgart § 82, 4, Braunschweig § 31, 6. Gotha § 36, 6, Reufs ä. L. § 40, 11, Lippe-Detmold § 24 e, Sachsen § 84, 7, Reufs j. L. § 82, Weimar § 42, 11, Mecklemburg Land § 37, 12, Schwerin § 15, 16, Parchim § 14, 16, Hohenz.-Sigmaringen § 60, Hohenz.-Hechingen § 66. 10, Schleswig § 26 a, Lübeck § 28, 1.

Borgen auf den Namen der Herrschaft,

Preufs. G. O. v. 1810 § 123, Neuvorpommern § 117. Stuttgart § 82, 5. Braunschweig § 31, 7. Gotha § 36, 7, Lippe-Detmold § 24 f. Sachsen § 84, 8. Reufs j. L. § 82, Meiningen Art. 25 f, Schw.-Rudolstadt § 62, 7, Schleswig § 26 c, Lübeck § 28, 2. Hamburg-Bergedorf § 9, Bremen § 73 i, Oldenburg § 80, 15. Frst. Lübeck Art. 43. 15,

Verkaufen oder Versetzen der nicht im Eigentum des Gesindes stehenden Livreestücke,

Preufs. G. O. v. 1810 § 124, Neuvorpommern § 118, Weimar § 42. 10. Stuttgart § 82, 6, Gotha § 36, 8, Meiningen § 25 g, Schw.-Rudolstadt § 82, 8. Naschen.

Koburg § 47, Reufs ä. L. 40, 8, Weimar § 42, 8, Kurhessen Städte § 14, Land § 16, Fulda § 11, Hohenz.-Sigmaringen § 32, Hohenz.-Hechingen § 35.

6. Mangel der Fähigkeit zur Verrichtung der übernommenen Dienstleistungen im allgemeinen,

Rhprov. § 32, Anhalt § 32, Birkenfeld Art. 42, Baden § 10, 1, Hessen Art. 15, 6, Mecklemburg Land § 37, 1, welches „Mangel an der ausdrücklich angegebenen oder durchschnittlich vorausgesetzten Geschicklichkeit" aufführt.

Mangel an der erforderlichen Körperkraft,

Bremen § 73 b, Hannover § 51, Ostfriesland § 47, Oldenburg § 80, 13, Bremen und Verden § 60, Schaumb.-Lippe § 60, Waldeck § 45, Oldenburg § 80. 13, Frst. Lübeck Art. 43. 13,

endlich gänzlicher Mangel der bei der Vermietung ausdrücklich bedungenen Geschicklichkeit.

Preufs. G. O. v. 1810 § 131, Neuvorpommern § 125, Braunschweig § 31, 14. Lippe-Detmold § 24 o, Sachsen § 84, 17, Reufs j. L. § 82, Meiningen Art. 25 n, Schw.-Rudolstadt § 62, 16, Hannover § 51, Ostfriesland § 47, Bremen und Verden § 60. 9, Waldeck § 45, Schaumb.-Lippe § 60, Lübeck § 82, 12, Nassau § 14, 2. speziell wenn einer Amme die Milch mangelt oder deren Milch zur Ernährung des Kindes untauglich wird. Schwerin § 15, 5, Parchim § 14, 5.

7. Absichtliche Täuschung der Herrschaft über die persönlichen Verhältnisse des Gesindes, besonders Vorzeigung falscher Zeugnisse

Preufs. G. O. v. 1810 § 134, Neuvorpommern § 126, Braunschweig § 31, 17. Gotha § 36, 14, Lippe-Detmold § 24 n, Sachsen § 84, 19, Reufs j. L. § 82, Weimar § 42, 9, Reufs ä. L. § 40, 9, 19, Meiningen § 25, 9, Schw.-Rudolstadt § 62, 21. Mecklemburg Land § 37, 18, Lübeck § 28, 13, Bremen § 73 a, Oldenburg § 80, 1 Frst. Lübeck Art. 43, 1, Frankfurt §§ 19, 30, Nassau § 14, 1, Hohenz.-Sigmaringen § 60, 8, Hohenz.-Hechingen § 66, 8.

und Verschweigen von Vergehungen, welche das Gesinde im vorigen Dienst begangen hat, und welche die vorige Herrschaft zu seiner sofortigen Entlassung berechtigt hätten.

Preufs. G. O. v. 1810 § 135, Neuvorpommern § 129, Weimar § 42, 18, Reufs ä. L. § 40, 18, Schw.-Rudolstadt § 62, 22, Frankfurt § 19, 3 p, Hohenz.-Sigmaringen § 60, 17.

8. Die Verhinderung des Gesindes an der Erfüllung seiner Dienstpflicht durch gefängliche Einziehung auf kürzere oder längere Zeit,

Auf 2 Tage: Frankfurt § 19. 3 g.

Auf 3 Tage: Bremen § 73 n.

Auf 4 Tage: Weimar § 42, 16, Reufs ä. L. § 40, 16.

Auf 8 Tage: Preufs. G. O. v. 1890 § 132, Neuvorpommern § 126, Stuttgart § 82, 14. Gotha § 36, 12, Braunschweig § 31, 15, Lippe-Detmold § 24 m, Sachsen § 84, 18, Reufs j. L. § 82, Meiningen Art. 25 o, Schw.-Rudolstadt § 62. 17, Hannover § 50, Ostfriesland § 46, Waldeck § 44, Schaumb.-Lippe § 60. Bremen und Verden §.60, 5, Oldenburg § 80, 14, Frst. Lübeck Art. 43, 14. Hohenz.-Sigmaringen § 60, 15, Hohenz.-Hechingen § 66.

Auf 14 Tage: Koburg § 61 e, Hessen Art. 15, 7.

Auf 8 Tage Strafhaft oder 14 Tage Untersuchungshaft: Mecklemburg Land § 37. 11, Schwerin § 15, 17, Parchim § 14, 17.

oder durch Einberufung zu längeren militärischen Dienstleistungen.

Mecklemburg Land § 37, 15.

9. Endlich ist hier zu erwähnen die Befugnis der Herrschaft, Gesinde, welches ohne gesetzlichen Grund den Dienst eigenmächtig verlassen hat, nicht wieder anzunehmen.

Preufs. G. O. v. 1810 § 168, Neuvorpommern § 162, Koburg § 61 b, Schw.-Rudolstadt § 62. 19, Oldenburg § 80, 12, Frst. Lübeck Art. 43, 12, Frankfurt § 19, 3 e, u. a.

Das Gesinde seinerseits ist zum sofortigen Verlassen des Dienstes ohne vorhergehende Aufkündigung berechtigt,

1. wenn die Herrschaft ihre Befehlsgewalt oder ihr Züchtigungsrecht überschreitet, indem sie das Gesinde mifshandelt oder es mit ausschweifender und ungewöhnlicher Härte behandelt,

Preufs. G. O. v. 1810 §§ 136, 137, Neuvorpommern §§ 130, 131, Stuttgart § 85, 1, Braunschweig § 32, 12, Gotha § 38, 1, 2, Lippe-Detmold § 24 a, Rhprov. § 33, Anhalt § 33, Birkenfeld Art. 43, Sachsen § 85, Reufs j. L. § 83, Weimar § 44, 1, Meiningen § 27 a, Koburg § 62, Reufs ä. L. § 42, 1, Schw.-Rudolstadt § 63, 1, 2, Schw.-Sondershausen § 35, 1, Mecklemburg Land § 38, 1, Schwerin § 16, 1. Parchim § 15. 1, Schleswig § 27, Lübeck § 29, Hamburger Geest § 14, Bremen § 79. Osnabrück Art. 56, Hannover § 52, Bremen und Verden § 62. Ostfriesland § 48, Waldeck § 46, Schaumb.-Lippe § 61. Oldenburg § 82, Frst. Lübeck Art. 44, Nassau § 9, Hohenz.-Sigmaringen § 59, Hohenz.-Hechingen § 65, Bayern S. 57, Baden § 11, Hessen Art. 15, wo auch Mifshandlung der Familie des Gesindes als Grund zur sofortigen Auflösung angeführt ist.

2. wenn die Herrschaft zur Ausübung ihrer Erziehungspflicht ungeeignet wird

Hier sind insbesondere die Bestimmungen von Sachsen § 85, Reufs j. L. § 83 anzuführen, wonach das Gesinde berechtigt ist, den Dienst zu verlassen, wenn die Herrschaft entweder die oben S. 136 angeführten Umstände bei Eingehung des Vertrages verschwieg, oder diese Umstände erst während der Vertragsdauer eintraten.

oder gegen dieselbe verstöfst, indem sie das Gesinde zu Handlungen gegen die Gesetze oder die guten Sitten verleitet

Preufs. G. O. v. 1810 § 138, Neuvorpommern § 132, Stuttgart § 85, 2. Braunschweig § 32. 3. Gotha § 38. 3. Lippe-Detmold § 24 b, Rhprov. § 33, Anhalt § 33, Birkenfeld Art. 43, Schleswig § 27, Lübeck § 29, Hamburger Geest § 14, Bremen § 79, Mecklemburg Land § 38, 4, Schwerin § 16, 2, Parchim § 15. 2, Sachsen § 85. Reufs j. L. § 83, Meiningen Art. 27 b, Koburg § 62, Reufs ä. L. § 42, 6, Weimar § 44, 5, Schw.-Rudolstadt § 63, 3, Schw.-Sondershausen § 35, Osnabrück Art. 56, Hannover § 52, Bremen und Verden § 62, Ostfriesland § 48, Waldeck § 46, Schaumb.-Lippe § 61, Oldenburg § 82, Frst. Lübeck Art. 44, Nassau § 9, Frankfurt § 20, Baden § 11, Hessen Art. 15, Hohenz.-Sigmaringen § 59, Hohenz.-Hechingen § 65.

oder ihm Schutz gegen unerlaubte Zumutungen seitens der Hausgenossen nicht in genügender Weise augedeihen läfst

Preufs. G. O. v. 1810 § 139, Neuvorpommern § 133, Stuttgart § 85, 3. Braunschweig § 32, 4, Lippe-Detmold § 24 b, Schleswig § 27, Lübeck § 24, Mecklemburg Land § 38, 4. Schwerin § 16, 2, Parchim § 15, 2, Oldenburg § 81. Frst. Lübeck Art. 44, Sachsen § 85, Reufs j. L. § 83, Gotha § 38, 4, Reufs ä. L. § 42, 7. Weimar § 44, 5, Meiningen Art. 27 b, Schw.-Rudolstadt § 62, 4, Schw.-Sondershausen § 35, Hohenz.-Sigmaringen § 59, Hohenz.-Hechingen § 65, Baden § 11, Hessen Art. 15.

oder ihm fortgesetzt die gesetzlich vorgeschriebene freie Zeit zum Gottesdienst u. s. w. nicht gewährt,

Sachsen § 85, Reufs j. L. 83, Hessen Art. 15.

3. wenn die Herrschaft beharrlich dem Gesinde die vertragsmäfsigen Gegenleistungen verweigert,

Sachsen § 85, Reufs j. L. § 83, Schw.-Rudolstadt § 62, Schw.-Sondershausen § 35, Koburg § 62, Reufs ä. L. § 42, 2, 3, Schleswig § 27, Lübeck § 29, Hamburger Geest § 14, Mecklemburg Land § 38, 5, Schwerin § 16, 6, Parchim § 15, 7, Osnabrück Art. 56, Hannover § 52, Bremen und Verden § 62, 1, Ostfriesland § 48, Waldeck § 46, Schaumb.-Lippe § 61, Oldenburg § 82, Frst. Lübeck Art. 44, Nassau § 9, Baden § 11, Hessen Art. 15.

insbesondere ihm nur ungenügende Kost giebt,

Preufs. G. G. v. 1810 § 140, Neuvorpommern § 134, Stuttgart § 85, 4, Braunschweig § 32, 5, Lippe-Detmold § 24 c, Meiningen Art. 27 c, Gotha § 38, 5. 6. Weimar § 44, 2, Rhprov. § 33, Anhalt § 33, Birkenfeld § 43.

4. wenn die Herrschaft ihren Wohnsitz in eine weiter entfernte Gegend oder aufser Landes verlegt,

Preufs. G. O. v. 1810 § 141, Neuvorpommern § 135, Stuttgart § 85, 5, Braunschweig § 32. 6, Gotha § 38, 7, 8, Meiningen Art. 27 d, Lippe-Detmold § 24 d,

Schleswig § 27, Lübeck § 29, Bremen § 79, Osnabrück Art. 56, Hannover § 52, Bremen und Verden § 62, 1. Ostfriesland § 48, Waldeck § 46, Schaumb.-Lippe § 61, Oldenburg § 29, Frst. Lübeck Art. 13, Sachsen § 85, Reufs j. L. § 82, Schw.-Rudolstadt § 62, 6, Schw.-Sondershausen § 35, Weimar § 44, 4, Reufs ä. L. § 42. 4, 5, Frankfurt § 20, Baden § 11, Hessen Art. 15, Mecklemburg Land § 38, wo dieser Grund jedoch nur für häusliches, nicht auch für landwirtschaftliches Gesinde gilt.

5. wenn in den persönlichen Verhältnissen des Gesindes bestimmte Veränderungen eintreten, namentlich wenn es Gelegenheit zur Heirat oder sonstigen Gründung einer eigenen Existenz erhält,

Oldenburg § 31 (St.), Frst. Lübeck Art. 15 (St.), Schleswig § 17, Lübeck § 32, Hamburg-Bergedorf § 7, Frankfurt § 20, Bayern S. 57, Mecklemburg Land § 41 (hier jedoch nur am Ende des laufenden Vierteljahres).

wenn es in der Wirtschaft der Eltern unentbehrlich wird,

Mecklemburg Land § 38, 3, Schwerin § 16, 3, Parchim § 15, 3, Weimar § 44, 7, Reufs ä. L. § 42, 9.

oder seiner Militärpflicht genügen muss.

Schwerin § 16, 4, Parchim § 15, 4, Koburg § 62.

13. Gesindedienstbuch und Gesindezeugnis.

Überall da, wo überhaupt eine polizeiliche Regelung des Gesindeverhältnisses gesetzlich eingeführt ist, also mit Ausnahme von Baden und Elsafs-Lothringen im ganzen Deutschen Reich, ist das Gesinde verpflichtet, ein polizeilich ausgestelltes Dienstbuch zu führen. Dasselbe dient zur Legitimation des Inhabers, indem es in mehr oder minder ausführlicher Weise die Personalverhältnisse des Dienstboten enthält und Auskunft über die vom Gesinde innegehabten Dienste giebt, und zur Kontrolle des Gesindewesens durch die Polizei.

Nur für Lübeck § 36 hat diese Legitimation die Form einer Dienstkarte. Für Preufsen mit Ausschluss der hohenzollernschen Lande hat das Gesetz vom 21. Februar 1872 nebst Ministerialinstruktion vom 26. Februar 1872 in Abänderung der Verordnung vom 29. September 1846 einen einheitlichen Rechtszustand über die Form der Dienstbücher geschaffen, während die näheren Bestimmungen der einzelnen G. O. über die Erteilung der Zeugnisse, deren Art der Anfechtung durch das Gesinde u. s. w. daneben bestehen geblieben sind.

Hohenz.-Sigmaringen § 10, Hohenz.-Hechingen § 11, Mecklemburg V.O. v. 14. Mai 1890 § 1, Oldenburg § 9 und V.O. v. 24. August 1853, Birkenfeld Art. 8, Frst. Lübeck Art. 50, Braunschweig § 4, Schaumb.-Lippe § 4, Lippe-Detmold § 3, Anhalt § 43, Sachsen § 100, Reufs j. L. § 100, Weimar § 9 und V.O. vom 20. April 1839, Meiningen Art. 41, Koburg § 67, Reufs ä. L. V.O. v. 1. November 1844 § 4, Gotha Verf. v. 18. August 1829, Schw.-Rudolstadt V.O. v. 2. Juni 1850 § 1, Schw.-Sondershausen § 4 und V.O. v. 1. März 1864, Hessen

Art. 37 (dessen Art. 47 bestimmt, dafs Dienstboten, die nicht bei ihrer Herrschaft wohnen. kein Dienstbuch brauchen) und V.O. v. 11. Juni 1877, Bayern S. 63, Württemberg Verf. v. 30. April 1850 § 1.

Im allgemeinen hat das Gesinde dieses Dienstbuch selbst aufzubewahren. In einzelnen Gesindeordnungen findet sich die Vorschrift, dafs die Herrschaft Sachsen § 104, Meiningen Art. 44, Koburg § 33, Reufs ä. L. § 7. Mecklemburg Land § 1, Hessen-Homburg § 8, Hessen Art. 39, Bayern S. 63. oder die Polizeibehörde dasselbe während der Dauer des Dienstverhältnisses in Verwahrung zu nehmen habe.

Würtemberg § 5.

Die Durchführung dieser Anordnung wird dadurch gesichert, dafs die Herrschaft, welche einen Dienstboten ohne Dienstbuch annimmt, mit Strafe bedroht wird,

Für Preufsen (ohne die neuen Provinzen) Cirkular-Reskript v. 5. Januar 1854. hannoversches Pol.-Strafgesetzbuch v. 25. Mai 1847 § 295. — das an Stelle von Hannover § 72, Bremen und Verden Gesetz v. 16. Februar 1853 § 6, Ostfriesland § 66 getreten ist. — Hohenz.-Sigmaringen § 10, Hohenz.-Hechingen § 11, Sachsen § 106, Reufs j. L. § 104, Weimar § 9, Reufs ä. L. § 6, Meiningen Art. 41, Schw.-Rudolstadt § 5, Schw.-Sondershausen § 4, Oldenburg § 9, Birkenfeld Art. 8. Braunschweig § 4.

dafs der Dienstbote, der sich ohne Dienstbuch vermietet, ebenfalls bestraft wird,

Preufsen Cirkular-Reskript v. 5. Januar 1854, Braunschweig § 4. Schw.-Sondershausen § 4, Oldenburg § 9, Birkenfeld Art. 8.

oder endlich, dafs ein Vertrag, der mit einem Dienstboten abgeschlossen wird, ohne dafs dieser im Besitz eines Dienstbuches sich befindet, für ungültig erklärt wird.

Reufs ä. L. § 6, Oldenburg § 13.

Zur Aufrechterhaltung der polizeilichen Kontrolle über das Gesindewesen sind bezüglich des Gesindebuches mancherlei Vorschriften gegeben.

Zunächst soll die Polizei die Befugnis des Dienstboten, sich zu vermieten, prüfen und nur wenn das Ergebnis dieser Prüfung befriedigend ausfällt, das Dienstbuch ausstellen und eine Bescheinigung über diese Befugnis darin geben.

Preufs. K.O. v. 29. September 1846 § 3, Anhalt § 46, Schaumb.-Lippe § 9, Oldenburg § 10, Birkenfeld Art. 9.

Dann aber soll eine fortlaufende Kontrolle des Gesindes dadurch ausgeübt werden, dafs die Polizei bei jedem Dienstwechsel das Buch zu visieren hat, während die Herrschaft, die einen Dienstboten ohne visiertes Dienstbuch in Dienst nimmt, bezüglich dieses Dienstverhältnisses auf den Schutz seitens der Obrigkeit verzichtet,

Reufs ä. L. § 7, Weimar § 9, Meiningen Art. 45, Schw.-Rudolstadt §§ 3, 4. Schw.-Sondershausen § 6.

oder dadurch, dafs die Polizei die Eintragungen der Herrschaft in das Dienstbuch zu beglaubigen hat,

Preufs. Gesetz v. 21. Februar 1872.
ferner dadurch, dass die Polizeibehörde das Dienstbuch während der Dienstzeit aufzubewahren hat,
Württemberg § 5.
endlich dadurch, dafs die Polizei über den wesentlichen Inhalt der Dienstbücher ein Register fortlaufend zu führen hat.
Sachsen § 100, Reufs j. L. § 100, Schw.-Sondershausen V.O. v. 1. März 1864, Mecklenburg Land § 2, Schleswig § 48, Hessen Art. 37, 43, (Frankfurt § 23 ist aufgehoben durch Gesetz v. 9. April 1873), Nassau § 22, Hessen-Homburg § 2.

Die Beschädigung oder Vernichtung des Dienstbuches ist, sofern sie absichtlich geschieht, mehrfach unter Strafe gestellt.
Schleswig § 39, Braunschweig § 4. Schw.-Sondershausen § 8.

Eine erhöhte Bedeutung behufs Legitimation des Inhabers erhält das Gesindedienstbuch durch Eintragung der von dem Dienstboten innegehabten Dienststellungen nach Art und Dauer und der Zeugnisse über sein Verhalten während derselben. Eine Reihe von Gesindeordnungen verbieten zwar die Eintragung von Zeugnissen in die Dienstbücher,
Schaumb.-Lippe § 7, Mecklemburg Land § 5, Württemberg § 6.

andere aber verlangen den Eintrag des Zeugnisses in das obligatorische Dienstbuch.
Preufs. K.O. v. 29. September 1846 § 5, Nassau § 21, Braunschweig § 4. Weimar § 9, Lippe-Detmold § 33, Anhalt § 48, Schw.-Sondershausen § 39, Birkenfeld Art. 54, Koburg § 67, Reufs ä. L. § 35, Hohenz.-Hechingen § 13, Hohenz.-Sigmaringen § 13.

Die meisten Gesindeordnungen aber machen die Erteilung eines Zeugnisses über Dauer und Verhalten nach bestandener Dienstzeit für die Herrschaft entweder schlechthin
Preufs. G.O. v. 1810 § 171, Neuvorpommern § 165, Rhprov. § 43, Anhalt § 48, Birkenfeld Art. 54, Weimar § 9, Schw.-Rudolstadt § 3, Schw.-Sondershausen § 39, Koburg § 67, Reufs ä. L. § 35, Hannover § 65, Osnabrück Art. 67, Bremen und Verden § 68, Ostfriesland § 60, Schaumb.-Lippe § 71, Oldenburg § 92, Hohenz.-Sigmaringen § 10, Hohenz.-Hechingen § 13, Bayern S. 47.

oder auf Verlangen des Gesindes obligatorisch.
Sachsen § 106, Reufs j. L. § 104, Stuttgart § 102, Waldeck § 59, Frst. Lübeck Art. 50, Hessen Art. 41.

Dies Zeugnis soll jedoch durchaus der Wahrheit gemäfs sein. Fühlt sich daher das Gesinde durch ungünstige Beurteilung durch die Herrschaft benachteiligt, so hat es das Recht, auf eine obrigkeitliche Untersuchung anzutragen, deren für das Gesinde günstiges Ergebnis alsdann in das Dienstbuch einzutragen ist.

Diese Untersuchung erfolgt durch die Polizeibehörde
Preufs. G.O. v. 1810 §§ 172, 173, Neuvorpommern §§ 166, 167, Rhprov. § 44, Anhalt § 49. Braunschweig § 4, Weimar § 37, Lippe-Detmold § 34, Sachsen § 100, Reufs j. L. § 100, Schw.-Sondershausen § 40, Koburg § 69, Reufs ä. L. § 35, Osnabrück Art. 67, Schaumb.-Lippe § 71, Bremen und Verden § 69. Ostfriesland § 61, Hannover § 66, Oldenburg § 93, Birkenfeld Art. 55, Bayern S. 49.
oder durch die Gerichte.
Gotha § 43, Waldeck § 60.

Dagegen hat die Strafvollstreckungsbehörde, wenn ein Dienstbote bestraft wird, die erfolgte Bestrafung aktenmäfsig in das Dienstbuch einzutragen.
Preufs. K.O. v. 29. September 1846 § 6, Anhalt § 52, Schaumb.-Lippe § 7, Schw.-Sondershausen § 7, Hessen Art. 41.

Andrerseits kann das Gesinde, wenn ihm die Herrschaft mit Recht ein ungünstiges Zeugnis eingetragen hat, nach zweijähriger tadelloser Führung die Vernichtung des alten und Ausstellung eines neuen Dienstbuches verlangen.
Preufs. K.O. v. 29. September 1846 § 8, Anhalt § 54, Hessen Art. 42.

Eine Herrschaft dagegen, welche einem Dienstboten, der sich grober Laster oder Veruntreuungen schuldig gemacht hat, wider besseres Wissen ein gutes Zeugnis ausgestellt hat, haftet jedem dritten, speziell der nächstfolgenden Herrschaft für den daraus entstehenden Schaden
Preufs. G.O. v. 1810 §§ 174, 175, Neuvorpommern §§ 168, 169, Rhprov. § 46, Anhalt § 51, Stuttgart § 102, Gotha § 43, Braunschweig § 4, Lippe-Detmold § 35. Kurhessen Städte § 4, Land § 4, Fulda § 2, Nassau § 21, Sachsen § 108, Reufs j. L. § 106, Schw.-Rudolstadt § 77, Schw.-Sondershausen § 40, Koburg § 69, Osnabrück Art. 68, Schaumb.-Lippe § 72, Bremen und Verden § 71, Ostfriesland § 62, Waldeck § 59, Oldenburg § 94, Birkenfeld Art. 56.
und ist aufserdem strafbar.
Preufs. G.O. v. 1810 § 176, Neuvorpommern § 170, Rhprov. § 46, Anhalt § 51, Lippe-Detmold § 35, Braunschweig § 4, Weimar § 37, Kurhessen Städte § 4, Land § 4, Fulda § 2, Nassau § 21, Sachsen § 108, Reufs j. L. § 106, Schw.-Rudolstadt § 77, Schw.-Sondershausen § 41, Reufs ä. L. § 35, hannoversches Pol.-Strafgesetzbuch § 302, Oldenburg § 94, Birkenfeld Art. 94.

Aufser diesem Zeugnis über die Dauer des Dienstverhältnisses und das Betragen des Gesindes während desselben schreiben einige Gesindeordnungen auch noch die Erteilung einer Bescheinigung über die erfolgte Kündigung vor, ohne welche ein neuer Dienstvertrag nicht abgeschlossen werden darf.
Neuvorpommern §§ 10—13, Mecklenburg Land §§ 7, 47, 48, Schwerin §§ 2, 4, Parchim §§ 2, 3, Oldenburg § 12, Birkenfeld Art. 11, Gotha § 43.

14. Das Verfahren in Gesindestreitsachen und die Zuständigkeit der Polizei.

Mehrere Gesindeordnungen enthalten über das Verfahren in Gesindestreitsachen Vorschriften, welche auf eine schleunige Erledigung durch die Gerichte abzielen und dadurch nach Möglichkeit verhindern wollen, dafs eine Ungewifsheit über den Bestand des Gesindeverhältnisses und die Ausdehnung der daraus sich ergebenden Rechte und Pflichten längere Zeit dauere.

Schleswig §§ 52—57, Lübeck § 60, Kurhessen Städte § 21, Land § 21, Fulda §§ 4. 7.

Diese Vorschriften sind aber durch die Reichscivilprocefsordnung, welche das Verfahren vor den ordentlichen Gerichten ausschliefslich regelt, aufgehoben.

Dagegen bestehen diejenigen Vorschriften des partikularen Gesinderechts, welche eine besondere Zuständigkeit der Polizei zur Entscheidung von Gesindestreitsachen begründen und die Zulässigkeit des Rechtsweges entweder ausschliefsen oder von der vorherigen Anrufung der Polizeibehörde abhängig machen, auch weiterhin zu Recht.

Unter den Bestimmungen über die Zuständigkeit der Polizei lassen sich mehrere Gruppen scheiden.

Die einen Gesindeordnungen setzen fest, dafs zwar in erster Linie die bürgerlichen Gerichte zuständig sein sollen, lassen aber auf Antrag der Beteiligten eine vorläufige Regelung der Streitigkeiten durch die Polizei zu.

Preufs. G.O. v. 1810 §§ 47, 51, 160, 167, preufs. Reskript v. 14. April 1812, Neuvorpommern §§ 41, 45, 154, 157, (vgl. Zürn, Handbuch S. 146) stellt zwar die Entscheidung der Gesindestreitsachen im wesentlichen den bürgerlichen Gerichten anheim. Aber bei Streitigkeiten über verweigerte Annahme und Behalten des Gesindes seitens der Herrschaft und bei verweigertem Antritt und Bleiben bei der Herrschaft seitens des Gesindes hat die Polizei auf Antrag einer Partei zu entscheiden und ihre Entscheidung vorläufig zu vollstrecken. Diese vorgängige Anrufung der Polizei bildet für das Gesinde sogar eine Vorbedingung für die Beschreitung des Rechtsweges. Gemäfs §§ 33, 37, 83 bez. 30, 31, 76 hat dagegen die Polizei mangels vertragsmäfsiger Abrede bei Streit über Höhe des Lohnes oder des Kostgeldes, über Menge und Beschaffenheit der Kost, über Verdienen der Livree zu entscheiden und zwar nicht blofs vorläufig, sondern unter Ausschlufs des Rechtsweges.

Sachsen §§ 112—114, Reufs j. L. §§ 110—112 verweist solche Ansprüche, welche aus dem Gesindeverhältnis auf Grund privater Vertragsabrede oder gesetzlicher Bestimmung geltend gemacht werden, vor die ordentlichen Gerichte. Die Polizeibehörde ist berechtigt, auf Anrufen eines Teiles bei derartigen Streitigkeiten, welche sich auf die Antretung, Fortsetzung oder Aufhebung des Dienstverhältnisses beziehen, mit Vorbehalt weiterer Ausführung der Ansprüche einstweilige Vorkehrungen zu treffen. Ausschließlich jedoch ist die Polizeibehörde zuständig zur Erörterung und Entscheidung solcher gegenseitiger Beschwerden der Herrschaften und Dienstboten, welche durch „ordnungswidriges" Betragen und Verhalten beider Teile gegen einander veranlaßt sind. Im Gegensatz zu vertragswidrigem Verhalten sind dabei unter ordnungswidrigem Betragen zu verstehen solche Handlungen, welche sich auf die über die Vertragsnatur des Gesindeverhältnisses hinausgehenden Seiten: das moralische Verhalten des Gesindes, die allgemeine Befehls- und Erziehungsgewalt der Herrschaft, die Aufnahme in die Hausgemeinschaft u. s. w. beziehen. Besonders zugewiesen ist der Polizeibehörde außerdem in Sachsen § 53, Reuß j. L. § 52 die vorläufige Entscheidung über Menge und Beschaffenheit der Speisen und über die Wohnung.

Bremen § 6 weist zwar alle Streitsachen zwischen Herrschaft und Gesinde in erster Linie vor die Gerichte, erteilt aber der Polizeibehörde die Befugnis, auf Antrag der Beteiligten zur Aufrechterhaltung der häuslichen Ordnung einzuschreiten und einstweilige Verfügungen zu erlassen.

Lübeck § 59 verlangt dagegen Einverständnis beider Parteien und absoluten Verzicht auf den Rechtsweg, wenn die Sache durch die Polizei zur Entscheidung gebracht werden soll.

Birkenfeld § 57 giebt jeder Partei das Recht, vor der Betretung des Rechtsweges die Vermittlung des Bürgermeisters zu gütlicher Beilegung des Streites in Anspruch zu nehmen.

Schw.-Sondershausen §§ 44, 46 setzt für die Gesindestreitigkeiten im allgemeinen die Zuständigkeit der Gerichte fest, weist aber die Handhabung der Aufsicht und Zucht über das Gesinde, namentlich außerhalb der herrschaftlichen Behausung sowie die Ordnung im Gesindewesen überhaupt der Polizei zu. Unter die Ordnung im Gesindewesen überhaupt wird man auch die Entscheidung von Beschwerden über ordnungswidriges Verhalten des einen oder anderen Teiles zu rechnen haben.

Eine weitere Gruppe verordnet für Gesindestreitsachen in erster Linie ein beschleunigtes Verfahren vor der Polizeibehörde und verweist nur Rechtsstreitigkeiten „von besonders wichtigem Belang" vor die bürgerlichen Gerichte.

Koburg §§ 73, 76. Unter solchen wichtigen Rechtsstreitigkeiten nennen in erster Linie Entschädigungsforderungen in beträchtlicher Höhe Hohenz.-Sigmaringen §§ 75—77, Hohenz.-Hechingen §§ 82—84, Stuttgart §§ 103, 104, Oldenburg § 97, Weimar §§ 46—50.

Die Zuständigkeit der Polizei ohne jede Einbeziehung der Gerichte bestimmt Nassau §§ 24, 25; Meiningen Art. 48 jedoch nur für die Streitigkeiten während der Dauer des Gesindeverhältnisses.

Eine letzte Gruppe setzt als Regel die Zuständigkeit der Polizei fest, gegen deren vorläufig vollstreckbare Entscheidungen — mit Ausnahme bestimmter besonders angeführter Fälle — die Berufung an die bürgerlichen Gerichte zulässig ist. Jedoch erstreckt sich diese Bestimmung nur auf die vor Antritt oder während der Dauer des Dienstverhältnisses entstehenden Streitigkeiten, während für alle Streitigkeiten nach dessen Beendigung die Gerichte zuständig bleiben.

Rhprov. §§ 47—49, Anhalt §§ 56—58; Frankfurt §§ 27, 28, ersetzt durch Gesetz v. 9. April 1873 § 5, schliefsen von der Berufung an die Gerichte ausdrücklich die Streitigkeiten in Zeugnisangelegenheiten aus. Eine Ausnahme findet sich nicht in Hannover § 74, Waldeck § 63, Bremen und Verden § 73, Ostfriesland § 70, Lippe-Detmold § 38, Braunschweig § 41.

Die praktisch wichtigste Konsequenz der Zuständigkeit der Polizei in Gesindestreitsachen ist das Recht der Ausübung des polizeilichen Zwanges gegen Dienstboten, welche nicht rechtzeitig den Dienst antreten oder dessen Fortsetzung ohne gesetzlichen Grund verweigern. Die einschlägigen Bestimmungen, welche schon oben (S. 163 ff.) in den Bereich der Darstellung einbezogen wurden, sollen im folgenden nochmals kurz zusammengestellt werden.

Preufs. G.O. v. 1810 §§ 51, 167, Neuvorpommern §§ 45, 161, Braunschweig §§ 14, 30, Lippe-Detmold §§ 8, 30, Sachsen §§ 22, 96, Reufs j. L. §§ 22, 96, Weimar §§ 15, 25, Meiningen Art. 5, 36, Koburg §§ 28, 58, Gotha §§ 14, 41, Schw.-Rudolstadt §§ 18, 73, Schw.-Sondershausen §§ 18, 38, Schleswig §§ 16, 32, Hamburger Geest §§ 6, 16, Lauenburg §§ 7, 11, Mecklenburg V.O. v. 3. August 1892 § 5, Schwerin § 17, Parchim § 16, Lübeck §§ 16, 35, Oldenburg §§ 27, 89, Frst. Lübeck Art. 12, 48, Osnabrück §§ 22, 66, Hannover §§ 18, 52, 74, Bremen und Verden §§ 25, 64, 73, Ostfriesland §§ 13, 48, Schaumb.-Lippe §§ 25, 70, Waldeck §§ 13, 46, 63, Hessen Art. 19, Hohenz.-Sigmaringen §§ 14, 67, Hohenz.-Hechingen §§ 17, 74, Bayern Pol.-Strafgesetzbuch Art. 106, 3. 4.

Lediglich die unrechtmäfsige Verlassung des Dienstes berechtigt die Polizei zur Anwendung von Zwangsmitteln nach Stuttgart § 97, Rhprov. § 42, Birkenfeld Art. 52, Anhalt V.O. v. 18. Mai 1856.

Eine polizeilicher Zwang kann aufserdem noch statthaben gemäfs Bayern Pol.-Strafgesetzbuch Art. 106 gegen das Gesinde behufs Einweisung in ein Krankenhaus bei ansteckenden Krankheiten.

Gegen die Herrschaft ist nur ganz selten ein polizeilicher Zwang gestattet.

Die Bestimmung von preufs. G.O. v. 1810 § 160, Neuvorpommern § 154, dafs eine Herrschaft, welche das Gesinde vor Ablauf der Dienstzeit ohne gesetzlichen Grund entläfst, von der Polizei zu dessen Wiedernahme „angehalten" werden soll, wird praktisch völlig illusorisch gemacht durch die darauf folgenden §§ 161 und 155, wonach die Herrschaft sich von dieser Verpflichtung durch Zahlung des Lohnes für die rückständige Dienstzeit frei machen kann. Die gleichen Bestimmungen finden sich in Osnabrück Art. 64, Schaumb.-Lippe § 68. Schw.-Sondershausen §§ 29, 39 kennt einen polizeilichen Zwang gegen die Herrschaft zur Erfüllung ihrer Pflichten, speziell zwecks Erteilung des Zeugnisses, Sachsen § 5, Reuſs j. L. § 5 zur Entfernung von minderjährigem Gesinde aus dem Haushalt solcher Herrschaften, welchen aus den oben (S. 136) angeführten Gründen die Befugnis zum Halten solchen Gesindes nicht zusteht.

15. Die reichsrechtlichen Vorschriften des Gesinderechts.

Wie die preuſsische Gesetzgebung, so hat auch die Gesetzgebung des deutschen Reiches es ausdrücklich abgelehnt, das Gesinderecht einheitlich zu regeln. Doch finden sich im Gebiet der Reichsgesetzgebung in verschiedenen Gesetzen verstreut Bestimmungen über das Gesinde.

1. Gesetz vom 21. Juni 1869 betr. die Lohnbeschlagnahme § 1 setzt fest: Lohn und Kostgeld eines Dienstboten darf zum Zwecke der Sicherstellung oder Befriedigung eines Gläubigers erst dann mit Beschlag belegt werden, nachdem die Leistung der Dienste erfolgt und nachdem der Tag, an welchem die Vergütung gesetzlich, vertrags- oder gewohnheitsmäſsig zu entrichten war, abgelaufen ist, ohne daſs der Dienstbote dieselbe eingefordert hat.

2. Handelsgesetzbuch vom 5. Juni 1869, Art. 65 bestimmt, daſs es hinsichtlich der beim Betriebe des Handelsgewerbes Gesindedienste leistenden Personen sein Bewenden bei den für das Gesindeverhältnis geltenden Bestimmungen haben soll, dieselben also nicht den Vorschriften des Handelsgesetzbuches unterworfen sein sollen.

3. Das Reichsstrafgesetzbuch vom 15. Mai 1871, § 247 bestimmt: Wer einer Person, in deren häuslicher Gemeinschaft er sich als Gesinde befindet, Sachen von unbedeutendem Wert stiehlt oder unterschlägt, ist nur auf Antrag zu verfolgen. Die Zurücknahme des Antrages ist zulässig. Daſs § 263 Abs. 4 nicht hierher gehört, geht aus einem Vergleich des Wortlautes dieses § mit § 247 hervor. Dort sind auſser den Angehörigen, Vormündern und Erziehern ausdrücklich noch die Personen, zu denen der Thäter im Lehrlings- oder Gesindeverhältnis sich befindet, genannt, während hier diese Zufügung fehlt, also unter den Erziehern des § 263 Abs. 4 nicht auch die Herrschaften begriffen werden können. A. M. Neubauer, Zusammenstellungen u. s. w. (Gesinderecht) S. 145.

§ 361, Nr. 9 erklärt den für strafbar, der seine Dienstboten von der Begehung von Diebstählen, sowie von der Begehung strafbarer Verletzungen der Zoll- und Steuergesetze oder der Gesetze zum Schutze der Forsten, der Feldfrüchte, der Jagd oder Fischerei abzuhalten unterläſst.

§ 363 bestraft denjenigen, der, um Behörden oder Privatpersonen zum Zweck seines besseren Fortkommens oder des besseren Fortkommens eines anderen zu täuschen, Gesindedienstbücher oder -Zeugnisse falsch anfertigt oder verfälscht, oder wissentlich von einer solchen falschen oder verfälschten Urkunde Gebrauch macht, oder der zu demselben Zweck von solchen für einen anderen ausgestellten echten Urkunden, als ob sie für ihn ausgestellt seien, Gebrauch macht, oder der solche für ihn ausgestellte Urkunden einem Anderen zu dem gedachten Zwecke überläfst.

4. Das Gerichtsverfassungsgesetz vom 27. Januar 1877, § 33 Nr. 5 schliefst die Dienstboten vom Amt eines Schöffen, § 85 von dem eines Geschworenen aus. § 23 weist den Amtsgerichten ohne Rücksicht auf den Wert des Streitgegenstandes die Streitigkeiten zwischen Dienstherrschaften und Gesinde zu, insofern sie während der Dauer des Dienstverhältnisses entstehen.

5. Reichscivilprozefsordnung vom 30. Januar 1877, § 649 Nr. 2 bestimmt, dafs die in solchen Streitigkeiten ergehenden Urteile auf Antrag für vorläufig vollstreckbar zu erklären sind. § 21 schafft für Dienstboten rücksichtlich vermögensrechtlicher Ansprüche einen besonderen Gerichtsstand des Ortes der Beschäftigung.

6. Reichskonkursordnung vom 10. Februar 1877, § 54 Nr. 1 rechnet die für das letzte Jahr vor der Eröffnung des Konkursverfahrens oder dem Ableben des Gemeinschuldners rückständigen Forderungen des Gesindes an Lohn, Kostgeld und anderen Dienstbezügen an die in Konkurs geratene Dienstherrschaft unter die im Konkursverfahren bevorrechtigten Forderungen.

7. Die Reichsgewerbeordnung § 35 setzt fest, dafs der Betrieb des Geschäftes eines Gesindevermieters und Stellenvermittlers dann zu untersagen ist, wenn Thatsachen vorliegen, welche die Unzuverlässigkeit des Gewerbetreibenden in Bezug auf diesen Gewerbebetrieb darthun. —

Im Gegensatz zu diesen mehr gelegentlich notwendig gewordenen Bestimmungen des Reichsrechts hat die Sozialgesetzgebung die Verhältnisse des Gesindes zum Teil mit berücksichtigt und ihrer systematischen Regelung der Verhältnisse der arbeitenden Klassen eingeordnet.

1. Das Gesetz über den Unterstützungswohnsitz[1]) setzt unbeschadet der auf dem Familien- und Dienstverhältnis beruhenden

---

[1]) 6. Juni 1870 u. 12. März 1894. §§ 29. 61. Das Gesetz gilt im Deutschen Reich mit Ausnahme von Bayern und Elsass-Lothringen.

Unterstützungspflicht fest, dafs der Ortsarmenverband des Dienstortes, gleichgültig ob er zugleich der Unterstützungswohnsitz ist oder nicht, dem erkrankten und dadurch hilfsbedürftig gewordenen Gesinde bis zur Dauer von 13 Wochen die erforderliche Kur und Verpflegung leisten mufs. Diese Bestimmung ist namentlich dann von praktischer Bedeutung, wenn das Gesinde sich seine Krankheit durch eigene Schuld zugezogen hat, oder die Verpflichtung der Herrschaft zur Pflege des Gesindes abgelaufen ist. Nach Beendigung der 13 Wochen tritt die Unterstützungspflicht des Unterstützungswohnsitzes in Wirksamkeit.

2. Von der Krankenversicherung ist das Gesinde prinzipiell ausgeschlossen. Doch ist das Gesinde berechtigt, der Gemeindekrankenversicherung, in deren Bezirk es beschäftigt ist, freiwillig beizutreten.[1] Es mufs die gesetzlichen Beiträge alsdann allein aufbringen. Gewährt wird auf Grund der Versicherung im Falle einer Krankheit entweder freie Kur und Verpflegung in einem Krankenhaus oder freie ärztliche Behandlung und Heilmittel, sowie Krankengeld auf die Dauer von 13 Wochen. Durch Gesetz vom 5. Mai 1886 ist jedoch der Landesgesetzgebung das Recht verliehen, die Ausdehnung des Krankenversicherungszwanges auf die land- und forstwirtschaftlichen Arbeiter anzuordnen. Es sind demgemäfs besondere Landesgesetze[2] erlassen, welche auch das landwirtschaftliche Gesinde der Krankenversicherungspflicht unterwerfen.

3. Der Unfallversicherung unterliegen alle in land- und forstwirtschaftlichen Betrieben beschäftigten Arbeiter, also auch das landwirtschaftliche Gesinde[3] und die vorübergehend in der Landwirtschaft beschäftigten häuslichen Dienstboten. Das Gesinde hat selbst Lasten nicht zu tragen, vielmehr mufs der Arbeitgeber die Beiträge für diese auf Gegenseitigkeit beruhende Versicherung allein aufbringen. Gegenstand der Versicherung ist der Ersatz des Schadens, welcher durch Betriebsunfälle verursacht ist. Bei Tötung werden die Beerdigungskosten erstattet und den Hinterbliebenen eine Rente gewährt; bei Verletzung ist zu leisten der Betrag der Kosten des Heilverfahrens, welche vom Beginne der 14. Woche nach Eintritt des Unfalles entstehen, und eine Rente, welche vom gleichen Zeitpunkt an für die Dauer der Erwerbsunfähigkeit gewährt wird, und je nach-

---

[1] Ges. vom 15. Juni 1883 und 10. April 1892. § 4.
[2] Bisher für das Königreich Sachsen, Baden, Hessen, S.-Weimar, Braunschweig, Schw.-Rudolstadt, Schw.-Sondershausen, S.-Altenburg.
[3] Ges. v. 5. Mai 1886.

dem die Erwerbsunfähigkeit eine völlige oder nur teilweise ist, $^2/_3$ oder weniger des Durchschnittsverdienstes des Verletzten beträgt. Während der ersten dreizehn Wochen liegt die Unterstützungspflicht der Krankenkasse oder dem Arbeitgeber ob.

4. Alle Dienstboten sind vom vollendeten 16. Lebensjahre an gegen Invalidität und Alter zu versichern[1]). Die Beiträge, welche den Anspruch auf Rente begründen, sind zur Hälfte vom Dienstboten, zur Hälfte von der Herrschaft zu leisten. Der Anspruch des Gesindes geht bei eingetretener dauernder Erwerbsunfähigkeit auf eine Invalidenrente, bei vollendetem 70. Lebensjahr auf eine Altersrente. Kraft besonderer Gesetzesvorschrift[2]) steht weiblichen Personen, die eine Ehe eingehen, bevor sie in den Genufs einer Rente gelangt sind, ein Anspruch auf Erstattung der Hälfte der für sie geleisteten Beiträge zu, wenn sie für mindestens fünf Beitragsjahre entrichtet sind. Voraussetzungen für den Erwerb des Rentenanspruchs sind bei der Invaliditätsrente die Leistung der gesetzmäfsigen Beiträge, die Innehaltung der auf 5×47 Beitragswochen festgesetzten Wartezeit und der Nachweis der Erwerbsunfähigkeit, bei der Altersrente die Zahlung der gesetzmäfsigen Beiträge, die Innehaltung einer Wartezeit von 30×47 Beitragswochen und die Vollendung des 70. Lebensjahres.

16. Der Entwurf eines bürgerlichen Gesetzbuchs für das Deutsche Reich und das Gesinderecht.

Der Entwurf I. Lesung, dessen auf das Gesinderecht bezügliche Vorschriften inhaltlich unverändert in die II. Lesung übernommen sind, hält im Prinzip an der Unterstellung des Gesinderechts unter die Zuständigkeit der Landesgesetzgebung fest (Art. 95). Die Motive[3]) begründen diese Stellungnahme folgendermafsen:

„Eine Regelung des Gesinderechts durch Reichsgesetz ist unausführbar. Die mafsgebenden wirtschaftlichen und socialen Verhältnisse sind in den einzelnen Staaten Deutschlands, vielfach sogar in den einzelnen Teilen desselben Staates so mannigfaltig, dafs sie der einheitlichen Regelung sich entziehen. Die überaus zahlreichen Gesindeordnungen, welche in Anpassung an die in den verschiedenen Staaten, Provinzen und Landschaften bestehenden Verhältnisse und Gewohnheiten ergangen sind, ergeben dies zur Genüge. Auch in

---

[1]) Ges. v. 22. Juni 1889. § 1.
[2]) § 30.
[3]) Berlin (1888) S. 166.

Preufsen ist von der Erlassung einer einheitlichen G.O. für den ganzen Umfang der Monarchie abgesehen worden. Bei der Erwägung dieser Frage hat man nicht nur das Vorhandensein eines praktischen Bedürfnisses für eine einheitliche Regelung des Gesindewesens verneint, sondern auch anerkannt, dafs eine solche Regelung bei der verschiedenartigen Gestaltung der Verhältnisse zwischen Dienstherrschaft und Gesinde in den verschiedenen Landesteilen auf unüberwindliche Schwierigkeiten stofsen möchte.

Ausdrücklich hervorgehoben ist, dafs in Geltung bleiben die Vorschriften des Landesrechtes über die Schadensersatzpflicht desjenigen, welcher Gesinde zum widerrechtlichen Verlassen des Dienstes verleitet oder in Kenntnis eines noch bestehenden Gesindeverhältnisses in Dienst nimmt, oder welcher ein unrichtiges Gesindezeugnis erteilt.[1])

Jedoch sind als „im Interesse der Rechtseinheit und des praktischen Bedürfnisses geboten und ohne Verletzung beachtlicher Verhältnisse und Interessen durchführbar" eine Reihe von Bestimmungen des Entwurfs auch für das Gesinderecht als mafsgeblich vorgesehen. Es sollen auch für den Gesindevertrag in Anwendung kommen die §§ 100—111, 127, 272, 610, 615, 815, 825 Abs. 2., § 1341.

Die §§ 100—111 enthalten die Bestimmungen über die Geschäftsfähigkeit, bezüglich deren aber für minderjährige Dienstboten der § 109 insofern besondere Vorschriften giebt, als die Ermächtigung des gesetzlichen Vertreters zum Diensteintritt den Minderjährigen für solche Rechtsgeschäfte unbeschränkt geschäftsfähig machen soll, welche die Eingehung oder Aufhebung eines Dienstverhältnisses der gestatteten Art oder die Erfüllung der sich aus diesem Verhältnisse ergebenden Verpflichtungen betreffen. Diese Ermächtigung kann von dem Vertreter eingeschränkt oder zurückgenommen werden, die für einen einzelnen Fall erteilte Ermächtigung gilt aber im Zweifel als allgemeine Ermächtigung zur Eingehung von Verhältnissen derselben Art.

Der § 127 zieht lediglich die für die Wirksamkeit der Abgabe von Willenserklärungen gegenüber Geschäftsunfähigen notwendigen Folgerungen für die eben festgestellten Ausnahmefälle.

Bezüglich der Verpflichtungsfähigkeit der Frau setzt § 1341 fest, dafs der Mann berechtigt ist, wenn die Frau sich zu Gesinde-Dienstleistungen verpflichtet hat, das Rechtsverhältnis ohne Einhaltung einer Kündigungsfrist zu kündigen, es sei denn, dafs er der Verpflichtung zugestimmt oder seine Zustimmung durch das Vormundschaftsgericht

---

[1]) Vgl. die hier einschlägigen landesrechtlichen Vorschriften oben S. 168, 185.

ersetzt worden ist. Dies Kündigungsrecht darf der Mann jedoch nicht ausüben, solange die häusliche Gemeinschaft aufgehoben ist.

Diese Regelung stellt einen Fortschritt gegenüber dem geltenden Rechtszustand insofern dar, als der den oben — S. 137 — angeführten partikularen, unter sich mannigfach im einzelnen divergierenden Bestimmungen über die Erleichterung des Abschlusses von Gesindeverträgen durch minderjährige Dienstboten zu Grunde liegende Gedanke einen einheitlichen völlig genügenden Ausdruck erlangt. Das praktische Leben, dem das Gesinde angehört, verlangt, eine Erleichterung in der angegebenen Richtung, und dieselbe dürfte gegeben sein, ohne doch die elterliche Autorität über Gebühr einzuschränken, da demjenigen gesetzlichen Vertreter, welcher noch mit wirklichem Interesse den Eintritt seines Kindes in das Erwerbsleben verfolgt, die Möglichkeit der Genehmigung zum Eingehen eines jeden neuen Dienstverhältnisses vorbehalten ist.

Bezüglich der Eingehung des Gesindevertrages dürften aber auch die §§ 1340 und 160, welche im Entwurf nicht besonders angeführt sind, eine Änderung der bisher geltenden Normen dahin bewirken, dafs die Frau, welche häusliches Gesinde mietet, nicht mehr an die Genehmigung des Mannes gebunden ist, es sei denn, dafs er das Recht der Frau zu seiner Vertretung innerhalb ihres häuslichen Wirkungskreises beschränkt oder ausgeschlossen hat, oder das partikulare Gesinderecht ausdrücklich eine entgegenstehende Vorschrift enthält — vgl. oben S. 135 f. —

Auf das Gesindeverhältnis soll ferner die Bestimmung des § 272 Anwendung finden, dafs der Schuldner, d. h. der zu einer Leistung verpflichtete, ein Verschulden seines gesetzlichen Vertreters und der Personen, deren er sich zur Erfüllung seiner Verbindlichkeit bedient, in gleichem Umfange zu vertreten hat, wie eigenes Verschulden.

Ein wesentlich neues Moment führt die Bestimmung des § 610 in das Gesinderecht ein: Danach ist die Herrschaft verpflichtet, Räume, Vorrichtungen und Gerätschaften, die sie zur Verrichtung der Dienstleistungen zu beschaffen hat, so einzurichten und zu unterhalten und Dienstleistungen, die unter ihrer Anordnung oder Leitung vorzunehmen sind, so zu regeln, dafs das Gesinde gegen Gefahr für Leben und Gesundheit soweit geschützt ist, als die Natur der Dienstleistung es gestattet. Erfüllt sie diese Verpflichtung schuldhafterweise nicht, so mufs sie den daraus entstehenden Schaden nach den Grundsätzen über den Schadensersatz wegen unerlaubter Handlungen (§§ 826—830) ersetzen.

Bezüglich der Schadensersatzpflicht der Herrschaft oder deren Vertreter für solche Handlungen des Gesindes, welche dieses einem Dritten in Ausführung der Gesinde-Dienstleistungen widerrechtlich zugefügt hat, wird im § 815 eine Befreiung dann für die Herrschaft ausgesprochen, wenn die Herrschaft bei der Auswahl des Gesindes und der Leitung der Dienstleistung oder der Beschaffung der zur Dienstleistung notwendigen Vorrichtungen oder Gerätschäften mit der im Verkehr erforderlichen Sorgfalt verfahren ist. Der § 825 Abs. 2 regelt für dieses Schuldverhältnis das Verhältnis von Herrschaft und Gesinde so, dafs wenn auch das Gesinde für den angerichteten Schaden verantwortlich ist, in ihrem Verhältnis zu einander lediglich das Gesinde verpflichtet wird.

IV. Ergebnisse.

1. Die Bedeutung des Gesindes in der Volkswirtschaft.

I. Der Begriff des Gesindes ist, wie sich aus den bisherigen Ausführungen ergiebt, zu verschiedenen Zeiten und in verschiedenen Gegenden sehr verschieden aufgefafst worden. Auch heute noch ziehen die Gesetzgebung, die Statistik, die Wissenschaft und das praktische Leben seinem Inhalt sehr verschiedene Grenzen. Die volkswirtschaftliche Theorie ist bemüht eine Begriffsbestimmung aufzustellen, welche die Merkmale des häuslichen und des landwirtschaftlichen Gesindes gemeinsam umfasst. Jolly[1]) definiert: „Dienstboten sind Personen, die vertragsmäfsig die Leistung von häuslichen oder landwirtschaftlichen Diensten jeder oder einer gewissen Art gegen Entgelt in der Weise übernehmen, dass sie in den Haushalt der Herrschaft eintreten, und dafs diese die einzelnen von den Dienstboten zu verrichtenden Arbeiten feststellt." Die gleichen Begriffsmerkmale finden sich im wesentlichen bei von Brünneck[2]), Menzinger[3]) u. a. m.

Die heutige Statistik geht anders vor. Bei der Berufszählung von 1882[4]) ist ein durchgehender Unterschied zwischen häuslichem und landwirtschaftlichem Gesinde gemacht. Unter häuslichem Gesinde werden die „Dienenden für häusliche Dienste, welche im Haushalt der Herrschaft leben," verstanden. Der Begriff des landwirt-

---

[1]) In Schönbergs Handbuch der pol. Ökonomie (II. Aufl.) II. S. 880.
[2]) Handwörterbuch der Staatswissenschaften III. S. 850.
[3]) Staatslexikon III. S. 1304.
[4]) Vgl. oben S. 38.

schaftlichen Gesindes ist nicht positiv festgestellt, sondern nur hervorgehoben, dafs für dasselbe Zugehörigkeit zum Haushalt der Herrschaft nicht erforderlich ist. Dies ist die einzige Beziehung, welche die deutsche Statistik zwischen den beiden Arten von Gesinde gelten läfst, und auch diese ist nur eine negative. Eine weitere Erklärung dessen, was unter landwirtschaftlichem Gesinde verstanden ist, findet sich nicht; sie läfst sich nur dadurch gewinnen, dafs man die aufser dem Gesinde noch erwähnten Arbeiterklassen von der gesamten ländlichen Arbeiterschaft in Abzug bringt. Was dann noch bleibt, ist das landwirtschaftliche Gesinde. Die deutsche Statistik zählt aufser dem bei den Landwirten dienenden häuslichen Gesinde — das also nicht zum landwirtschaftlichen Gesinde gehört — die in der Wirtschaft des Familienhauptes thätigen Familienglieder und die Tagelöhner mit oder ohne selbständigen Wirtschaftsbetrieb. Es bleibt also als charakteristisches Merkmal des landwirtschaftlichen Gesindes die entgeltliche Thätigkeit in einer fremden Wirtschaft gegen eine nicht tageweise erfolgende Lohnberechnung übrig.

Nicht so einfach ist die Antwort, welche die **landwirtschaftliche Praxis** auf die Frage nach dem Begriff des Gesindes giebt. Die oben[1]) ausführlich wiedergegebenen Beobachtungen auf Grund der Berichte des „Vereins für Socialpolitik" lassen erkennen, dafs weder die Zugehörigkeit zum Haushalt der Herrschaft, noch die Verpflichtung zur Leistung nur im allgemeinen bestimmter Dienste, weder die Lohnberechnung für längere Zeitfristen, noch die längere Dauer der Kontrakte sich als allgemein gültige Bestandteile des Gesindebegriffs überall finden. Doch lassen sich zwei gröfsere Gebiete trennen, in denen ein bis zu einem gewissen Grade einheitlicher Begriff vorherrscht. In den Bauerngegenden West- und Süddeutschlands, wo bei mittlerem und kleinerem Besitz die Betriebs- und Wirtschaftsverhältnisse sich seit Jahrzehnten nicht wesentlich umgestaltet haben, finden sich bestimmte Merkmale für das Gesinde regelmäfsig wieder. Hier versteht man unter Gesinde diejenigen ledigen landwirtschaftlichen Arbeiter beiderlei Geschlechts, welche auf Grund eines auf ein Jahr oder gröfsere Bruchteile eines Jahres abgeschlossenen Vertrages die sämtlichen in der Wirtschaft notwendig werdenden landwirtschaftlichen, in zweiter Linie auch die hauswirtschaftlichen Arbeiten ausführen und dafür als Entgelt bei Aufnahme in die Hausgemeinschaft Lohn, Kost und Wohnung, sowie andere, nach den Gegenden verschiedene

---

[1]) S. 59 ff.

Naturalemolumente erhalten. In diesen Gegenden läfst sich auch noch erkennen, dafs der Ursprung der Gesindehaltung auf die Viehwirtschaft zurückgeht, und die Arbeitsleistung des Gesindes auch heut noch in erster Linie der Viehhaltung, erst in zweiter Linie auch der Ackerbestellung gewidmet ist. — Das zweite Gebiet umfafst diejenigen Gegenden im Norden und Osten, sowie in Mitteldeutschland, in denen die Fortschritte der Technik auf dem grofsen Grundbesitz im Grossbetrieb eingeführt sind und neue Formen der Arbeitsverfassung angebahnt haben. Hier verbindet sich mit dem Begriff des Gesindes ein anderer Inhalt. Zwei verschiedene Gruppen landwirtschaftlicher Arbeiter bilden hier das Gesinde: die niederen Wirtschaftsbeamten und das für die Viehwirtschaft gehaltene Personal. Die ersteren sind in der Regel verheiratet, ihre Entlohnung erfolgt auf dieselbe Weise, wie bei den übrigen verheirateten Arbeitern, nur pflegen sie auch da, wo für die anderen Arbeiter Tage- und Stücklohn vorherrschen, noch in Jahreslohn zu stehen. Die Aufnahme in die Hausgemeinschaft der Herrschaft findet sich aber bei ihnen nie mehr. die Gewährung von Kost nur in sehr seltenen Fällen. Dieser Art des Gesindes ganz ungleich und auch in sich aufserordentlich mannigfaltig gestalten sich die Verhältnisse bei dem für die Viehwirtschaft gehaltenen gewöhnlichen Gesinde. Zum Teil gleichen sie der Stellung des Gesindes in der bäuerlichen Wirtschaft: Aufnahme in das Hauswesen, Gewährung von Kost und Wohnung sind neben jährlich gezahltem Baarlohn üblich. Zum Teil ist die Stellung kaum noch dem Namen nach von derjenigen der freien oder kontraktlich gebundenen Arbeiter verschieden: Wochenlohn, Bezahlung von Überstunden, Gewährung von Naturalien oder Geld an Stelle der Kost, ja sogar eine Geldentschädigung an Stelle der freien Wohnung verwischen die Besonderheiten des Gesindeverhältnisses völlig. Nur an einem Punkte lassen sich Spuren der früheren Unterschiede noch häufiger finden: Bei der Gewährung von Land wird das Gesindeland entweder völlig von der Herrschaft bestellt, oder es werden weitergehende Hilfsleistungen bei der Bestellung bewilligt, als bei den anderen Arbeitern, damit die Arbeitsleistung des Gesindes nicht durch die Bestellung des eigenen Landes von der herrschaftlichen Arbeit zu sehr abgezogen wird, sondern ausschliefslich oder doch möglichst ungeschmälert dieser zur Verfügung steht.

Die landwirtschaftliche Theorie, der ja eine Zusammenziehung der beiden Gesindearten an sich fern lag, hat daher auch den praktischen Verhältnissen eher Rechnung getragen. Von den

Vertretern derselben hat Frhr. v. d. Goltz dem Gesindewesen die meiste Aufmerksamkeit geschenkt.[1]) Er unterscheidet unter den landwirtschaftlichen Arbeitern Gesindepersonen und Tagelöhner, und giebt für erstere als besondere Merkmale die Verpflichtung zu bestimmten Dienstleistungen auf längere Zeit und die Gewährung von Geldlohn, Kost und Wohnung an. Die Verrichtungen, welche nach seiner Ansicht spezielle Obliegenheit des Gesindes sind, sind solche, welche sich an keine feste tägliche Arbeitszeit binden lassen, zugleich eine besondere Übung und Geschicklichkeit verlangen und in der Regel auf dem Wirtschaftshofe oder in dessen Nähe ausgeübt werden. Er rechnet hierher insbesondere die Besorgung des Haushalts und die Fütterung und Pflege der Tiere. Neben diesem Gesinde im engeren Sinn unterscheidet er eine Abart desselben: Deputatgesinde, verheiratetes Gesinde, Deputatisten, welche statt der Kost ein Naturaliendeputat erhalten. Dieses Gesinde hat nach seiner Ansicht vor dem ledigen Gesinde den Vorzug, dass es, wenngleich die Kosten höher sind, als für jenes, älter, an Erfahrungen reicher und zuverlässiger ist, in der Regel auch länger an einer Stelle aushält.

Von anderen Vertretern der landwirtschaftlichen Theorie sei noch Settegast angeführt. Er sucht[2]) das unterscheidende Merkmal des Gesindes gegenüber dem freien Arbeiter darin, dafs es auf längere Zeit kontraktlich in Pflicht genommen wird und ausser einem festen Lohn und verschiedenen Emolumenten entweder freie Beköstigung oder ein diese ersetzendes Naturaliendeputat empfängt. Den Grund der Gesindehaltung erblickt er darin, dafs gewisse mit gröfserer Verantwortlichkeit verknüpfte Geschäfte Tag aus Tag ein von derselben Person verrichtet werden müssen. Zu solchen Geschäften rechnet er die Abwartung der Nutz- und Arbeitstiere, die Molkereigeschäfte, den Wächterdienst und ähnliches.

Nicht in demselben Mafse sind die juristische Theorie und die Gesetzgebung der Fortentwicklung der thatsächlichen Verhältnisse gefolgt. Auch hier ist man dabei stehen geblieben, eine gemeinsame Begriffsbestimmung für landwirtschaftliches und häusliches Gesinde zu geben, ohne dafs jedoch in den einzelnen Gesindeordnungen eine Übereinstimmung des Begriffs erreicht worden ist. Während die

---

[1]) Schönbergs Handbuch der pol. Ökonomie (II. Aufl.) II. S. 43, Handwörterbuch der Staatswissenschaften IV. S. 941, Ländliche Arbeiterfrage (1872) S. 68.

[2]) Die Landwirtschaft und ihr Betrieb III. S. 151.

einen eine der oben von uns angeführten volkswirtschaftlichen analoge Begriffsbestimmung der gesetzlichen Regelung zu Grunde legen, geben andere eine mehr oder minder erschöpfende Einzelaufzählung der dem Gesinde zugerechneten Personenkategorieen aus dem Gebiete der Haus- und Landwirtschaft, zum Teil unter Einbeziehung verwandter Erwerbszweige.[1]) Ein Versuch, dieser Vielheit der Begriffe in der Gesetzgebung ein Ende zu machen, ist bei Gelegenheit der Verhandlungen über den einheitlichen Ausbau eines ländlichen Arbeiterrechts für Deutschland gemacht worden. Der im Auftrage des Verbandes zur Besserung der ländlichen Arbeiterverhältnisse etc. in Halle a S. vom Rechtsanwalt Suchsland bearbeitete und 1894 dem deutschen Landwirtschaftsrat vorgelegte Gesetzentwurf, betr. die Regelung der landwirtschaftlichen Arbeiterverhältnisse, wollte zwar eine einheitliche Regelung für das ganze Reich herbeiführen, die in den einzelnen Bundesstaaten bestehenden Gesindeordnungen und die dieselben ergänzenden Gesetze aber unberührt lassen (§ 10). Es sollte aber ein einheitlicher Begriff des Gesindes festgestellt werden, um in allen Rechtsgebieten eine feste Grenze gegen den Begriff der übrigen ländlichen Arbeiterschaft zu gewinnen. Man schlug deshalb folgenden Wortlaut vor: „Unter Gesinde werden diejenigen Personen verstanden, die sich durch Vertrag verpflichten, für ein bestimmtes Hauswesen wirtschaftliche Dienste dergestalt zu verrichten, dafs sie ihre ganze Arbeitskraft der Dienstherrschaft zu jeder Zeit innerhalb eines bestimmten Zeitraumes zur ausschliefslichen Verfügung stellen und dafür einen vereinbarten Lohn erhalten" (§ 9). Dem jetzigen Rechtszustand entspricht die Definition durchaus, namentlich insofern sie nicht die Aufnahme in das Hauswesen voraussetzt. Allein die Bezeichnung der Dienste grade des landwirtschaftlichen Gesindes als solcher für ein Hauswesen ist den thatsächlichen Verhältnissen dann nicht entsprechend, wenn man unter Gesinde nicht blofs das in den bäuerlichen, sondern auch das in den Grofsbetrieben beschäftigte Gesinde begreifen will. Im Grofsbetrieb ist die Bewirtschaftung des Gutes von dem Hauswesen nicht blofs begrifflich, sondern auch räumlich so verschieden, dafs man von einer Identität beider nicht mehr reden kann.

Dies sind im wesentlichen die Begriffsbestimmungen, welche in den verschiedenen Zweigen der Litteratur zur Geltung gekommen sind. Aber alle Versuche, die beiden in sich grundverschiedenen

---

[1]) Vgl. oben S. 181 ff.

Arten des Gesindes, das häusliche und das landwirtschaftliche Gesinde, unter einen volkswirtschaftlichen Begriff zusammenzufassen, müssen an der Verschiedenheit der thatsächlichen Verhältnisse scheitern. Die Umstände, welche früher dazu geführt haben, diese ganz verschiedenen wirtschaftlichen Bedürfnissen dienenden Bevölkerungsklassen einem Begriff und zugleich einer rechtlichen Regelung zu unterstellen: die auf der längeren Dauer der abgeschlossenen Verträge beruhende Art der Entlohnung und die Aufnahme in die Häuslichkeit der Herrschaft, sind nicht mehr charakteristische Merkmale beider Arten. Die trotz der vielen Verschiedenheiten auf diesen beiden Momenten aufgebaute gleichartige Behandlung wird dann widersinnig, wenn sich jene beiden Umstände in Wirklichkeit nicht mehr finden.

Um diese Behauptung näher zu begründen, wird im folgenden die volkswirtschaftliche Bedeutung der beiden Arten des Gesindes einander gegenübergestellt werden.

II. Das häusliche Gesinde leistet niedere häusliche Dienstleistungen, d. h. die Dienste zur Erhöhung der persönlichen Bequemlichkeit der einzelnen Glieder des Hauswesens, zur Pflege und Beaufsichtigung der Kinder, zur Befriedigung der gemeinsamen Bedürfnisse aller Haushaltungsglieder, wie Reinigung der Wohnräume und Gebrauchsgegenstände, Herbeischaffung der Lebensmittel, des Wassers und der sonstigen Haushaltungsbedürfnisse, Zubereitung der Speisen u. dergl. m. Diese Dienste sind niedere, weil sie in der Regel geleistet werden können, ohne daſs der Leistende eine besondere Vorbildung durchgemacht hat; sie bedürfen lediglich einer gewissen Übung, um die erforderliche Gewandtheit und Geschicklichkeit zu ihrer zweckmäſsigen Ausübung zu erlangen. Die Bedürfnisse, welche diese Dienste befriedigen sollen, treten aber nicht nur einmal auf, sondern sie wiederholen sich regelmäſsig, häufig sogar an einem Tage mehrmals. Daher ist auch ihre regelmäſsige Befriedigung notwendig. Dieselbe muſs aber dann erfolgen, wenn das Bedürfnis auftritt. Es liegt in der Eigenart des Bedürfnisses, daſs seine Befriedigung nicht aufgeschoben werden kann, ebenso liegt es aber in dem Wesen der Dienstleistung begründet, daſs dieselbe nicht auf Vorrat geleistet werden kann, sondern bei jedem neuen Auftreten des Bedürfnisses einzeln ausgeführt werden muſs. Demnach muſs derjenige, der dies Bedürfnis durch Leistung von Diensten befriedigen soll, demjenigen, dessen Bedürfnis befriedigt werden soll, stets zur Verfügung stehen. In der heutigen Organisation der Volkswirtschaft, wo der Familienhaushalt für die überwiegende Bevölkerungsmehrheit die Grundlage für die Bedürfnisbefriedigung bildet, führt diese Eigenart der persönlichen und häuslichen niederen Dienstleistungen zur Aufnahme derjenigen Personen, welche berufsmäfsig die Verrichtung dieser Dienste übernehmen, in den Familienhaushalt desjenigen, dem diese Dienste geleistet werden sollen. Es sind demnach unter häuslichem Gesinde diejenigen Personen beiderlei Geschlechts zu verstehen, welche unter Aufnahme in den Haushalt der Herrschaft die entgeltliche Leistung der niederen häuslichen Dienste übernehmen. In dieser Definition kommen also auf den rein ökonomischen Begriff der persönlichen Dienstleistung insofern die Organisationsprinzipien der heutigen Volkswirtschaft zur Anwendung, als die Befriedigung des auf jene gerichteten Bedürfnisses auf dem Boden der persönlichen Freiheit und daher auf dem Wege der Vertragsschliefsung gegen Entgelt erfolgt. Dadurch ist der Unterschied der Gesindedienste von dem Sklavendienst und den unentgeltlichen Dienstleistungen der Familienglieder gegeben.

Insofern die Dienstleistungen des häuslichen Gesindes nun geeignet sind, ein menschliches Bedürfnis zu befriedigen, sind sie wirtschaftliche Güter, also Werte, die der Konsumtion unterliegen. Das häusliche Gesinde ist also ein Teil der produktiven Bevölkerung.

Für die volkswirtschaftliche Bedeutung des Gesindewesens kommt aber ferner der Umstand in Betracht, dafs durch die persönlichen Dienstleistungen auch die wirtschaftliche Thätigkeit der Herrschaften eine wesentliche Förderung erhält. Die Übernahme der niederen Dienstleistungen im Haushalt oder zur persönlichen Bequemlichkeit durch das Gesinde macht es demjenigen, dem sie geleistet werden, und der sie daher nicht selbst zu leisten braucht, möglich, sich entweder direkt länger der erwerbenden Thätigkeit hinzugeben, indem er die ersparte Zeit auf die Ausübung seiner Erwerbsthätigkeit verwendet. Oder sie fördert ihn indirekt dadurch in derselben, dafs er sich durch Verwendung der ersparten Zeit auf seine Erholung besser und gründlicher auf seine Berufsthätigkeit vorbereiten, diese intensiver ausüben kann. Dieser Umstand wird aber in einem Lande mit steigender Kultur noch eine besondere Bedeutung haben können. Die Übernahme der niederen Dienstleistungen durch besondere Personen wird für die Herrschaft eine Steigerung des Bedürfnisses nach geistigen Genüssen zur Folge haben. Die Befriedigung dieses Bedürfnisses wird nicht nur eine Steigerung der Thätigkeiten der sog. liberalen Berufsarten herbeiführen, sondern auch von einer Verfeinerung der Sitten und Gewohnheiten und des Geschmacks begleitet sein, die ihrerseits wieder von aufserordentlichem Einflufs auf die

Art der Befriedigung ungezählter anderer Bedürfnisse sind. Die Gesindehaltung kann demnach als eine der Vorbedingungen höherer Geisteskultur ein Moment zur Steigerung der geistigen Kräfte eines Volkes sein.

Führt demnach die Gesindehaltung im allgemeinen zu einer Steigerung der produktiven Thätigkeit des Volkes, so setzt sie doch schon einen Zustand der menschlichen Wirtschaft voraus, auf dem eine über den notwendigsten Bedarf gesteigerte Produktionsthätigkeit schon vorhanden ist. Gesinde kann in der Einzelwirtschaft nur gehalten werden, wenn der wirtschaftliche Effekt der Erwerbsthätigkeit des wirtschaftenden Subjekts aufser den Mitteln für dessen Unterhalt und den Unterhalt seiner Familie auch die für den Unterhalt und die Entlohnung des Gesindes erforderlichen Mittel zur Verfügung stellt. Eine starke Gesindehaltung beweist zwar, dafs in einer gröfseren Gruppe von Einzelwirtschaften mehr Einkommen vorhanden ist, als zum Unterhalt der direkten Angehörigkeit dieser Gruppen notwendig ist. Aber trotzdem kann die Höhe der Gesindehaltung doch nur unter gewissen Vorbehalten als ein Mafsstab für die Beurteilung der Einkommensverteilung in einer Volkswirtschaft dienen.

Eine Vermehrung der Gesindezahl, die in stärkerem Verhältnis als die der Bevölkerungszahl sich vollzieht, gestattet einen Schlufs dahin, dafs entweder die Einkommensverhältnisse im allgemeinen sich verbessert haben, oder dafs nur einzelne Gruppen von Einzelwirtschaften ein höheres Einkommen erzielt haben. Beide Vorgänge sind aber nicht an sich identisch mit einer Hebung des Volkswohlstandes. Denn die Besserung der Einkommensverhältnisse einzelner Gruppen der Bevölkerung kann eine um so stärkere Verminderung des Einkommens anderer zur Folge haben, und die so erfolgte Vermehrung des Vermögens einzelner Glieder der Volkswirtschaft bedeutet noch nicht eine Vermehrung des Volksvermögens.

Eine Verminderung der Gesindehaltung im Verhältnis zur Bevölkerungszahl braucht nicht notwendig ein Zeichen abnehmenden Volkswohlstandes zu sein. Es ist sehr wohl möglich, dafs die Zunahme der Bevölkerung sich zunächst in den Klassen geltend macht, deren Einkommensverhältnisse die Haltung von Gesinde nicht möglich machen, ohne dafs sie doch als nicht ausreichende bezeichnet werden müfsten. Werden entsprechend der Bevölkerungszunahme neue Erwerbszweige gefunden, oder öffnen sich in gröfserer Zahl sonst Aussichten auf eine Erwerbsthätigkeit, welche sich unter Bedingungen vollzieht, die der persönlichen Freiheit mehr Spielraum lassen, als der Gesindedienst, so nimmt mit der Bevölkerungszunahme der Wohlstand zu und doch vermindert sich die Zahl des Gesindes relativ, vielleicht auch absolut. Es kommt hinzu, dafs auch die Intensität des dem Gesindedienst zu Grunde liegenden wirtschaftlichen Bedürfnisses Veränderungen unterworfen ist, und diese sich in der Ausdehnung der Gesindehaltung zeigen können. Die mit steigendem Wohlstand in der Regel verknüpfte Verfeinerung der Sitten und des Geschmackes legt bei der Gesindehaltung das entscheidende Gewicht auf die Güte der Dienstleistungen; während auf tieferer Kulturstufe eine möglichst zahlreiche Gesindehaltung als äufseres Zeichen der Wohlhabenheit gilt und daher zum Gegenstand des Luxus wird, wird auf einer höheren Kulturstufe der für die Befriedigung des Bedürfnisses nach persönlicher Bequemlichkeit bestimmte wirtschaftliche Aufwand eher zur höheren Entlohnung besserer Kräfte, als zur Haltung einer möglichst grofsen Zahl von Dienstboten verwendet werden.

Aus diesen Ausführungen geht hervor, dafs die Bedeutung des häuslichen Gesindes für die Volkswirtschaft nicht allein für sich, sondern nur im Verhältnis zu der Lage und unter Beziehung auf die Bedeutung derjenigen Bevölkerungsgruppen gewürdigt werden kann, denen das Gesinde seine Dienste leistet, denen die Herrschaften des Gesindes angehören. Diese Erkenntnis ist für die Behandlung des Gesindes in der Volkswirtschaftslehre mafsgebend. Mit Recht liegt sie auch der deutschen Berufsstatistik von 1882 zu Grunde, welche das Gesinde nicht als selbständige Berufsabteilung, sondern lediglich als besondere Kategorie der Berufszugehörigkeit bei den Berufsabteilungen der Herrschaften aufgeführt hat.

Die Ergebnisse unserer statistischen Untersuchungen begründen und erläutern diese allgemeinen Beobachtungen in vielen Punkten. Hier sei noch einmal kurz auf folgende Punkte verwiesen, die unter diesen allgemeinen Gesichtspunkten eine erhöhte Bedeutung erlangen:

Wir konnten oben [1]) mit Sicherheit für Preufsen seit dem Beginn, für Bayern und Sachsen seit der Mitte unseres Jahrhunderts eine Steigerung der Zahlen für das Verhältnis der Dienstboten zur Bevölkerung feststellen, während sich für Hamburg seit Anfang dieses Jahrhunderts eine stetige Abnahme herausstellte. Für die erstgenannten Staaten läfst sich eine Vermehrung derjenigen Bevölkerungsklassen, welche über ein Einkommen verfügen, das ihnen die Haltung häuslichen Gesindes ermöglicht, über das Verhältnis heraus annehmen,

---

[1]) S. 34 ff.

welches der allgemeinen Volksvermehrung entsprechen würde. Damit ist ein Grund zu der Annahme einer Steigerung des Volkswohlstandes gegeben. Für Hamburg bedeutet dagegen die Abnahme der Verhältniszahl an sich noch keine Minderung des Volkswohlstandes. Die Zunahme der absoluten Zahlen für das Gesinde zeigt, daſs auch hier diese Klassen der Bevölkerung zugenommen haben. Jedoch sind diejenigen Klassen, denen die Gesindehaltung nach ihren Einkommensverhältnissen nicht möglich ist, in noch stärkerem Verhältnis gewachsen, und haben dadurch den Rückgang der Verhältniszahl verursacht. Ob dadurch aber eine Veränderung des Volkswohlstandes herbeigeführt ist, läſst sich ohne weiteres nicht erkennen.

Ist demnach die Ausbeute, welche wir für die allgemeine Beurteilung der Volkswirtschaft aus der Höhe der Gesindehaltung gewinnen können, nur eine geringe, so finden sich für die Beurteilung einzelner Gebiete der Volkswirtschaft wertvollere Anhaltspunkte.

Die Höhe der Gesindehaltung bei den von uns näher untersuchten Handwerksarten[1]) bietet uns einen Beweis für den Einfluſs der Gesindehaltung auf die Steigerung der produktiven Thätigkeit der Herrschaften. Die im Vergleich zu anderen Handwerken sehr starke Gesindezahl bei den Bäckern, Konditoren und Fleischern führten wir darauf zurück, daſs die Frau durch die Besorgung des Verkaufs der fertiggestellten Waren im Laden die Erwerbsthätigkeit des Mannes unterstützt und dadurch selbst an der Produktion sich beteiligt. Dies würde nicht möglich sein, wenn nicht die sonst von der Frau versehenen häuslichen Verrichtungen durch Dienstboten wahrgenommen würden. Erst durch den Gebrauch des Gesindes für dieselben wird die Arbeitskraft der Frau zur Unterstützung der erwerbenden Thätigkeit des Mannes frei.

Auch für die Bedeutung des Gesindes für die geistige Kultur konnten wir statistische Nachweise[2]) erbringen. Diejenigen Berufsarten, welche die höchste Dienstbotenzahl aufweisen, sind die Träger der geistigen und wirtschaftlichen Kultur: die Betriebsunternehmer und -leiter in der Industrie und im Groſshandel und die Angehörigen der freien Berufe. Für sie bildet die Entlastung von den niederen häuslichen Dienstleistungen eine Voraussetzung zur Ausübung nicht nur ihrer eigenen Berufspflichten, sondern auch ihrer Bestrebungen auf dem Gebiet der allgemeinen Geistesbildung, deren berufene Träger sie sind. Nicht als ob es in jedem Fall absolut nötig wäre, daſs sie

---

[1]) Vgl. oben S. 54 f.   [2]) Vgl. oben S. 55, 57.

gänzlich von ihnen befreit würden, oder als ob es an sich erstrebenswert wäre, dafs namentlich die weiblichen Angehörigen dieser Berufsarten ganz von der häuslichen Arbeit befreit würden. Das ist auch in Wirklichkeit nicht der Fall. Aber ohne eine weitgehende Unterstützung durch die Dienstboten bei diesen Arbeiten ist eine intensive geistige Bethätigung nicht möglich.

Die Betrachtung der statistischen Ergebnisse führt aber noch zu weiteren charakteristischen Punkten des Gesindewesens. Wir konnten oben S. 39 ff. nicht nur feststellen, dafs für die Mehrzahl der Dienstboten der Gesindedienst nur ein Übergangsstadium ist, sondern auch, dafs die Mehrzahl der Dienstboten sich im Alter von 15—25 Jahren befindet, und dafs das weibliche Gesinde speziell den fünften bezw. siebenten Teil aller sich im gleichen Alter befindenden weiblichen Personen überhaupt ausmacht.

Nimmt man hinzu, dafs die Mehrzahl der Herrschaften den wirtschaftlich besser situierten Klassen angehört, während das Gesinde sich in der Regel aus einer niederen sozialen Schicht als derjenigen, der die Herrschaft angehört, rekrutiert, so kommt man zu dem wichtigen Ergebnis: Ein beträchtlicher Bruchteil der weiblichen Jugend aus den unteren Schichten der Bevölkerung nimmt grade in denjenigen Jahren, welche für die körperliche Entwicklung von besonderer Wichtigkeit sind, an einer besseren Lebenshaltung Teil, als in seinem Stande üblich ist. Die durchgehends bessere und reichlichere Ernährung, die den Dienstboten dadurch zu teil wird, läfst deren physischen Zustand im Vergleich mit den anderen Berufszweigen angehörenden Altersgenossinnen als einen sehr viel besseren erscheinen, ein Umstand, der für die ganze Volkswirtschaft nicht ohne Bedeutung ist. Es ist dabei freilich nicht zu übersehen, dafs hierin auch die Gefahr einer Gewöhnung an höhere Lebensansprüche liegt. Doch kann dieser Nachteil gegenüber jenen Vorteilen nur wenig ins Gewicht fallen. Nicht einen gleich günstigen Einflufs auf die körperliche Beschaffenheit üben die Wohnungsverhältnisse aus, die für das Gesinde üblich geworden sind. Zwar wird dieser Mangel in dem subjektiven Empfinden der Dienstboten weniger bedeutsam empfunden, weil die Wohnungsverhältnisse derjenigen Klassen, denen sie entstammen, in der Regel ihnen keine besseren Schlafstätten gezeigt haben. Und doch hat das Gesinde grade hier unter einem allgemein verbreiteten Übelstand empfindlich mitzuleiden. Nicht nur in den Grofsstädten hat die unvernünftige Bauart der modernen Mietskasernen in den sog. Hängeböden eine völlig ungenügende Art der

Unterbringung des Gesindes aufkommen lassen. Auch in denjenigen Gegenden, wo der Grund und Boden nicht so ausgenutzt zu werden pflegt, stehen häufig bei der allgemein noch viel zu geringen Beachtung der einfachsten Anforderungen der Gesundheitspflege an die Schlafräume, die man namentlich in Deutschland beobachten kann, völlig ungeeignete Räume als Schlafstätten für die Dienstboten zur Verfügung. Dadurch wird zweifellos oft die günstige Wirkung der oben erwähnten Umstände in der Entfaltung gehemmt. Und doch lassen sich grade auf diesem Gebiet mit einem verhältnismäfsig geringen Aufwand von Mitteln Verbesserungen einführen, die wesentlich zur Hebung der allgemeinen Wohlfahrt beitragen würden.

III. Mit diesen rein wirtschaftlichen Erörterungen ist jedoch die Bedeutung des Gesindewesens für die Volkswirtschaft nicht erschöpft. Die Stellung des Gesindes im Volksleben wird erst dann richtig erkannt, wenn man sie auch unter ethischen Gesichtspunkten betrachtet.[1])

[1]) Hier ist in erster Linie auf die Schrift von Frhr. v. d. Goltz „Die soziale Bedeutung des Gesindewesens" (1873) hinzuweisen, die sich eingehend mit den Verhältnissen des häuslichen Gesindes unter diesem Gesichtspunkt befafst. Nachdem ein erster Teil die Schilderung der „heutigen" Zustände im Gesindewesen auf Grund eigener Beobachtungen und des vorliegenden statistischen Materials gegeben und seine Bedeutung für das Volksleben in seiner Gesamtheit dargelegt hat, schildert der zweite Teil die zukünftigen Aufgaben auf dem Gebiet des Gesindewesens. Indem v. d. Goltz im wesentlichen die Schuld an den oft beklagten Mifsständen den Herrschaften und dem Gesinde gleichmäfsig zuschreibt, weist er darauf hin, dafs die Hauptaufgabe die sei, das Gesindeverhältnis in ein wirkliches Vertrauensverhältnis umzugestalten und den Nachdruck auf dessen erziehliche Bedeutung zu legen. Dies müsse in erster Linie durch die Herrschaft geschehen, doch hätten auch die Kirche und die Schule, sowohl vor als während der Gesindedienstzeit, die Obrigkeit durch zweckmäfsige Gestaltung des Gesinderechts und der Rechtspflege, wie durch Gewährung von Gelegenheit zum Sparen, endlich die öffentliche Meinung und die Presse an der Erreichung dieser Ziele mitzuarbeiten. — Diese eingehenden Erörterungen sind für die Beurteilung des Gesindewesens sehr wertvoll und ihres praktischen Charakters wegen für jedermann lehrreich. Es ist in hohem Mafse zu bedauern, dafs die Schrift, da sie im Buchhandel vergriffen ist, nicht durch eine Neuauflegung zu weiterer Verbreitung kommen kann.

Auch in der älteren kameralistischen Litteratur fehlt es nicht an trefflichen Ausführungen bezüglich der über das reine Vertragsverhältnis hinausgehenden sittlichen Pflichten der Herrschaften gegen das Gesinde. Es sei an dieser Stelle nochmals auf Crünitz in der Ökonomischen Encyklopädie (1779) Bd. 17, S. 586 ff. hingewiesen.

Die theologische wie die philosophische Ethik hat das Gesindeverhältnis ständig in den Kreis ihrer Betrachtung gezogen. Ja auch die ausgedehnte religiöse Traktatlitteratur hat schon seit dem Mittelalter sich je nach der Zeitrichtung an Herrschaften und Gesinde gewandt, um in Anknüpfung an die biblischen Vor-

Die aus ökonomischen Erwägungen entspringende Aufnahme in die Hausgemeinschaft der Herrschaft hat hierbei den Ausgangspunkt zu bilden. Sie bildet das wichtigste Moment des Gesindewesens in dieser Hinsicht. Denn das auf der Familiengemeinschaft beruhende Hauswesen, das die engste Organisation der heutigen Volkswirtschaft darstellt, hat seinem eigensten Wesen nach nicht nur eine wirtschaftliche, sondern auch eine sittliche Seite, die ihrerseits von tiefgreifendem Einfluſs auf seine wirtschaftliche Gestaltung ist. Das Hauswesen verträgt nun eine Eingliederung fremder Bestandteile ohne Störung seiner Eigenart nur dann, wenn diese dem Machtverhältnis untergeordnet werden, auf dem das Familienleben und Hauswesen beruht. Der natürliche Ausdruck dieses Machtverhältnisses gegenüber den jüngeren Gliedern des Hauswesens ist die Erziehungsgewalt des Hausherrn. Wie wir nun oben festgestellt haben, steht die überwiegende Mehrheit des häuslichen Gesindes im jugendlichen Alter. Es kann für den allgemeinen Zustand der Sittlichkeit eines Volkes nicht ohne Einfluſs bleiben, wenn ein so beträchtlicher Bruchteil der weiblichen Jugend, statt wie es die heutigen Erwerbsverhältnisse sonst mit sich bringen, in ungeregelte Verhältnisse ökonomischer Selbständigkeit ohne weitergehende erziehliche Beeinflussung seitens der Eltern oder Arbeitgeber zu kommen, in ein Verhältnis eintritt, wo er der Zucht und Ordnung eines geregelten Haus- und Familienlebens unterworfen ist. Zwar die Beschäftigung als Gesinde wird grade wegen dieser Abhängigkeit in vielen Fällen auf die Dauer nicht befriedigen, weil sie dem zu freiheitlichem Bewuſstsein erwachten Streben des modernen Menschen weder einen ausreichenden Spielraum noch einen befriedigenden Abschluſs gewährt. Aber als Übergangsstadium wird die der Aufsicht und Erziehung der Herrschaft unterworfene Stellung stets wohlthätig wirken, vorausgesetzt, daſs die Herrschaft ihre Aufgabe richtig erfaſst. Diese Aufgabe besteht in der Erziehung des Gesindes. Einmal hat die Herrschaft nach Kräften nachzuholen, was vom Elternhaus vernachlässigt ist. Dann aber muſs sie das begonnene und bei dem jugendlichen Alter des Gesindes noch nicht vollendete Werk zum Abschluſs bringen. Die sittliche Kraft eines Volkes ist ein wesentliches Moment in seiner wirtschaftlichen Entwicklung, und diejenigen ökonomischen Verhält-

---

schriften im Alten und Neuen Testament beiden ihre Pflichten nahezubringen. Die neuesten dieser populären Schriften sind: Mürdter, Wie stellst du dich zu deinen Dienstboten? (Stuttgart 1894) und Leberecht, Wie dienst du? IV. Aufl. (Daselbst 1892).

nisse, die ihrem Wesen nach zu ihrer Steigerung dienen können, müssen auf jede Weise in dieser Richtung ausgenützt werden.

Aber abgesehen von dieser allgemeinen erziehlichen Bedeutung bildet der Gesindedienst für einen Teil des weiblichen Gesindes auch die Vorschule für den künftigen Beruf, den der Hausfrau. Demnach ist es von Wichtigkeit, beim weiblichen Gesinde namentlich die Tugenden zu pflegen, die den Schmuck jeder Hausfrau ausmachen: Reinlichkeit, Pünktlichkeit, Fleifs, Ordnungliebe, Sparsamkeit. Während sich die Pflege der zuerst genannten Eigenschaften ohne weiteres aus der dienenden Stellung im geregelten Gang des Hauswesens ergiebt, bedarf es einer besonderen Anleitung zur Sparsamkeit. Hiezu ist aber auch genügend Gelegenheit gegeben, zumal die Beschaffung der nötigen Kleidung in der Regel den ganzen Barlohn nicht in Anspruch zu nehmen pflegt. Die Anleitung zum Sparen wird durch die erst nach längeren Fristen erfolgende Lohnzahlung wesentlich erleichtert. So ist es denn eine allgemein bekannte, statistisch aber nicht belegbare Thatsache, dafs die weiblichen Dienstboten von den vorhandenen Gelegenheiten zum Sparen in viel weiterem Umfange Gebrauch machen, als z. B. die in der Industrie thätigen Mädchen. Dieser Umstand erleichtert die Eheschliefsung wesentlich, da auf diese Weise das Mädchen in der Lage ist, die ganze Ausstattung oder doch wenigstens einen Teil derselben mit in die Ehe einzubringen, sodafs der Beginn des Ehestandes wenigstens die Kontrahierung von Schulden nicht nötig macht.

Als eine technische Vorbildung kann diese Erziehung des häuslichen Gesindes nicht angesehen werden, wenn sie sich auch auf besondere Kenntnisse, wie z. B. das Kochen, Waschen, Plätten (Bügeln), Nähen u. s. w. miterstreckt. Denn die Fertigkeiten, die gelehrt, die Tugenden, die anerzogen werden, sind solche, wie sie jede Hausfrau ohne Unterschied des Standes sich erwerben mufs. Der Zustand unserer Erwerbsverhältnisse hat freilich auf die häusliche Erziehung der weiblichen Jugend derartig üble Nachwirkungen gehabt, dafs immer weniger Hausfrauen in allen Schichten der Bevölkerung noch in richtiger Weise die Leitung des Haushaltes zu übernehmen und dadurch die wirtschaftliche Thätigkeit des Mannes richtig zu unterstützen vermögen. Desto höher ist es anzuschlagen, wenn speziell die weibliche Jugend der unteren Stände noch eine brauchbare Schulung durch den häuslichen Gesindedienst empfängt. Die für Deutschland im allgemeinen festgestellte Zunahme des Gesindes in absoluten und relativen Zahlen darf auch in dieser Hinsicht als ein wichtiges

Moment für die Stärkung der in einem richtig geleiteten Hauswesen ruhenden immateriellen Kräfte angesehen werden.

Sonach ergeben sich aus der ursprünglich wirtschaftlichen Rücksichten entsprungenen Aufnahme des häuslichen Gesindes in den Haushalt der Herrschaft bemerkenswerte sittliche Beziehungen zwischen beiden Teilen. Aber aus dieser Eigentümlichkeit des Gesindeverhältnisses entspringt auch seine gröfste Schwierigkeit. Hier liegt auch der Grund, auf den die Klagen über die schlechten Gesindeverhältnisse zurückzuführen sind, Klagen, die, wie wir schon zu Anfang gesehen haben, so alt sind, als das Gesindeverhältnis überhaupt. Die Eigenarten der Charaktere, die Verschiedenheiten der Bildungsstufen stofsen wohl in keinem anderen wirtschaftlichen Verhältnis so unvermittelt und andauernd aufeinander, als hier. Zur Erläuterung der Eigenart dieser Erscheinung seien drei Verhältnisse angeführt, die ähnlich wie hier als Lebensgemeinschaften die ganze Persönlichkeit des Menschen erfassen, die Familie und das militärische Subordinationsverhältnis, dem das seemännische nachgebildet ist. Das erste beruht auf natürlichen Grundlagen, das zweite wird durch Gesetz begründet, das dritte, ähnlich wie das Gesindeverhältnis, wird zwar auch durch Vertrag begründet, ist aber gesetzlich fest umgrenzt. Bei dem ersten sind es die auf gemeinsamer Abstammung und gegenseitiger Liebe beruhenden persönlichen Gefühle, bei den beiden letzteren die auf unbedingter Gehorsamsverpflichtung und strengen Disciplinarbefugnissen beruhende Mannszucht, welche die Gegensätze der Individualitäten abzuschwächen und in die richtigen Bahnen gemeinsamen Wirkens einzulenken geeignet sind. Aber beide Momente fehlen beim Gesindeverhältnisse, sowohl die persönliche Zuneigung, als der eiserne Zwang der Disciplin. Um so gröfsere Aufgaben bleiben daher der persönlichen Bethätigung der beteiligten Personen vorbehalten und fordern zu besonderer sittlicher Anstrengung und Schulung auf. Je höher die Anforderungen, desto leichter kommt ein Fehler gegen dieselben vor, und desto eher und öfter ergeben sich Konflikte auf beiden Seiten. Wenn sich nun von alters her die Herrschaften über Unbotmäfsigkeit und Faulheit des Gesindes beklagen, wenn dagegen ebenso lange fast alle Schriftsteller neben dem Gesinde auch den Herrschaften einen Teil der Schuld an den schlechten Gesindeverhältnissen zuschreiben, so werden die Wurzeln dieses Übels in der engen Gemeinschaft von Menschen zu suchen sein, welche grade im ständigen Beisammensein die Fehler ihrer Natur am leichtesten hervortreten lassen.

IV. Durchaus andere Gesichtspunkte sind für die volkswirtschaftliche Beurteilung des landwirtschaftlichen Gesindes mafsgebend.

Die verschiedenen Arten von Personen, die man jetzt unter dem Begriff des landwirtschaftlichen Gesindes zusammenzufassen pflegt, bilden einen Teil der ländlichen Arbeiterschaft. Ihre Dienstleistungen sind Hilfsleistungen bei der Urproduktion. Von den anderen Kategorieen ländlicher Arbeiter trennt das landwirtschaftliche Gesinde ursprünglich nicht die Art der Dienste, sondern der Umstand, dafs die Landwirtschaft nur durch ledige Personen ununterbrochene Dienstleistungen erhalten konnte, und der ledige Stand des Gesindes dessen Aufnahme in Kost und Wohnung bei der Herrschaft wünschenswert erscheinen liefs. Später entwickelten sich die Verhältnisse so, dafs diejenigen Personen, welche sich zu ununterbrochener Dienstleistung in der Wirtschaft der Herrschaft vermieteten, zum Gesinde gerechnet wurden, gleichgültig, ob sie verheiratet oder ledig waren. Jetzt dagegen trennt das Gesinde von den anderen ländlichen Arbeitern auf den gröfseren Gütern die Art der Dienste, in den bäuerlichen Wirtschaften die Aufnahme in die Hausgemeinschaft. Denn dort rechnet man zum Gesinde die niederen Wirtschaftsbeamten und die für die Besorgung der Tierhaltung gemieteten Personen, hier dagegen liegt dem Gesinde die Verrichtung jeglicher im Betrieb notwendig werdenden Arbeit ob. Daraus geht hervor, dafs die Ausdehnung der ländlichen Gesindehaltung von durchaus anderen Faktoren abhängig ist, als die des häuslichen Gesindes. Die Gröfse der Betriebe, die Wirtschaftsart und die Ausdehnung der anderen Arbeiterkategorieen werden stets einen entscheidenden Einflufs auf die Gestaltung der ländlichen Gesindeverhältnisse ausüben. Zur richtigen Würdigung dieser verschiedenen Einflüsse müssen wir die Trennung der beiden Arten des landwirtschaftlichen Gesindes durchführen.

Wir fassen zunächst das ledige, im Jahreslohn stehende Gesinde ins Auge. Dasselbe ist die Haupthilfskraft für den bäuerlichen Betrieb, soweit in demselben überhaupt fremde Arbeitskräfte zur Verwendung gelangen. Die Ausdehnung der Gesindehaltung ist hier zuerst davon abhängig, ob die Familienglieder des Besitzers noch in dessen Betrieb mitarbeiten. In je weiterem Umfang dies der Fall ist, desto mehr kann die Gesindehaltung eingeschränkt werden. Die ganze Stellung dieser beiden Arbeiterarten ist eine sehr ähnliche, nur dafs sie beim Gesinde auf Vertrag, bei den Angehörigen auf den natürlichen Banden der Familienzugehörigkeit beruht. Es kann daher ein unbegrenzter Wechsel zwischen beiden ohne jede Änderung der Wirtschaftsart stattfinden. Von den Familiengliedern wird namentlich dasjenige, welches den Besitz einst übernehmen soll, in der elterlichen Wirtschaft als Arbeiter bleiben. Dies wird auch seitens der anderen Familienglieder dann in weiterem Umfange geschehen, wenn die Betriebsergebnisse die mit der Beschäftigung eigener Angehöriger verbundene Ersparnis an Barlohn notwendig machen. Geringere Rentabilität der Landwirtschaft und zunehmende Verkleinerung der Betriebseinheiten werden demnach ein Anwachsen der Zahl in der Landwirtschaft thätiger Angehöriger und eine Verminderung der Gesindehaltung herbeiführen. Die Gegenden mit der stärksten Gesindehaltung, Ostpreufsen und Schleswig-Holstein, weisen die niedrigsten Zahlen für Angehörige auf, während das umgekehrte Verhältnis im Rheinland statthat. Mit der Verminderung des Umfangs der einzelnen Betriebseinheiten nimmt die Beschäftigung von Familiengliedern gegenüber der von Gesinde zu, je weiter man vom Osten Deutschlands nach dem Westen vorgeht.

Ist sonach die untere Grenze des Kleinbetriebes der Gesindehaltung nicht günstig, so bildet doch der eigentliche bäuerliche Betrieb das eigenste Gebiet der Haltung von ledigem Gesinde. Sobald der Arbeitsbedarf die Kräfte der zur Verfügung stehenden Familienglieder übersteigt, ist die bäuerliche Wirtschaft auf die Annahme ledigen Gesindes angewiesen. Die Aufnahme desselben in das Hauswesen ermöglicht es, dafs der gröfste Teil des dem Gesinde für seine Dienstleistungen gewährten Entgeltes in Naturalien besteht, die Produkte der eigenen Wirtschaft sind, deren Verabreichung und Zubereitung mit den gewöhnlichen Vorgängen des täglichen Lebens ohne besondere Arbeit und Kosten sich vollzieht. Die dadurch erzielte Ersparnis an Aufwendungen in barem Geld ist deshalb von besonderer Wichtigkeit, weil die bäuerliche Wirtschaft zum gröfseren Teil für den Eigenbedarf, nur zum geringen Teil für den verkehrswirtschaftlichen Absatz produziert, und daher nur über wenig Bargeld verfügt. Aber nicht nur dieser Umstand führt zur stärkeren Haltung des Gesindes, die Erhaltung eines freien Tagelöhnerstandes in den Gegenden mit bäuerlichem Grundbesitz hat besondere Schwierigkeiten. Ein Arbeiter, der nur zum Teil auf die Arbeit bei dem Bauern angewiesen ist, zum Teil seinen Unterhalt aus der Bestellung eines eigenen oder erpachteten Stückes Land verdienen mufs, wird dadurch sowohl an der regelmäfsigen Arbeitsleistung in der bäuerlichen Wirtschaft, als auch ganz besonders in den Zeiten gesteigerten Arbeitsbedarfes durch die Rücksicht auf seine eigene Wirtschaft dann an der Arbeit behindert, wenn der Bauer ihn am nötigsten braucht. Ein Arbeiter, der lediglich durch die Arbeit beim Bauern seinen Unterhalt sich verdient, wird in einer bäuerlichen Wirtschaft nicht immer seinen ganzen Bedarf erwerben können und daher auf die Hilfsleistung in mehreren Betrieben angewiesen sein, dies wird aber grade in den Zeiten gesteigerten Arbeitsbedarfes zu den schon oben erwähnten Schwierigkeiten führen; oder er wird auf den niedrigsten Stand der Lebenshaltung heruntergedrückt werden, und dann jede andere Gelegenheit zur Arbeit der Hilfsleistung im bäuerlichen Betrieb vorziehen. Um diesen Übelständen auszuweichen, wird der Bauer, um in den Zeiten stärkeren Bedarfs sicher die nötigen Kräfte zur Verfügung zu haben, durch die Mietung von Gesinde auf längere Kontrakte lieber in der Zeit geringeren Bedarfs eine ständige Kraft über das absolute Bedürfnis hinaus halten, zumal wenn dieselbe durch Eingliederung in den Haushalt ihm besondere bare Kosten aufser dem Lohn nicht verursacht. — Wenn trotzdem in Gegenden mit überwiegend bäuerlichem Grundbesitz die Beschäftigung kontraktlich gebundener Arbeiter, die nicht in das Hauswesen aufgenommen werden, sich noch findet, wie z. B. bei den Heuerlingen in Hannover, so ist einmal eine bestimmte durchschnittliche Gröfse des bäuerlichen Betriebes, ferner aber eine weitgehende Einbeziehung der Arbeiter in die Hauswirtschaft oder die Ausdehnung der Naturallöhnung auf dieselben die Voraussetzung.

Ganz andere Gründe sind für die Gestaltung der Gesindeverhältnisse im Grofsbetrieb mafsgebend. Hier bedeutet Gesinde nicht mehr die in die Hausgemeinschaft aufgenommenen ständigen Hilfskräfte, sondern es umfafst die niederen Wirtschaftsbeamten und zur Besorgung des Viehes ständig benötigten Personen. Früher rekrutierten sich die letzteren wesentlich aus der ledigen Jugend, für welche zwar nicht die Aufnahme in die Hausgemeinschaft, aber doch die Gewährung von Kost und Wohnung wirtschaftlich vorteilhaft war. Aber die Abwanderung der ländlichen Jugend in die Städte und die frühe Verehelichungsfreiheit haben das Angebot an ledigen Personen beiderlei Geschlechts wesentlich vermindert und zum Teil auf die halbwüchsige eben der Schule entwachsene Generation beschränkt. Da man diese zur selbständigen Besorgung der mit einer gröfseren Verantwortlichkeit verknüpften Geschäfte der Viehhaltung nur in beschränktem Mafs und unter Aufsicht brauchen kann, so überträgt man diese Geschäfte in weiterer Ausdehnung, ja häufig auch ausschliefslich verheirateten Personen, die ja an sich zuverlässiger, ruhiger, ausdauernder sind und weniger zu Veränderungen ihrer Stellung neigen. Bei ihnen fallen auch die Vorteile der Naturallöhnung nicht so ins Gewicht, zumal beim Grofsbetrieb der Übergang zur Geldwirtschaft schon vollständig vollzogen ist. Mit dem früheren ledigen Gesinde haben sie demnach nur die Art der Dienstleistungen und den Namen gemein. Nur diese Merkmale trennen sie noch von den anderen Arten kontraktlich gebundener Arbeiter.

Je mehr der Grofsbetrieb sich den allgemeinen Verhältnissen der wirtschaftlichen Konjunktur anzupassen strebt, desto mehr schränkt er den Bestand kontraktlich gebundener Arbeiter ein und sucht sich lediglich für die Zeiten besonderer Arbeitshäufung freie Arbeiter in genügender Zahl zu sichern. Die aus diesem Grunde vermehrte Heranziehung von Wanderarbeitern führt dazu, dafs für gewisse Zeiten selbst diesen solche Dienstleistungen übertragen werden, die früher in den Wirkungskreis des Gesindes fielen, wie z. B. die Besorgung der Zugochsen in Rübenwirtschaften während des Sommers.

Auch die Zahl der sefshaften Tagelöhner kann hier einen anderen Einflufs auf die Ausdehnung der Gesindehaltung ausüben, weil der Grofsbetrieb für eine entsprechende Entwicklung dieser Arbeiterart viel günstigere Bedingungen bietet, als der bäuerliche Betrieb. Die sichere Aussicht auf eine regelmäfsige Beschäftigung im Grofsbetrieb wird für diese an Stelle der kontraktlichen Bindung genügende Garantieen der Zuverlässigkeit bieten und es ermöglichen, auch die regelmäfsig von derselben Person vorzunehmenden Dienstleistungen an solche kontraktlich nicht gebundene Arbeiter zu übertragen, wodurch sich wiederum der Wirkungskreis des Gesindes einschränkt.

Neben diesen Momenten führt aber auch die technische Entwicklung des Betriebes, die trotz gröfserer Intensität durch die ausgedehnte Benutzung der Maschinen- und Dampfkraft überhaupt eine Minderung des Bedarfes an menschlichen Arbeitskräften veranlafst, zugleich zu einer Verminderung des Gesindes.

Als Folge dieser mannigfaltigen Einflüsse hat das Gesinde in den Gebieten des landwirtschaftlichen Grofsbetriebes, namentlich im Norden und Osten Deutschlands, seinen ursprünglichen Charakter eingebüfst. Die Grenzen gegen die anderen Arbeiterarten sind verwischt, und eine von der Behandlung der anderen Arbeiterarten getrennte Beurteilung dieser Art des Gesindes ist nicht möglich. Einen eigenen Charakter hat sich nur das Gesinde im bäuerlichen Betrieb gewahrt. Dieses bildet eine besondere Klasse der landwirtschaftlichen Arbeiterschaft, die für die Existenz der bäuerlichen Bevölkerung von weittragender Bedeutung ist. Wie also für die Entstehung des landwirtschaftlichen Gesindes die frühere Arbeitsverfassung und Betriebsweise der Landwirtschaft von entscheidendem Einfluſs gewesen ist, so wirkt die Veränderung der Arbeitsverfassung und die Fortentwicklung der Betriebsart auf eine völlige Veränderung der Gesindeverhältnisse hin, indem sie ihnen ihre Eigenart nimmt und so ihre völlige Vernichtung herbeiführt.

V. Legen wir uns auch hier die Frage vor, welche ethischen Gesichtspunkte für die Bedeutung des ländlichen Gesindewesens in der gesamten Volkswirtschaft[1]) neben diesen ökonomischen Erwägungen maſsgebend sind, so können wir diese Frage nur für das bäuerliche Gesinde in ähnlicher Weise, wie für das häusliche, beantworten. Das verheiratete Gesinde im Groſsbetrieb wird auch in dieser Hinsicht nur dieselben Verhältnisse aufweisen, wie die anderen kontraktlich gebundenen Arbeiter.

Fast in demselben Verhältnis, wie das häusliche Gesinde, verteilt sich das landwirtschaftliche Gesinde auf die einzelnen Altersklassen. Während jedoch beim häuslichen Gesinde die überwiegende Mehrzahl dem weiblichen Geschlecht angehört, ist beim landwirtschaftlichen Gesinde der Anteil desselben nur auf zwei Fünftel' der Gesamtzahl anzunehmen. Wie sich die Gesamtzahl nun auf die beiden Arten des landwirtschaftlichen Gesindes verteilt, läſst sich nicht feststellen. Trotzdem ist aber anzunehmen, daſs die überwiegende Mehrheit sich noch im bildungsfähigsten Alter befindet. Soweit also eine erziehliche Beeinflussung seitens der Herrschaften möglich ist, findet sie sehr geeignetes Material. Namentlich bei dem bäuerlichen Gesinde bietet die enge Gemeinschaft, in der die Herrschaft mit dem Gesinde lebt, genügend Gelegenheit, nicht nur der technischen Ausbildung, sondern auch der sittlichen Aufführung Aufmerksamkeit zu schenken, da ja beide Teile nicht nur während der Arbeitszeit andauerd bei einander sind, sondern auch die Mahlzeiten und selbst die Erholungszeiten miteinander teilen.

Es kommt hinzu, daſs es auf dem Lande leichter ist, auch das

---

[1]) Diese Seite des Gesindewesens berührende Ausführungen finden sich bei Knauer: „Die sociale Frage auf dem platten Lande" (1873) und Frhr. v. d. Goltz: „Die ländliche Arbeiterfrage und ihre Lösung" (1872).

aufserdienstliche Betragen der gesamten Arbeiterschaft zu überwachen und zu leiten, als in der Stadt. Hier wird jede weitere Gemeinschaft zwischen Arbeitgeber und Arbeiter schon durch die Entfernung der beiderseitigen Wohnstätten von einander aufserordentlich erschwert, eine Berührung zwischen beiden aufserhalb der Arbeitsstätten findet in der Regel nicht statt. Auf dem Lande dagegen, wo Arbeitgeber und Arbeiter, wenn nicht unter demselben Dach, so doch auf demselben Hof und in derselben kleinen Ortschaft wohnen, ist ein solches Auseinandergehen nicht möglich. Diesen Verhältnissen ist das landwirtschaftliche Gesinde als Teil der ländlichen Arbeiterschaft im allgemeinen auch unterworfen. Allerdings so eingehend und mannigfaltig wie beim häuslichen Gesinde sind die Berührungen mit der Herrschaft nicht. Daher sind auch die Schwierigkeiten, die oben S. 210 für das häusliche Gesinde festgestellt wurden, nicht in gleich hohem Grade vorhanden. Trotzdem ist der Einfluſs, den Beispiel, Erziehung, Belehrung und Ermahnung seitens der Herrschaft ausüben können, nicht zu unterschätzen. Dieser Einfluſs wird, richtig angewendet, nicht nur, wie beim häuslichen Gesinde, der weiblichen Jugend, sondern beiden Geschlechtern zu Gute kommen. Die Erziehung zu Fleiſs, Aufmerksamkeit, Pünktlichkeit, Reinlichkeit, Ordnungsliebe und Sparsamkeit, die hier beiden Geschlechtern zu Teil werden kann, bildet einen wesentlichen Vorzug der ländlichen vor den städtischen Arbeiterverhältnissen.

Es ist dies eine Erfahrung, welche an der für die nationale Volkswirtschaft so aufserordentlich wertvollen Einrichtung der allgemeinen Wehrpflicht sich deutlich machen läſst. Nicht nur, daſs der Ersatz des stehenden Heeres zu der Beobachtung führt, daſs die Beschäftigung im ländlichen Gesindedienst eine vielseitigere körperliche Ausbildung herbeiführt, als die Beschäftigung in Handwerk und Industrie, die nur einzelne Körperteile in Anspruch nimmt und auf die allgemeine Körperbeschaffenheit leicht einen schädlichen Einfluſs ausübt, ein Umstand, der für die Erhaltung der körperlichen Kraft und Gesundheit des ganzen Volkes von groſser Bedeutung ist, — der Gang der militärischen Ausbildung zeigt auch, daſs für die Erziehung zur Disciplin, dem Grundpfeiler der bestehenden Heeresverfassung, der unter der Aufsicht und Zucht seiner Herrschaft aufgewachsene jugendliche Landarbeiter ein besseres Material abgiebt, als der vielleicht an sich gewandtere, aber weniger gut erzogene industrielle Arbeiter.

Die Beurteilung der Stellung des landwirtschaftlichen Gesindes führt also zu ganz anderen Ergebnissen, als beim häuslichen Gesinde, und kann nur unter steter Berücksichtigung der übrigen ländlichen Arbeiterverhältnisse erfolgen. Sie führt zu der Erkenntnis, dafs das landwirtschaftliche Gesinde für die Volkswirtschaft nicht eine Bedeutung hat, die von der anderer landwirtschaftlicher Arbeiterklassen prinzipiell verschieden wäre.

2. Die Beurteilung des geltenden Gesinderechts.

Der Entwurf eines Bürgerlichen Gesetzbuches für das Deutsche Reich hat die Einbeziehung des Gesinderechts in den Bereich der von ihm geregelten Materien mit der Begründung abgelehnt, dafs die mafsgebenden wirtschaftlichen und socialen Verhältnisse in den einzelnen Staaten Deutschlands, ja sogar in den Teilen desselben Staates so mannigfaltig sind, dafs sie sich der einheitlichen Regelung entziehen. Überaus zahlreiche Gesindeordnungen seien in Anpassung an die verschiedenen Verhältnisse der Staaten, Provinzen und Landschaften ergangen. Man beruft sich dabei auf den Vorgang Preufsens, wo im Jahr 1879 nicht nur ein praktisches Bedürfnis nach einer einheitlichen Regelung des Gesindewesens abgeleugnet, sondern auch das Vorhandensein unüberwindlicher Schwierigkeiten für dieselbe festgestellt wäre.

Unsere Aufgabe ist es, im folgenden auf Grund des von uns beigebrachten thatsächlichen Materials die Richtigkeit dieser Begründung zu prüfen.

Die erste Frage, die dabei zu beantworten ist, ist die: Sind die Gesindeordnungen thatsächlich in bewufster Anpassung an die lokal verschiedenen Verhältnisse des Gesindes ergangen? Überblicken wir die Geschichte des Gesinderechts, so lassen sich zwei grofse Perioden unterscheiden, die jede wieder zwei verschiedene Gruppen von Gesindeordnungen hervorgebracht haben. Bezüglich des ländlichen Gesindes verfolgte die rechtliche Regelung zunächst den Zweck, den Zwang zur Dienstleistung festzustellen und ging erst später dazu über, Leistung und Gegenleistung durch besondere gesetzliche Bestimmungen und obrigkeitliche Taxen zu ordnen. Das städtische Gesinderecht der ersten Periode beruhte dagegen auf dem Grundsatz der persönlichen Freiheit und wollte nur für den Fall mangelnder Parteiabrede die aus dem Vertrag entstehenden rechtlichen Verpflichtungen beider Parteien umgrenzen; erst später schritt man dazu fort, den Inhalt des Vertrages der freien Vereinbarung zu entziehen und gesetzlich festzulegen, sowie die Leistungen der Herrschaften durch Aufstellung von Taxen der freien Festsetzung im Verkehr zu entziehen. Der oft ausgesprochene Zweck aller dieser Mafsregeln war der: „es solle kein Mangel an Gesinde im Lande entstehen". Die Träger der Gesetzgebung in dieser Periode sind die territorial sehr begrenzten Staatsgewalten, die Zahl der von diesen erlassenen Bestimmungen ist eine aufserordentlich grofse. Mit dem Beginn einer freiheitlicheren Gestaltung des Wirtschaftlebens hob auch eine neue Periode für die Entwicklung des Gesinderechts an. Die Sorge um die Erhaltung eines ausreichenden Bestandes an Gesinde trat zurück, und das Ziel war die Aufstellung von Normen über die rechtlichen Verpflichtungen für den Fall mangelnder Parteiabrede, sowie die Wahrung derjenigen sittlichen Pflichten, die sich für beide Parteien aus der Eingehung des Gesindeverhältnisses ergeben. Man machte diese zu rechtlichen Pflichten, indem man einen Zwang zu ihrer Erfüllung dadurch anwandte, dafs man an ihre Nichterfüllung bestimmte Rechtsfolgen anknüpfte. Die centralisierte Staatsgewalt, in deren Händen jetzt die Gesetzgebung ruht, scheidet nicht mehr städtisches und ländliches Gesindewesen, sondern regelt beide einheitlich. Die Scheidung erfolgt jetzt an dem Punkte der Wahrung jener gesetzlichen Pflichten. Auf der einen Seite hält man deren Nichtbeachtung für einen genügenden Anlafs zum Eintreten einer öffentlichen Strafe und zum Thätigwerden der Polizei zwecks Herstellung des gesetzmäfsigen Zustandes; auf der anderen Seite knüpft man an ihre Verletzung nur civilrechtliche Folgen und überläfst die Herstellung des gesetzmäfsigen Zustandes lediglich der Wirksamkeit der Gerichte im regelmäfsigen Prozefsverfahren[1]). Auch diese Entwicklungsperiode hat eine ganz aufserordentliche Fülle von Gesindeordnungen gezeitigt.

Der Grund dieser Mannigfaltigkeit ist nicht darin zu suchen, dafs es nicht angängig gewesen wäre, für gröfsere Gebiete eine einheitliche Regelung herbeizuführen. Die Betrachtung des heutigen Rechtszustandes führt vielmehr zu einer anderen Erklärung. Die preufsische Gesindeordnung von 1810, welcher 1882 44,4 % sämtlicher häuslicher Dienstboten, 39,4 % des gesamten landwirtschaftlichen Gesindes unterworfen waren, deren Geltungsgebiet 44,9 % der Bevölkerung des Deutschen Reiches umfafste, ordnet in einheitlicher Weise die Verhältnisse des häuslichen und des landwirtschaftlichen Gesindes im Osten wie im Westen der preufsischen Monarchie in ihrem Umfang von

---

[1]) Vgl. über diesen Gegensatz der letzten Periode den Kommissionsbericht der I. badischen Kammer vom 16. November 1867 über das Gesindegesetz.

1810. Aber die Grundsätze des preufsischen Gesinderechts sind nicht auf dieses ihr ursprüngliches Geltungsgebiet beschränkt geblieben. Nicht nur auf weitere Gebiete des preufsischen Staates sind sie ihrem wesentlichen Inhalt nach ausgedehnt worden, so auf Neuvorpommern und Rügen und auf die Rheinprovinz, auch die Mehrzahl der anderen deutschen Gesindeordnungen, etwa 30 an Zahl, stehen unter dem mehr oder minder starken Einflufs des preufsischen Gesinderechts. Diese ursprünglich dem preufsischen Allgemeinen Landrecht angehörigen Grundsätze sind nicht blofs in Nord- und Mitteldeutschland für die Entwicklung des Gesinderechts mafsgebend geworden, in Bayern stehen sie in den Gebieten des Allgemeinen Landrechts (Ansbach-Bayreuth) noch in Geltung, in Württemberg ist z. B. die Gesindeordnung für Stuttgart von 1819 eine fast bis ins einzelnste gehende Nachbildung der preufsischen Gesindeordnungen.

Der Grund der Mannigfaltigkeit liegt demnach zweifellos nicht in einer bewufsten Anpassung der Rechtsgrundsätze an die verschieden gestalteten Gesindeverhältnisse, sie ist vielmehr lediglich durch den Mangel einer Instanz veranlafst, welche die einheitliche Gesetzgebung hätte in die Wege leiten können. Der überwiegende Einflufs der preufsischen Grundsätze läfst sich nur darauf zurückführen, dafs den partikularen Gesetzgebungen die innere originale Kraft zu einer selbständigen Regelung der Gesindeverhältnisse fehlte und sie lieber zur Aufnahme eines bereits fertigen Systems, als zur selbständigen Schöpfung eines neuen schritten. **Die Vielheit der Gesindeordnungen ist also nicht ein Ergebnis eines auf wirtschaftlichen Verhältnissen beruhenden Bedürfnisses, sondern eine Folge des politischen Zustandes Deutschlands zur Zeit des Erlasses der geltenden Gesindeordnungen.**

Ist demnach die Verschiedenheit im geltenden Gesinderecht auch nicht auf eine bewufste Anpassung an die verschiedenen wirtschaftlichen und socialen Verhältnisse zurückzuführen, so kann doch nicht geleugnet werden, dafs die verschiedenen Gesindeordnungen eine grofse Reihe voneinander abweichender Bestimmungen enthalten. Die Berechtigung der Frau zum Mieten des häuslichen Gesindes, die Geschäftsfähigkeit minderjähriger Gesindepersonen, die Form des Gesindevertrages, die Kündigung, das Züchtigungsrecht der Herrschaft und die demselben verwandte Einschränkung des Klagerechts des Gesindes gegen die Herrschaft wegen leichter Mifshandlung und Beleidigung, endlich die Folgen des gesetz- und vertragswidrigen Verhaltens finden eine sehr verschiedenartige Regelung. Liegt in diesen Verschiedenheiten der Kern der „unüberwindlichen Schwierigkeiten für eine einheitliche Regelung"? Zunächst hat der Entwurf des Bürgerlichen Gesetzbuches selbst eine Reihe von diesen Verschiedenheiten für so wenig unüberwindlich gehalten, dafs er sie in seinen Bereich einbezog, und die Berechtigung der Frau zum Mieten des Gesindes und die Geschäftsfähigkeit der Minderjährigen mit Beziehung auf den Vertragsschlufs einheitlichen Vorschriften unterstellte. Die Verschiedenheiten in der Form des Gesindevertrages und der Kündigung lassen sich auf die Besonderheiten der verschiedenen Privatrechtssysteme zurückführen. Wenn man kein Bedenken trägt, diese zu Gunsten einer einheitlichen Regelung des gesamten Privatrechts abzuschaffen, so ist kein Grund vorhanden, vor ihren Konsequenzen im Gesinderecht Halt zu machen, man wird vielmehr sehr wohl auch eine einheitliche Regelung dieser Materie im Interesse der Rechtseinheit aus denselben Gründen befürworten müssen, aus denen überhaupt die Neuregelung des bürgerlichen Rechtes hervorgegangen ist. Das Züchtigungsrecht und die ihm verwandten Vorschriften sind nach der richtigen Ansicht durch die Reichsgesetzgebung bereits aboliert. Die Verschiedenheit der Folgen des vertrags- und gesetzwidrigen Verhaltens beruht auf einer grundsätzlichen Meinungsverschiedenheit über die Frage nach der Berechtigung der Strafbarkeit des Vertragsbruches überhaupt und in der Fülle verschiedener Streitfragen von grundsätzlicher Bedeutung, welche bei Einführung des Bürgerlichen Gesetzbuches zur Entscheidung kommen müssen, kann diese eine nicht von entscheidendem Gewicht sein.

Allerdings bleibt dann noch eine Verschiedenheit der deutschen Gesindeordnungen übrig, die geeignet ist, Bedenken hervorzurufen, und die einheitliche Regelung zu erschweren. Es existiert im deutschen Gesinderecht kein einheitlicher Begriff des Gesindes, und in der Praxis fafst man so verschiedene Personen unter diesem Begriff zusammen, dafs es schwer, ja unmöglich sein würde, eine wirklich einheitliche Regelung der Verhältnisse dieser unter sich verschiedenen Personenkategorieen herbeizuführen.

Dadurch dafs für alle diese Personen die verschiedensten wirtschaftlichen Umstände die Aufnahme in die Hausgemeinschaft ihrer Arbeitgeber herbeigeführt hatten, war es möglich, eine gemeinsame rechtliche Regelung ihrer Verhältnisse vorzunehmen, welche ihren wesentlichen Charakter, ihre besondere Eigentümlichkeit durch die über die rein obligatorischen Beziehungen des Vertragsverhältnisses hinausgehenden sittlichen Momente erhielt. Die nur durch diese Eigenart erklärliche Ausgestaltung des Gesindeverhältnisses zu einem Abhängigkeitsverhältnis, das nur noch in der väterlichen Gewalt eine Analogie findet, behielt man bei, weil es vor der absoluten rechtlichen Ungebundenheit wesentliche Vorzüge voraus hatte, während die Veränderung der wirtschaftlichen Verhältnisse allmählich jene Grundlage des Gesindeverhältnisses, die Aufnahme in die Häuslichkeit, vernichtete. Das Gesinde bildete nun nicht mehr die Gesamtheit der häuslichen und landwirtschaftlichen, in die Hausgemeinschaft des Arbeitgebers aufgenommenen Hilfskräfte, man fafste vielmehr alle die Personen unter diesem Namen zusammen, welche allmählich die Dienste dieser Hilfskräfte verrichteten, gleichgültig, ob sie noch in die Hausgemeinschaft Aufnahme fanden oder nicht.

Wir haben oben dargelegt, dafs die Verhältnisse aller dieser Personen aufserordentlich verschiedene sind. Aus der ausführlichen Darstellung des Gesinderechts, die wir oben gegeben haben, geht aber hervor, dafs die Einheit des deutschen Gesinderechts grade in der Auffassung des Gesindeverhältnisses als eines Machtverhältnisses der Herrschaft über das Gesinde beruht. Nur dieses bildet die wesentliche Grundlage folgender, allen Gesindeordnungen gemeinsamen Bestimmungen: des Verbotes der Stellvertretung ohne Genehmigung der Herrschaft, der allgemeinen Arbeitsverpflichtung des Gesindes, des Erziehungsrechtes der Herrschaft, der Gehorsamspflicht des Gesindes, der Auflösung des Vertragsverhältnisses aus Gründen, die nicht auf den vertragsmäfsigen Leistungen beider Teile beruhen. Der Arbeitsvertrag des industriellen und ländlichen freien Arbeiters, der, ebenso wie der Gesindevertrag, die ganze Arbeitskraft und damit die ganze Persönlichkeit des Arbeiters unter den Einflufs des Arbeitgebers stellt, hat einen besonderen rechtlichen Ausbau unter diesem Gesichtspunkt nicht gefunden. Es ist demnach ungerecht, diejenigen Personen, welche thatsächlich in demselben Verhältnis wie die freien Arbeiter stehen, unter ein Recht zu stellen, welches auf Grund völlig anderer Voraussetzungen sie in eine Abhängigkeit bringt, die ihre Berechtigung nur aus der Eigenart dieser Voraussetzungen entnehmen kann. Darin liegt die Schwierigkeit einer Neuregelung des Gesindewesens. Man erkennt an, dafs die Aufnahme in die Hausgemeinschaft eine besondere rechtliche Regelung des Gesindeverhältnisses notwendig macht, aber man scheut sich, die Konsequenzen für die ländlichen Arbeiterverhältnisse zu ziehen und die lediglich dem Namen nach zum Gesinde gehörenden ländlichen Arbeiter von dieser Regelung auszunehmen und ein besonderes ländliches Arbeiterrecht zu schaffen. Es kann nicht unsere Aufgabe sein, die Grundzüge eines solchen ländlichen Arbeiterrechts hier zu entwickeln. Wir können daher auch dahingestellt sein lassen, ob der Entwurf eines Gesetzes betr. die Regelung der ländlichen Arbeiterverhältnisse, welchen der Verband zur Besserung der ländlichen Arbeiterverhältnisse in Halle 1894 dem deutschen Landwirtschaftsrat vorgelegt hat, seinem Zweck entsprochen hat. Aber gegen seine Vorschläge wegen der Stellung des Gesindes mufs aus den angegebenen Gründen Widerspruch erhoben werden, wenn auch unter ganz anderen Gesichtspunkten, als sie im deutschen Landwirtschaftsrat zur Geltung gebracht sind. Zwar entspricht die von ihm gegebene Begriffsbestimmung [1]) dem heutigen Rechtszustand. Aber die Aufrechterhaltung der bestehenden Gesindeordnungen kann nicht im Rahmen eines allgemeinen ländlichen Arbeiterrechts erfolgen. Wenn sich für eine völlige oder teilweise Regelung dieser ganzen Materie durch die Reichsgesetzgebung aus der Verschiedenartigkeit der thatsächlichen Verhältnisse Bedenken ergeben, so läfst sich doch gegen eine landesrechtliche Regelung nichts einwenden. Aber jede neue rechtliche Regelung der ländlichen Arbeiterverhältnisse mufs das ländliche Gesinde mit umfassen. Denn die verschiedenen Arten des ländlichen Gesindes, mögen sie auch untereinander noch so verschieden sein, haben doch viel mehr Berührungspunkte mit den anderen Kategorieen ländlicher Arbeiter, als mit dem häuslichen Gesinde. [2])

Beschränkt man aus diesen Gründen den Begriff des Gesindes, dessen Verhältnisse einer einheitlichen Regelung unterworfen werden sollen, auf das in den Haushalt der Herrschaft aufgenommene häusliche Gesinde, so fallen die einer solchen Neuregelung entgegenstehenden Schwierigkeiten fort. Bei dieser Neuregelung kann es sich nicht um eine radikale Beseitigung der bisherigen Vorschriften handeln. Da vielmehr an der zwar begrifflich nicht mehr feststehenden, aber doch dem geltenden Gesinderecht noch eigentümlichen Grundlage des Gesindeverhältnisses, der Aufnahme in die Hausgemeinschaft, festgehalten werden mufs, so kann es sich nur um eine zeitgemäfse Fortentwicklung der auf dieser aufgebauten Rechtssätze handeln.

---

[1]) Vgl. oben S. 200.
[2]) Vgl. auch hierzu v. d. Goltz, Gesindewesen S. 7, 48 und Wuttke, Gesindeordnungen und Gesindezwangsdienst in Sachsen S. 227.

Zwar ist die beste Gelegenheit zu einer solchen Neuregelung ungenützt vorüber gegangen, da der Entwurf[1]) des Bürgerlichen Gesetzbuches eine solche nicht enthält. Trotzdem soll in folgendem versucht werden, kurz die Grundzüge einer solchen Neuregelung als eines weiteren Ausbaues des geltenden Rechtszustandes zu entwickeln.

Der beste Weg für diese Neuregelung ist der der Reichsgesetzgebung. Denn so verschieden die Verhältnisse des landwirtschaftlichen Gesindes in den verschiedenen Landesteilen sind, so gleichmäfsig gestalten sich diejenigen des häuslichen Gesindes sowohl in den verschiedenen Gegenden, als auch in den verschiedenen Berufskategorieen der Herrschaften, sofern als Grundlage des Gesinderechts die Aufnahme in die Hausgemeinschaft der Herrschaft anerkannt wird.

Die Begriffsbestimmung, welche dieser gesetzlichen Neuregelung zu Grunde gelegt werden müfste, ist die folgende: „Unter häuslichem Gesinde werden solche Personen verstanden, welche auf Grund eines Vertrages über die Leistung niederer häuslicher Dienstleistungen gegen Gewährung von Lohn, Kost und Wohnung auf die Dauer von mindestens einem Monat in das Hauswesen eines anderen aufgenommen werden."

Die Grundsätze des Obligationenrechts, die im Entwurf des Bürgerlichen Gesetzbuches enthalten sind, finden auf den Gesindevertrag soweit Anwendung, als nicht aus der Aufnahme in die Hausgemeinschaft sich besondere Verhältnisse ergeben, die eine sonderrechtliche Regelung verlangen. Nur auf diese haben sich daher die folgenden Ausführungen zu beziehen.

Die Aufnahme in das Hauswesen macht Mafsregeln notwendig, welche die Eingewöhnung des Dienstboten in die individuellen Verhältnisse des Hauswesens möglich machen. Daher ist die allgemeine Befehlsgewalt der Herrschaft, die ein Erziehungsrecht in sich schliefst, gerechtfertigt. Gegen jugendliches Gesinde mufs die Erziehung durch die Gewährung der elterlichen Zucht an die Herrschaft unterstützt werden, analog den §§ 126, 127 der Gewerbeordnung, welche die gewerblichen Lehrlinge der elterlichen Zucht des Lehrherrn unterwerfen. Dagegen ist eine Erweiterung dieses Rechts in ein Züchtigungsrecht gegen alle Klassen von Gesinde in einer Zeit, die die Prügelstrafe

---

[1]) In der ganzen Arbeit konnte immer nur von dem „Entwurfe" die Rede sein, da sie abgeschlossen war, ehe der Entwurf Gesetzeskraft erhielt.

nicht einmal als öffentlichrechtliches Strafmittel gegen Roheitsverbrechen u. s. w. kennt, nicht zu rechtfertigen. Die Freiheit der Rede zu wörtlichem Tadel und Rügen ist durch § 193 Strafgesetzbuchs genügend geschützt und bedarf daher keiner besonderen Feststellung. Diesem Erziehungsrecht der Herrschaft entspricht die Gehorsamspflicht des Gesindes. Aber dem hierdurch geschaffenen Übergewicht der Herrschaft müssen genügende Mafsregeln zum Schutz des Gesindes gegen einen etwaigen Mifsbrauch desselben durch die Herrschaft gegenübergestellt werden. Die Überschreitung des elterlichen Zuchtrechts gegen jugendliches Gesinde, wie das thätliche Vergreifen an erwachsenen Dienstboten mufs unter Strafe gestellt werden. Von der Ausübung dieser Rechte müssen nach dem Vorbild des sächsischen Gesinderechts diejenigen Personen ausgeschlossen werden, welche selbst der erziehlichen Einwirkung des Staates unterstellt sind. Ferner wird sich ein Schutz des Gesindes gegen einen Mifsbrauch der Befehlsgewalt durch die Herrschaft auch in der Richtung empfehlen, dafs unter die Fälle des § 174, 1 und § 181, 2 Strafgesetzbuchs das Verhältnis zwischen Herrschaft und Gesinde aufgenommen wird.

Die Ungemessenheit der häuslichen Dienstleistungen, deren Umfang weder durch Gesetz noch durch Vertrag genau festgestellt werden kann, erfordert Sicherheitsmafsregeln dahin, dafs die Herrschaft das Gesinde, namentlich das jugendliche, nicht über seine Kräfte anstrengen darf, und dafs sie ihm Gelegenheit nicht nur zur Befriedigung seiner religiösen Bedürfnisse, sondern auch zur Erholung und zur Besorgung seiner eigenen Angelegenheiten gewähren mufs. Die auf alle Dienstverhältnisse bezügliche wichtige Vorschrift des § 610 des Entwurfs [1]) wird hierdurch eine angemessene Ergänzung für das Gesinde erfahren.

Einen wichtigen Punkt der gesetzlichen Regelung wird weiterhin das gesetz- und vertragswidrige Verhalten beider Teile bilden. Das enge Verhältnis, in dem beide Teile zueinander stehen, und die begrifflich vorausgesetzte längere Dauer jedes Dienstverhältnisses machen die Folgen eines solchen Verhaltens beiden Teilen besonders fühlbar. Aber auch die Auflösung des Verhältnisses vor Ablauf der vertragsmäfsigen und aufserhalb der gewöhnlichen Zeit bietet gleichfalls für beide Teile schwere Nachteile. Man wird sie daher zur Beseitigung der Folgen jenes Verhaltens nur in solchen Fällen eintreten lassen, wo weder die Befehls- und Erziehungsgewalt der Herrschaft, noch die

---

[1]) Vgl. oben S. 194.

gesetzlichen Sicherheitsmafsregeln zum Schutze der persönlichen und sittlichen Güter des Gesindes genügende Garantieen für die Wiederherstellung eines befriedigenden Zustandes zu bieten vermögen. Solche Fälle werden vor allem in groben Verstöfsen gegen das mit dem Gesindeverhältnis notwendig verbundene Vertrauen und die häusliche Ordnung bestehen. Von einer langen Aufzählung derselben wird man aber Abstand nehmen können, da das richterliche Ermessen aus dem Wesen des Gesindeverhältnisses heraus die einzelnen Thatbestände auch ohne solche Aufzählung mit Sicherheit ableiten wird.

Die grofsen Nachteile, welche eine vorsätzlich herbeigeführte rechtswidrige Auflösung des Gesindeverhältnisses vor Ablauf der gesetz- oder vertragsmäfsigen Zeit zur Folge haben kann, legt die Frage nahe, ob die einfache Schadensersatzpflicht nicht durch eine strafrechtliche Ahndung des vertragswidrigen Verhaltens ergänzt werden soll. Die Herkunft des Gesindes aus den unteren Schichten der Bevölkerung macht seine Vermögenslosigkeit wahrscheinlich und läfst vermuten, dafs ein civilrechtlicher Anspruch nur selten gegen dasselbe zur Durchführung gelangen wird. Dagegen giebt die wirtschaftliche Stellung der Herrschaft zu solchen Bedenken keinen Anlafs. Jedoch werden besondere strafrechtliche Bestimmungen zum Schutz der Vertragsverpflichtungen nur dann sich rechtfertigen lassen, wenn festgestellt ist, dafs die Verletzung der Vertragsverpflichtungen nicht blofs eine vereinzelte, sondern eine allgemeine Gepflogenheit geworden ist oder zu werden droht. Das kann zur Zeit nicht bewiesen werden bezüglich des häuslichen Gesindes, und erscheint daher eine Bestrafung des Kontraktbruches nicht angezeigt.

Eine andere Frage ist die nach der Zuständigkeit der Polizei zur **vorläufigen** Entscheidung von Gesindestreitsachen. Das amtsgerichtliche Verfahren, dem dieselben unterstellt sind, bietet nicht die Möglichkeit eines augenblicklichen Eingriffs zur Herstellung eines Zwischenzustandes, der, ohne die endgültige Entscheidung zu präjudicieren, im gleichmäfsigen Interesse beider Parteien gelegen ist. Die summarische Erörterung des Streitfalles durch die Polizeibehörde wird beiden Teilen Gelegenheit zur Äufserung geben können, dann aber wird die polizeiliche Zwangsgewalt bis zur Beendigung des Rechtsstreits im ordentlichen Verfahren die getroffene Zwischenentscheidung aufrecht zu erhalten haben.

Im Interesse beider Teile ist eine Beibehaltung des Dienstbuches für das Gesinde zu empfehlen. Aber nach der Analogie des in §§ 107—114 der Gewerbeordnung eingeführten Arbeitsbuches ist die

Aufnahme von Zeugnissen in dasselbe zu untersagen, wie es im geltenden Recht bereits in Mecklenburg, Schaumburg-Lippe und Württemberg geschehen ist. Die Vorteile des Dienstbuches bestehen darin, dafs das Gesinde einen obrigkeitlich beglaubigten Ausweis über seine Personalverhältnisse erhält, während die Herrschaft aus der Eintragung der Dienstverhältnisse nach Art, Dauer und Herrschaft die Möglichkeit gewinnt, auf Grund dieser Anhaltspunkte sich ein Urteil über die Brauchbarkeit des Gesindes für ihren speziellen Dienst zu bilden. Diese Bekanntschaft mit den persönlichen Verhältnissen bildet eine Voraussetzung für das zwischen beiden Teilen bestehende Vertrauensverhältnis. Gegen die Beibehaltung der Zeugnisse sprechen die diesen anhaftenden Mängel. Ein lediglich in allgemeinen Ausdrücken gehaltenes Zeugnis, wie es heute üblich ist, ist völlig nichtssagend, also überflüssig; ein wahrheitswidriges Zeugnis ist zwar auch nicht selten, aber noch schädlicher als ein nichtssagendes, weil es direkt zweckwidrig ist; ein individueller gefärbtes Zeugnis ist endlich auch nicht immer wirklich wertvoll, weil es doch in der Regel nur die Tauglichkeit oder Untauglichkeit des Dienstboten für ein ganz bestimmtes Dienstverhältnis, dessen Eigenheiten die mietende Herrschaft nicht kennt, bezeugen kann. An Stelle des Zeugnisses, das von beiden Teilen als Last empfunden wird, bietet die auf Grund des Dienstbuches erfolgende direkte Erkundigung bei der früheren Herrschaft eine gröfsere Sicherheit für Erreichung des gewollten Zweckes. —

Im Anschlufs an diese Erörterungen sind noch die Gesichtspunkte darzulegen, welche für **die Stellung des Gesindes in der Sozialgesetzgebung** mafsgebend sein sollten. In seinem Aufsatz über „das Gesinde und die Socialgesetzgebung" [1]) bezeichnet Fuld als ersten Schritt zur Hebung des Gesindestandes und zur Verbesserung des ganzen Gesindewesens die Erstreckung der gesamten Arbeiterversicherung auf das Gesinde und verlangt, dafs „ein von seiner socialen Mission überzeugter Staat damit nicht zögern solle". Auch in diesen Fragen wird man stets im Auge behalten müssen, dafs für die Beurteilung des landwirtschaftlichen Gesindes im allgemeinen die gleichen Grundsätze in Anwendung zu bringen sind, wie für die anderen landwirtschaftlichen Arbeiter auch. Da die Beurteilung von deren rechtlicher Stellung über den Rahmen unserer Untersuchung hinausgeht, so können wir hier nicht erörtern, welche

---

[1]) Jahrbücher für Nationalökonomie u. Statistik, III. Folge, Bd. 10 (1895) S. 64 ff.

Gründe der Fuldschen Ansicht auf diesem Gebiet gegenübergestellt werden können. Hier kann nur auf die Verhältnisse des häuslichen Gesindes Rücksicht genommen werden.

Die Fürsorge für das Gesinde in Krankheitsfällen bedarf zweifellos einer besonderen gesetzlichen Regelung. Daſs auch heut noch in einigen Bundesstaaten[1]) für die Herrschaft nicht einmal die Verpflichtung besteht, das Gesinde wenigstens vorläufig zu behalten und für seine Pflege zu sorgen, entspricht weder dem besonderen Charakter des Gesindeverhältnisses noch jenen allgemeinen Grundsätzen, die durch die Einführung der Krankenversicherung in der Rechtsordnung zur Anerkennung gelangt sind. Es ist widersinnig, das Gesinde als Glied in die sittlichen Beziehungen der Hausgemeinschaft hineinzustellen und es dann in dem Augenblick, wo es der Hilfe der anderen Glieder am meisten bedarf, aus dieser Gemeinschaft ohne weiteres auszuschliessen. Andrerseits wird es aber der Herrschaft nicht zugemutet werden können, das Gesinde während einer längeren Krankheit, welche sie nicht verschuldet hat, im Haus zu behalten und zu pflegen. Am besten wird ein Mittelweg eingeschlagen werden, welcher einen für das Gesinde annehmbaren Zustand ohne zu starke Belastung eines der beiden Teile schafft. Eine Verpflichtung zur Pflege des Gesindes ohne Rücksicht auf die Entstehungsursache der Krankheit bis zur Dauer von zwei Wochen wird der einzelnen Herrschaft keine zu grofse Last auflegen, zumal wenn ihr für den Fall, daſs eine Überführung in ein Krankenhaus nicht gefährlich erscheint, diese freigestellt bleibt. Über diese Zeit hinaus wird die Verteilung des wirtschaftlichen Schadens am besten durch die Versicherung auf die Gesamtheit der Herrschaften unter angemessener Heranziehung des Gesindes zur Kostenaufbringung erfolgen. Diese Versicherung müſste im organischen Anschluſs an die bestehende Krankenversicherung entweder durch die Einbeziehung des Gesindes in die gemeindliche Krankenversicherung, die fakultativ bereits geltendes Recht ist, oder durch Bildung besonderer Gesindekrankenkassen eingerichtet werden.

Gegen die Ausdehnung der **Unfallversicherung** auf das Gesinde ist namentlich der Grund in Betracht zu ziehen, daſs eine Angliederung des Gesindes an die bestehende berufsgenossenschaftliche Organisation nicht durchführbar erscheint. Es kommt hinzu, daſs

---

[1]) Nämlich Elsass-Lothringen, Mecklemburg, Lauenburg, dagegen nicht in Hannover und Hessen-Nassau, wie Fuld meint.

bei einem Ausbau des Gesinderechts in dem von uns oben[1]) angedeuteten Sinne einmal eine besondere Quelle von Unfällen im Hause, die Übermüdung des Gesindes, ausgeschlossen wird, zugleich aber auch die Haftbarkeit der Herrschaft für die Unfälle infolge mangelhafter Beschaffenheit der vom Gesinde zu benutzenden Räume, Gerätschaften und Vorrichtungen festgestellt ist, sodafs die Möglichkeit von grofsen wirtschaftlichen Nachteilen infolge von Unfällen, die von keiner der beiden Parteien schuldhaft herbeigeführt sind, für das Gesinde auf das geringste Mafs eingeschränkt werden dürfte.

Der **Alters- und Invaliditätsversicherung** sind alle Dienstboten vom vollendeten 16. Lebensjahre an bereits nach dem geltenden Recht unterworfen. Nun unterliegt es keinem Zweifel, dafs das Gesinde zum gröfsten Teil grade denjenigen Klassen entstammt, welchen durch die Sozialgesetzgebung mehr wirtschaftlicher Rückhalt gegeben werden soll. Trotzdem aber mufs die Unterstellung des Gesindes unter dieses Gesetz lebhafte Bedenken wachrufen. Fast vier Fünftel des gesamten häuslichen Gesindes befinden sich im Alter von weniger als 30 Jahren, und in stetig fallender Reihe nimmt die Zahl mit dem steigenden Lebensalter ab. Nur ein kleiner Bruchteil der Dienstboten bleibt sein ganzes Leben im Gesindeverhältnis, die meisten gehen entweder in andere Berufe über oder treten in den Ehestand. Wie das Verhältnis dieser beiden Gruppen zueinander ist, dafür bietet die Statistik leider keine Anhaltspunkte. Es läfst sich aber annehmen, dafs der gröfsere Teil sich verehelicht. Für diese ist zwar die Rückzahlung der von ihnen gezahlten Beiträge für den Fall der Eheschliefsung vorgesehen, aber die von den Herrschaften gezahlten Summen sind vollständig vergebens aufgewendet. Während demnach für einen grofsen Teil der unter 30 Jahre alten Gesindepersonen die Versicherung nie ihren Zweck erfüllen wird, kann man eine Unterstellung derjenigen Dienstboten, die wirklich den Gesindedienst als Lebensberuf treiben, nicht tadeln. Da man nun mit Sicherheit annehmen kann, dafs mit dem 30. Lebensjahr sich die Scheidung schon vollzogen hat, so wird es sich empfehlen, die Versicherungspflicht für das Gesinde erst mit dem 30. Lebensjahr beginnen zu lassen. Ob durch diese Verschiebung der Anfangsgrenze eine Erhöhung der Beiträge versicherungstechnisch sich notwendig machen wird oder nicht, entzieht sich unserem Urteil.

---

[1]) S. 224 f.

Eine unter Berücksichtigung der besonderen thatsächlichen Verhältnisse des häuslichen Gesindes erfolgende Beurteilung der Stellung des häuslichen Gesindes zur Sozialgesetzgebung kommt also zu durchaus anderen Ergebnissen, als der Fuldsche Aufsatz. Es ist dies ein Beweis dafür, wie sehr vorsichtig man in der Ausdehnung allgemeiner Ansichten auf besondere Verhältnisse sein muſs, wie man aber speciell auf dem Gebiet der Versicherungsgesetzgebung, auf dem nur wenige Erfahrungen noch vorliegen, nur mit groſser Vorsicht weitere Schritte vornehmen darf, wenn auch weder an der segensreichen Wirksamkeit, noch an der Geeignetheit derselben zu weiterem Ausbau gezweifelt werden kann.

www.ingramcontent.com/pod-product-compliance
Lightning Source LLC
Chambersburg PA
CBHW021809230426
43669CB00008B/693